ASCENSO PROVINCIANO

TRAYECTORIA DE LOS INGRESOS DE LAS HACIENDAS PÚBLICAS DE LAS ENTIDADES FEDERATIVAS MEXICANAS, 1973-2020

Centro de Estudios Históricos

ASCENSO PROVINCIANO

TRAYECTORIA DE LOS INGRESOS DE LAS HACIENDAS PÚBLICAS DE LAS ENTIDADES FEDERATIVAS MEXICANAS, 1973-2020

María del Ángel Molina Armenta
y Luis Aboites Aguilar

EL COLEGIO DE MÉXICO

Nombres: Molina Armenta, María del Ángel, autor. | Aboites, Luis, autor.

Título: Ascenso provinciano : trayectorias de los ingresos de las haciendas públicas de las entidades federativas mexicanas, 1973-2020 / María del Ángel Molina Armenta y Luis Aboites Aguilar.

Descripción: Primera edición | Ciudad de México, México : El Colegio de México, Centro de Estudios Históricos, 2023.

Identificadores: ISBN 978-607-564-518-6

Temas BDCV: Finanzas públicas – México – Historia – Siglo XX. | Finanzas públicas – México – Historia – Siglo XXI. | Administración tributaria – México – Historia – Siglo XX. | Administración tributaria – México – Historia – Siglo XXI. | Recaudación de impuestos – México – Historia – Siglo XX. | Recaudación de impuestos – México – Historia – Siglo XXI. | Distribución de ingresos – Política gubernamental – México –Historia – Siglo XX. | Distribución de ingresos – Política gubernamental – México –Historia – Siglo XXI

Clasificación DDC: 336.0972/09045– dc23

Ascenso provinciano. Trayectoria de los ingresos de las haciendas públicas de las entidades federativas mexicanas, 1973-2020,
María del Ángel Molina Armenta y Luis Aboites Aguilar

Primera edición, 2023

Carretera Picacho-Ajusco núm. 20
Ampliación Fuentes del Pedregal
Alcaldía Tlalpan
C. P. 14110
Ciudad de México, México
www.colmex.mx

ISBN 978-607-564-518-6

Impreso en México

ÍNDICE

Índice de mapas, gráficas y cuadros 9
Introducción 11

1. El objeto de estudio 25
   Federalismo 27
   Nota sobre historia fiscal 31

2. Panorama de los estudios y fuentes disponibles 37
   Cambios mundiales y su impacto en México 38
   Tres razones del creciente interés por las haciendas estatales 45
   Estimación de la baja carga fiscal 53

3. Tendencias principales, una propuesta de periodización 61
   Longeva disputa en el siglo XX 61
   Los años 1970-2020 70
   Cambios de las haciendas estatales 79

4. Participaciones y aportaciones federales 89
   Participaciones, la vía más antigua 89
   Aportaciones, signo de los tiempos recientes 100

5. Tipología de las entidades federativas 111
   Diversidad mexicana 111
   Ingresos brutos estatales totales (IBET) 116
   Ingresos propios estatales totales (IPET) 126

6. Sobre geografía tributaria 133
   ¿Dos países? 137

El declive del DF/CDMX 142
Chihuahua y Veracruz 150

7. Consideraciones finales 155

Anexo estadístico 169
Bibliografía 199
Índice analítico 215

ÍNDICE DE MAPAS, GRÁFICAS Y CUADROS

Mapa 6.1. PIB e IBET per cápita, 1970 134

Mapa 6.2. PIB e IBET per cápita, 2020 135

Gráfica 2.1. Trayectoria de la carga fiscal en México y en la OCDE (países seleccionados), 1900-2020. 56

Gráfica 3.1. Trayectoria de la distribución porcentual de los ingresos brutos de las haciendas estatales, municipales y del DF/CDMX, 1910-2020. 69

Cuadro 2.1. Carga fiscal en la OCDE y México en 2019 (porcentajes con respecto al PIB) 54

Cuadro 3.1. Peso de las participaciones y aportaciones federales en los presupuestos de los gobiernos estatales y del DF/CDMX, 1931-2020 (porcentaje del total respectivo) 66

Cuadro 3.2. Distribución porcentual de los ingresos brutos de las haciendas estatales, municipales y del DF/CDMX, 1910-2020 (años seleccionados) 68

Cuadro 3.3. Trayectoria de las haciendas estatales por ramos de ingreso, 1970-2020 (promedios porcentuales por quinquenios y de los años de 1985, 1989 y 2020) 80

Cuadro 4.1. Peso de las participaciones y aportaciones federales otorgadas a las haciendas estatales en el presupuesto federal de egresos, 1970-2020 (millones de pesos corrientes) 104

Cuadro 4.2. Crecimiento quinquenal de las participaciones y aportaciones federales, 1990-2019 (tasas de crecimiento medio) 107

Cuadro 5.1. Primeras y últimas seis entidades federativas por monto de los ingresos brutos estatales totales (IBET) per cápita, 1970-2020 120

Cuadro 5.2. Principales diferencias entre las primeras y las últimas seis entidades federativas según el peso porcentual de varios ramos de los ingresos brutos estatales totales (IBET), 1990 122

Cuadro 5.3. Principales diferencias entre las primeras y las últimas seis entidades federativas según el peso porcentual de varios ramos de los ingresos brutos estatales totales (IBET), 2010 124

Cuadro 5.4. Primeras y últimas seis haciendas estatales según el porcentaje de la recaudación de impuestos con respecto a los ingresos propios estatales totales (IPET), 1990-2020 130

Cuadro 6.1. Primeras y últimas seis entidades federativas según la división entre aportaciones y participaciones federales, 2000-2020 138

Cuadro 6.2. Indicadores de las haciendas públicas de Chihuahua y Veracruz, 1990-2020 153

INTRODUCCIÓN

Este trabajo estudia las principales tendencias de los ingresos de la hacienda pública de las entidades federativas de México durante los años 1970-2020. Lo hace en términos de su relación con el centro político del país, es decir, con el gobierno federal. Da énfasis a los cambios y continuidades a lo largo del periodo considerado con el fin de aclarar su lugar en la historia contemporánea. Atender las tendencias hacendarias estatales lleva a destacar las tensiones y arreglos entre los grupos involucrados, y a desestimar, aunque no a ignorar, sus posturas políticas e ideológicas. Más bien, el argumento subraya las peculiaridades del quehacer fiscal, definidas en gran medida por el pragmatismo y el sentido común (si no hay ingresos, no hay gastos), en México y en el mundo, en esa y en cualquier época.

El texto responde a seis motivos, muy relacionados entre sí, que ayudan a explicar su propósito. El primero surge de las noticias acerca de la mala situación de las haciendas de los gobiernos estatales entrantes en 2021. Entre el 8 de septiembre y el 1 de noviembre de ese año, nuevos gobernantes tomaron posesión en Chihuahua, Zacatecas, Nayarit, Sonora, Nuevo León, Michoacán, Guerrero y Colima. En algunos casos, el gobierno federal se vio obligado a cubrir diversas obligaciones, como el pago de nóminas. ¿Tan grave era la situación o se trataba de la manifestación de la retórica tan común entre los nuevos gobernantes, que tienden a endilgar culpas a sus antecesores, o bien a dibujar un panorama catastrófico al inicio de su mandato para luego mostrar sus presuntas virtudes? ¿O se aludía a problemas más serios, como insuficiencias, dijéramos, estructurales, mal diseño institucional, desorganización burocrática, dispendios, corrupción? Incluso, el nuevo gobernador de Zacatecas, David Monreal, se refirió a la "agonía" de la entidad. En Nayarit el mandatario entrante, el médico Miguel Ángel Navarro Quintero, pidió auxilio al gobierno federal y al Congreso de la Unión: "Échenos la mano", expresó. En Michoacán, los nuevos funcionarios se hallaron con dos cuentas bancarias del gobierno, una con 85 y otra con

600 pesos. ¿Cómo hacer frente a los requerimientos del último trimestre del año? El gobierno chihuahuense, apenas a dos meses de estrenarse, anunciaba la contratación de dos créditos para pagar la nómina de empleados y funcionarios del propio gobierno.[1]

El segundo motivo es la posibilidad de ahondar en la carga fiscal mexicana, muy baja en relación con el tamaño de su economía. Según la convención vigente, dicha carga se define como el porcentaje que representan los ingresos gubernamentales con respecto a la economía de los países, medida por el producto interno bruto (PIB, en adelante). En este caso, la pregunta es cuál ha sido la contribución de las haciendas estatales a la configuración de ese rasgo mexicano. Como se verá, en 2017 la Secretaría de Hacienda y Crédito Público del Ejecutivo federal (SH, en adelante) responsabilizaba en parte a los gobiernos locales de la pequeñez fiscal. Pero hay que preguntarse si tal rasgo no obedecía más bien al desempeño federal. Cualquiera que sea la respuesta, que se expondrá más adelante, por ahora baste decir que la carga fiscal nos distingue en el planeta entero, tanto como la vecindad con Estados Unidos, el mariachi o el tequila. Además, permite reflexionar en torno a las conexiones entre la historia mundial y la historia nacional. Al menos impone la necesidad de la comparación. Si hay países como México que se caracterizan por su *baja* carga fiscal, por fuerza deben existir otros con *alta* carga fiscal. Verdad de Perogrullo es decir que una cosa define a la otra. Y así es.[2]

[1] *Expansión Política,* domingo 19 de septiembre de 2021, "Pide Navarro, nuevo gobernador de Nayarit, auxilio a la federación y al Congreso", nota sin autor; mismo diario, viernes 30 de julio de 2021, "El gobierno de Colima se queda sin dinero para pagar su nómina", nota sin autor. *El Universal,* domingo 12 de septiembre de 2021, "David Monreal toma posesión como gobernador de Zacatecas", nota de Irma Mejía. *La Jornada*, miércoles 20 de octubre de 2021, "Aureoles vació las arcas de Michoacán: titular de Finanzas", nota de Ernesto Martínez Elorriaga; mismo diario, viernes 12 de noviembre de 2021 "Se regulariza pago de nómina a 5 mil empleados públicos en Colima", nota de Juan Carlos Flores. *El Heraldo de Chihuahua*, lunes 22 de noviembre de 2021, "Se pedirán dos créditos para nómina y aguinaldo", nota de Fernando Reyes.

[2] En 2019 el promedio de los ingresos gubernamentales de los 37 países miembros de la Organización para la Cooperación y el Desarrollo Económicos (OCDE) rondaba el 33.8% del PIB; Dinamarca exhibía la carga más alta (46.3%) y México la más baja (16.5%). Sin embargo, la cuenta de México ha aumentado de manera continua desde 2000, del 11.5% al mencionado 16.5%. En contraste, el porcentaje danés se ha mantenido casi constante. De cualquier modo, la pequeñez fiscal mexicana prevalecía. OCDE, *Revenue*, cuadro 1.1 y p. 18.

El tercer motivo que mueve este trabajo es el desinterés por la cuestión tributaria en México. Debido a razones incomprensibles prevalece la indiferencia hacia el tema. ¿Qué tan conocido es que el país destaca en el mundo precisamente por la baja carga fiscal? ¿Cuántos saben que se pagan muy pocos impuestos? ¿Por qué, salvo algunos abogados, economistas, contadores y politólogos, nadie estudia el ámbito fiscal contemporáneo? Y cuando se hace, ¿por qué se atiende más el gasto que el ingreso gubernamental? ¿Acaso porque es lo más sensato y lógico? A ninguno nos gusta pagar impuestos, aunque nos esmeramos a la hora de exigir los beneficios del gasto público. ¿Lo mismo sucede en otros países? Por supuesto que sí. Por lo general, los humanos reivindicamos y defendemos nuestros derechos, pero muy pocos y muy poco reconocemos las obligaciones y menos las cumplimos, lo mismo en la vida pública que en la vida privada, personal.

Muy seguramente la indiferencia va emparentada con la ignorancia. Si prevalece una, la otra avanza y aun se impone. Se piensa en esa combinación cuando se escuchan frases como que, "en México, el norte trabaja, el centro decide y el sur descansa". Así lo declaró en enero de 2021el entonces candidato a la gubernatura de Nuevo León, Samuel García. No era original. Durante años tal noción se ha escuchado en algunos lugares del norte mexicano como resultado de su trayectoria económica del siglo XX. Meses después, el candidato García se impuso con holgura en las elecciones y por ello se desempeña como gobernador de ese norteño estado; lo hará hasta 2027. Su triunfo electoral hace pensar que no iba solo en esa manera de entender al país. ¿Es la ignorancia supina, en alguna medida provocada por la indiferencia, la que explica la vigencia de esta clase de estereotipos de fundamento discutible, o quizá sea la mala fe como razón del dislate del político? Bien sabemos que ese tipo de argumentos no requiere de ningún respaldo documental.[3]

En este mismo sentido se extiende la crítica a un rasgo apreciable en algunos trabajos sobre las denominadas políticas públicas, es decir, sobre los modos de gastar los dineros gubernamentales. Por lo general, no consideran que esos dineros no se tienen o que se tienen a cuentagotas, dada la pequeña hacienda pública mexicana. Muy poco se conectan esas políticas con el tamaño de la hacienda gubernamental.

[3] *Infobae*, miércoles 13 de enero de 2021, "¿Qué tan cierto es lo que dijo Samuel García sobre el norte, centro y sur de México? CDMX aporta más del doble que Nuevo León al PIB", nota sin autor.

El cuarto motivo es reflexionar en torno a la relación entre esta historia fiscal y el neoliberalismo, entendido como el empequeñecimiento y retiro del Estado como modo de impulsar el crecimiento económico vía la expansión de las actividades de las empresas privadas. Se trata de un rumbo distinto al Estado de bienestar o al de la llamada economía mixta, propia del siglo XX en México y en el mundo. La reflexión surge de un fragmento de una publicación reciente de la Organización para la Cooperación y el Desarrollo Económicos (OCDE, en adelante) que ayuda a evitar confusiones y conexiones simples. En las últimas décadas, expone el texto, en buena parte del mundo y aun en México el tamaño de las finanzas gubernamentales ha aumentado de manera sostenida. En los últimos 50 años, por lo visto, neoliberalismo y trayectoria fiscal han recorrido caminos distintos, o de plano lo fiscal no forma parte de aquel modelo ideológico. ¿O sí? El fragmento dice así:

> Entre 1965 y 2018, el porcentaje de la recaudación de impuestos en la zona OCDE se incrementó de 24.8 a 33.9% (un aumento de nueve puntos porcentuales, considerando diferencias por redondeo). Antes de la primera crisis petrolera (1973-1974), la recaudación de impuestos registró una tendencia casi ininterrumpida al alza en los países de la OCDE. En buena medida, el monto tributario creció de manera automática gracias al efecto de arrastre del alza de las cuotas de los impuestos personales.
>
> Entre 1975 y 1985 la carga fiscal en la zona OCDE aumentó 2.9%. Después, a partir de la segunda mitad de la década de 1970, la combinación aparente de un bajo crecimiento de los ingresos reales y las tasas de desempleo más elevadas inhibió el crecimiento de la capacidad recaudatoria de los gobiernos. Pero durante y después de la profunda recesión producida por la segunda crisis petrolera (1980), los países europeos elevaron sus impuestos con el fin de financiar los crecientes gastos en seguridad social; incluso incurrieron en déficit presupuestal.
>
> A mediados de la década de 1980, la mayoría de los países de la OCDE redujo las cuotas del *income tax* a los ingresos personales y de las corporaciones, pero el impacto negativo de esas reformas obligó a reducir o de plano a suprimir las rebajas tributarias. Para 1999, el porcentaje de la recaudación de impuestos en los países de la OCDE había alcanzado 33.3%, el monto más alto en ese tiempo.

> Disminuyó ligeramente entre 2001 y 2004, pero volvió a crecer entre 2005 y 2007, antes de que volviera a bajar al compás de la crisis [de 2008-2009]. En conjunto, estos cambios explican el aumento de 1.3 puntos porcentuales entre 1995 y 2018. El promedio de los países de la OCDE se compone de una gran diversidad en cuanto al monto de la recaudación de impuestos con respecto al PIB de los países. En 1965 el porcentaje correspondiente variaba entre 10.6% del PIB en Turquía y 33.7% en Francia. Para 2018, el rango variaba entre 16.2% de México y 45.9% en Francia. La tendencia hacia mayores tasas tributarias refleja la necesidad creciente de financiar al sector público en casi todos los países de la OCDE.[4]

El quinto motivo es hacer la crítica a la postura del actual gobierno federal (2018-2024) de evitar a toda costa una reforma tributaria (un alza, en realidad). Con argumentos que rayan en la ingenuidad, la impotencia o la complicidad, ese gobierno ha sostenido una y otra vez que la recuperación de fondos resultante del combate a la corrupción hace innecesaria cualquier alza de impuestos.[5] Aquí se confrontará tal postura. Si bien se aplaude el combate a la evasión y al fraude, se considera que el monto recobrado es y será insuficiente para un país tan grande y propenso a las excepciones y los privilegios fiscales. Se advierte, así, una línea de continuidad con las ideas dominantes entre la clase dirigente del país desde hace décadas, quizá desde la década de 1930. Por lo pronto, la importancia que se concede a la recuperación de fondos hace recordar el argumento del gobierno del presidente Carlos Salinas de Gortari (1988-1994) cuando trataba de justificar la reprivatización bancaria y la venta de empresas gubernamentales, como los bancos y Teléfonos de México.[6] En ambos casos, se trata de ingresos

[4] OCDE, *Revenue*, p. 23 (traducción nuestra). Noticias acerca de la trayectoria tributaria más reciente de los miembros de la OCDE, correspondiente al año 2020, aparecieron en *Sin Embargo* (lunes 6 de diciembre de 2021, "España y México, los países de la OCDE donde más subió el peso de impuestos en 2020", nota de la agencia EFE). En ambos países, se lee, el aumento se explica por la caída del PIB provocada por el covid-19 y no por un alza tributaria propiamente dicha.

[5] *La Jornada*, viernes 11 de junio de 2021, "Reforma fiscal: desafíos y oportunidades", editorial del diario, uno de los pocos medios de comunicación mimados por el gobierno y por ello fiel defensor del rumbo gubernamental.

[6] En 1991, el presidente de la República afirmaba que "los ingresos de las privatizaciones se traducirán en programas de beneficio popular, no sólo durante un año sino de manera continua. Los mexicanos más necesitados saben que su gobierno, en lugar de

esporádicos, algunos de ellos por única vez. Ni por asomo bastarán para corregir la trayectoria tributaria, al menos la de los siglos XX y XXI, y por tanto para reducir o extinguir tan dudoso honor en el mundo.

Aún más importantes que la fama mundial son las dificultades prevalecientes en el país, entre ellas el fortalecimiento de la concentración de la riqueza, compuesta por el enriquecimiento de los más ricos, y la caída del ingreso per cápita en términos reales a lo largo de la segunda década del siglo XXI.[7] ¿O se piensa acaso que el cumplimiento cabal de los impuestos vigentes permitiría a México mejorar sus cuentas en materia de ingresos gubernamentales? Si es así, vale preguntar a cuánto ascendía el monto de la corrupción fiscal en términos del PIB. ¿Sabemos a ciencia cierta cuánto le costaba al país? ¿Acaso 10 puntos o más cada año? ¿Pretendía el Estado mexicano recaudar tal monto de manera permanente no para llegar a la cifra danesa pero sí para acercarse al promedio europeo, cuyo monto se detallará más adelante? De ser así, el combate al fraude y la recuperación bastarían, pero es difícil sostenerlo.[8] La postura gubernamental se extiende a las entidades federativas, según se nos ha dicho: "Por corrupción, varios estados no tienen ni para pagar la nómina: AMLO".[9] De nuevo, no se cuestiona el combate a la corrupción fiscal; es una decisión bienvenida. El desacuerdo surge cuando se le considera la solución a largo plazo de la baja carga fiscal,

---

acumular empresas, responde a las comunidades trabajando más por los que menos tienen. La reforma económica tiene, por eso, consenso y bases sociales". *Informe presidencial 1991*, p. 167. Si se sustituyen las privatizaciones por el combate a la corrupción, el resultado, en términos de la continuidad fiscal, es el mismo. Para expresarlo con solemnidad, la historia se ha pronunciado con respecto al presidente Salinas de Gortari; de mantener su postura, lo mismo hará con el presidente Andrés Manuel López Obrador, y en sentido similar. Aunque no sea lo mismo vender empresas que combatir la corrupción, en el mediano plazo el resultado, sea cual sea, no extinguirá la baja carga fiscal.

[7] *La Jornada*, martes 30 de noviembre de 2021, "Patrimonio de megarricos creció 6 veces más que ingreso de mexicanos", nota de Dora Villanueva. Una estimación de la trayectoria del PIB per cápita entre 1900 y 2020 en Sobrino, *Migración interna y desarrollo*, cuadro 10. Según esta estimación, el ingreso per cápita de 2020 retrocedió con respecto al de 2015 (7.4% menos) y se acercó a los de 2000 y 2010, que se mantuvieron casi constantes.

[8] Véase *El Imparcial*, domingo 20 de marzo de 2022, "El costo de no ponernos de acuerdo", de Jorge Zepeda Patterson. El autor menciona que el costo de la corrupción en México con respecto al PIB variaba entre 2% del PIB, según el Banco Mundial (BM, en adelante), y 9 o 10%, según la Organización de Estados Americanos (OEA) y organismos empresariales.

[9] *La Jornada*, viernes 24 de diciembre de 2021, nota con ese encabezado de Fabiola Martínez y Enrique Méndez.

un problema mucho más grave. ¿Acaso es lo único que puede hacer un gobierno mexicano en las últimas décadas, sea del color partidista que sea?

El sexto motivo que anima este texto se anotará al final de esta introducción.

Cabe exponer los alcances y límites del trabajo. En primer lugar, se centra en los ingresos de las haciendas estatales. Por tanto, sus egresos, componente esencial de cualquier hacienda pública, quedan fuera de foco. Además de insistir en la viabilidad de la investigación específica sobre los ingresos gubernamentales, esta exclusión obedece a otras dos razones, la primera de índole metodológica y la segunda de coherencia con el argumento general.[10] Por un lado, se trata de acotar la investigación y de hacerse de criterios de selección y discriminación de fuentes de información, muy abundantes para el periodo considerado aquí. De tomar en cuenta los egresos, el texto no sólo crecería, sino que correría el riesgo de acabar siendo una narración confusa y tediosa. De cualquier manera, los egresos se consideraron cuando se creyó necesario. Tienen razón aquellos que critican a los que preferimos estudiar los ingresos gubernamentales: por lo general, olvidamos u omitimos los egresos. Y el gasto público, bien lo sabemos, es importante entre otras razones porque produce el déficit fiscal, componente fundamental de las finanzas públicas de México y del mundo en los últimos siglos. ¿Cómo entender entonces la hacienda pública sin una de sus partes esenciales? Aun así, en la medida de lo posible, se tratará de considerar los egresos, sin perder de vista el objeto principal.

Por otro lado, con respecto a la búsqueda de coherencia, se debe considerar que la crítica expresada antes sobre la indiferencia y la ignorancia en torno a las finanzas públicas en México se refiere principalmente a la desatención hacia los ingresos gubernamentales, que son los que determinan el tamaño de la hacienda pública y aun el monto del gasto gubernamental, así como la diferencia entre uno y otro. Como se dijo, abundan las investigaciones y debates sobre los egresos, sobre el gasto público. No es que esté mal, para nada. Pero en ocasiones, por la omisión de los ingresos, la atención resulta parcial y descontextualizada. Esta investigación intenta compensar, así sea de manera gruesa, aquella preferencia. Si se quiere, aporta, al debate sobre el gasto público, indicios acerca de la trayectoria de los ingresos

[10] Un trabajo que plantea la viabilidad del estudio historiográfico de los ingresos gubernamentales es el de Mathias y O'Brien, "Taxation".

gubernamentales y ofrece un contexto general con perspectiva histórica, es decir, de largo plazo.

Una segunda limitación importante de este trabajo se refiere a la situación hacendaria de los municipios, otro componente esencial de las haciendas locales o provinciales. En este caso, la decisión responde a una definición político-jurídica, de orden constitucional, originada en 1824. Desde entonces sólo existen dos soberanías tributarias en México, la federal y la estatal. En consecuencia, sólo ellas pueden legislar sobre el ramo, establecer gravámenes, cobrarlos y combatir evasiones y fraudes. A pesar de que desde 1983 tienen a su cargo el cobro del impuesto predial y por ello contribuyen a perfilar la baja carga fiscal mexicana, las finanzas de los municipios se rigen por leyes estatales, no por leyes propias. Cada año, los presupuestos de los 2 471 municipios del país son aprobados por los congresos estatales respectivos. Ese procedimiento se explica porque la hacienda pública municipal emana de la soberanía estatal, libre y soberana, no de una soberanía propia y menos de la soberanía federal, salvo los señalamientos que establecen la Constitución general (artículo 115) y otras leyes, de control presupuestal en su mayor parte. Al igual que se hace con los egresos estatales, las finanzas municipales se toman en cuenta cuando es conveniente.

La principal pregunta que guía la investigación es por qué en un periodo dado el dinero gubernamental se recauda y distribuye de un modo y no de otro, y por qué ese modo cambia en el tiempo en un sentido y no en otro. La hipótesis general es que las haciendas estatales no sólo son un indicador de sí mismas, es decir, de la recaudación de sus ingresos brutos y propios, así como de la distribución de los ingresos gubernamentales del país, aspecto crucial de la relación entre el centro político y las provincias tan diversas. Además de todo ello, permiten acercarse a los arreglos y acuerdos políticos que hacen posible el tamaño y la trayectoria de esos ingresos. Tal ámbito ayuda a entender los cambios y continuidades de la historia política mexicana de los últimos 50 años. Ése es el principal propósito de este trabajo. La hipótesis señala que el país modificó radicalmente su forma de organización política a partir de la década de 1970 y que fijar la atención en los cambios ocurridos en torno a la distribución de los ingresos gubernamentales ayuda a entender el carácter del nuevo rumbo. Así se explica el ascenso provinciano, como se titula el trabajo. No es difícil reconocer el impacto de las crecientes dificultades de la economía mundial de esa época en la transformación mexicana.

Para armar la perspectiva general, se toma como punto de partida la aportación del historiador Jorge Castañeda Zavala, quien revisa el contingente desde su surgimiento en 1824 hasta su extinción en 1861, cuando fue sustituido por la contribución federal. Creado por el Congreso de la Unión, el contingente obligaba a los estados a otorgar una parte de sus ingresos para el sostenimiento del gobierno general. Castañeda Zavala argumenta que, durante los primeros años de vida independiente, el contingente sirvió más para construir y mantener unido al país que para cumplir su propósito originario, es decir, contribuir a la hacienda del gobierno general.[11] Con esa conclusión en mente, se atiende la trayectoria de las haciendas estatales en un periodo muy distinto al que el autor citado estudia. Sin dejar de lado los cambios sustanciales ocurridos en México y en el mundo en cuanto a la población, la economía y la organización política durante los siglos XIX-XXI, dimensión a la que se prestará gran atención en estas páginas, se intentará mostrar que el problema de 1824 continúa vigente en los años 1970-2020. No puede ser de otro modo si se reconoce la importancia de los dineros gubernamentales en la marcha de este y de cualquier país. No se olvide además que el monto de esos dineros ha aumentado de manera continua en las últimas décadas, tanto en México como en el mundo.

Se argumentará que los ingresos de las haciendas de las entidades federativas son una ventana muy útil para entender la naturaleza del proceso general, referido en este caso a los cambios y continuidades en las relaciones entre el centro político y las provincias, muy diversas entre sí, a lo largo del periodo considerado. No es remoto que la interpretación no convenza. Pero ello no es lo importante; lo que sí importa es convencer acerca de las grandes posibilidades de investigación que abre esta dimensión de la fiscalidad. En ese sentido, se hace una invitación a reflexionar sobre el rumbo del país a partir de la cuestión de los ingresos gubernamentales y a hacer más y mejores indagaciones sobre el tema. Tal reflexión debe incluir el problema de por qué ha sido tan perseverante y duradero el propósito de contar con una hacienda pública tan pequeña.

En concreto, este texto intenta mostrar que la distribución (que no la recaudación) de los ingresos gubernamentales durante el periodo 1970-2020 exhibe dos tendencias principales que permiten hablar de una profunda reorganización política. Por un lado, el ascenso de los gobiernos estatales

[11] Castañeda Zavala, "El contingente", p. 160.

y, por otro, el descenso del gobierno federal. Antes de 1970, la historia era muy distinta, en México y otros países. Se caracterizaba por las tendencias opuestas, es decir, por el sostenido descenso estatal, provincial, y por el continuo ascenso federal. Pero desde los primeros años de la década de 1970 el nuevo rumbo es consistente, al menos en México. ¿Qué hay detrás de ese cambio y qué tanto ayuda a iluminar la historia general?

Como se verá, el ascenso de las haciendas estatales de las últimas décadas del siglo XX pronto halló sus límites. A partir del año 2000 comenzó la búsqueda de otro tipo de arreglo, sin saber bien a bien cuál debía ser. El impacto de la crisis mundial de 2008-2009 confirmó y aun apuntaló la búsqueda. Sea como fuere, un resultado palpable del proceso general fue la reducción continua, desde 1973, de la hacienda pública de la capital del país, es decir, del Distrito Federal (rebautizado como Ciudad de México en 2016; DF/CDMX, en adelante).[12] De hecho, uno de los principales indicios del cambio de épocas en el rumbo del país, ocurrido a partir de 1970, es justamente la trayectoria hacendaria de la capital nacional. Es un asunto político, pero también económico. No se olvide que el modelo de la sustitución de importaciones basado en el proteccionismo, posterior a la crisis de 1929, benefició grandemente al DF/CDMX, al valle de México.

El debilitamiento de la hacienda pública del centro político nacional es grave, en buena medida porque lo asemeja cada vez más al diseño que hizo el Congreso de la Unión en 1824. Con base en el trabajo de Castañeda Zavala, se sostiene que la decisión legislativa de ese año es indispensable para entender el periodo que interesa aquí. Como cualquier país, México requiere de un centro político potente, con capacidad bastante no sólo para mantenerlo unido sino para impulsar su prosperidad. En 1824 esas consideraciones distaban de ser la prioridad. Por ello se afirma que la creciente semejanza con 1824 es pésima noticia en 2022.

Lejos del énfasis en modelos e ideologías, como el estatismo, el populismo o el neoliberalismo, o en partidos, grupos políticos y personajes que llegan y se van del poder nacional y de los gobiernos estatales, este trabajo revisa las tendencias principales de la distribución de ingresos entre el centro

[12] Desde febrero de 2016 el extinto Distrito Federal se llama Ciudad de México. Véase *Diario Oficial de la Federación* (*DOF*, en adelante), viernes 29 de enero de 2016, "Decreto por el que se declaran reformadas y derogadas diversas disposiciones de la Constitución Política de los Estados Unidos Mexicanos, en materia de la reforma política de la Ciudad de México".

y los gobiernos provinciales. Propone que esa revisión permite caracterizar los movimientos y las formas de resolver tensiones y conflictos. Apuesta por esa ruta considerando que las decisiones fiscales, en cualquier época y lugar del planeta, configuran tendencias como las que aquí se examinan; también constituyen las peculiaridades del quehacer fiscal y obedecen ante todo a las determinaciones tomadas por grupos políticos y funcionarios públicos en vista de escenarios económicos, sociales, políticos y, por supuesto, fiscales más o menos adversos, compuestos por exigencias, planes, necesidades, obligaciones y compromisos. Tales escenarios se componen además de acontecimientos imprevistos, como el alza de los precios del petróleo después de 1973 y su disminución después de 1981, los sismos de 1985, la crisis general de 2008-2009, la pandemia del covid-19 o la guerra Rusia-Ucrania de nuestros días. Los grupos políticos y los funcionarios toman decisiones sin pensar en las tendencias de largo plazo sino en cómo superar, de la manera más airosa posible, los problemas que tienen enfrente, generalmente de corto o a lo sumo de mediano plazo. En consecuencia, el pragmatismo se impone. Se echa mano de argumentos, herramientas y convenciones propias, lo mismo que de referencias y fórmulas provenientes de otros países, más que de posturas político-ideológicas de cada grupo político o camarilla. Y es que el desempeño fiscal, en México y en el mundo, es implacable. Si no hay ingresos, no hay gastos. Incluso el déficit presupuestal se ve determinado por el tamaño de los ingresos gubernamentales. Palabras más, palabras menos, un párrafo del entonces presidente Miguel de la Madrid (1982-1988) ayuda a aclarar el argumento. Cuando atravesaba por el peor momento derivado de la caída de los precios del petróleo, el mandatario escribió: "Pero, dado que en épocas de crisis los meses se sienten como años y los años como décadas, yo no puedo ocuparme del mediano plazo, sino de la situación de emergencia que enfrentamos".[13]

Lo anterior no significa ni por asomo que se ignore el peso de la pregunta tributaria esencial en cualquier época y lugar; a saber: a quiénes y mediante qué medios cobrar más, y a quiénes y mediante qué medios cobrar menos.

De esa manera se busca hacer más comprensible el quehacer fiscal y reunir indicios que permitan arriesgar nuevas formas de construir la histo-

[13] De la Madrid, *Cambio de rumbo*, p. 536 (febrero de 1986).

ria mexicana contemporánea. En esa tarea, será indispensable rastrear las conexiones de la historia nacional con la historia mundial para reflexionar en torno a las generalidades y singularidades de la primera.

Conviene abundar en una distinción esencial del argumento de este texto. Se trata de la diferencia entre la recaudación y la distribución de los ingresos gubernamentales. Se verá que al mismo tiempo que el gobierno federal expandió su labor recaudatoria, hasta llegar a hacerse cargo casi por completo de ella a finales del siglo XX, la distribución se modificó radicalmente después de 1970. Nuestro objeto de investigación es justamente este cambio en la forma de distribución. ¿Cómo explicarlo? Se verá que la respuesta obliga a unir la recaudación con la distribución, aunque se trate de ámbitos fiscales muy distintos. No puede explicarse uno sin el otro.

Una nota sobre las fuentes de información. Este trabajo se elaboró durante el encierro provocado por la pandemia del covid-19. Gracias a los distintos recursos disponibles en internet fue posible consultar la mayor parte de la información. Se trata, por un lado, de los informes y series del Banco Mundial (BM, en adelante), del Fondo Monetario Internacional (FMI, en adelante) y de la OCDE, principalmente; y, por otro, de los textos y series del Instituto Nacional de Estadística y Geografía (INEGI, en adelante) y de la SH. La fuente básica de este trabajo es la serie del INEGI de ingresos y egresos anuales de las entidades federativas, de los municipios y del gobierno del DF/CDMX. La serie cubre el periodo 1989-2020. Se intentó hacerla compatible con la información anterior a 1989, correspondiente a los años 1970-1988, proveniente de las primeras publicaciones del INEGI sobre las finanzas públicas estatales, municipales y del DF/CDMX.[14]

Vale subrayar que, por ser tan reciente, se trata de un periodo que no ha sido objeto de la historiografía; ha quedado en manos de economistas, abogados, sociólogos y politólogos, principalmente. En ellos, salvo raras ocasiones, la perspectiva de largo plazo está ausente o se le mira a través de disposiciones constitucionales y legales de elevada abstracción, un camino teórico-metodológico muy distinto al que se emplea en estas páginas. Por fortuna, el trabajo historiográfico "recorre" el pasado cada vez más hacia el tiempo presente, un rasgo que se ha afianzado en los últimos años. No es que se descalifiquen las aportaciones de las otras disciplinas; lejos de eso,

[14] En este trabajo la fuente sobre 1989-2020 se cita como *INEGI 2021*; las otras fuentes son *INEGI 1984* e *INEGI 1990*. Véase la bibliografía.

lo que se afirma es que a todos nos viene bien contar con aportaciones diversas, entre ellas la historiográfica, que insiste en las visiones de largo plazo.

Por último, se intentó simplificar la exposición, cuidando de no abusar de las cifras y los cuadros, algo de por sí inevitable. No se trata de poner a prueba la paciencia del prójimo. Ojalá se haya logrado en alguna medida, aunque el empleo de indicadores como el ingreso gubernamental per cápita podría provocar desconcierto. Se prefirieron los cuadros y las gráficas con estimaciones de presunto fácil acceso para intentar resumir la exposición de una materia cuya densidad se advertirá pronto. Luego de los capítulos 1 y 2, que describen respectivamente el objeto de estudio y la creciente disponibilidad de fuentes de información útiles para hacer un trabajo de estas características, los capítulos 3 y 4 consideran las haciendas estatales en conjunto; tratan de armar una visión de largo plazo, en general desde 1824, con énfasis en el siglo XX y con mayor atención en el periodo considerado. En contraste, los capítulos 5 y 6 se centran en el periodo 1970-2020 y en algunos casos en los años 1989-2020, en vista del alcance de la fuente del INEGI mencionada antes. De varias maneras se distinguen las 32 haciendas estatales, según los indicadores empleados aquí, considerando también la geografía histórica, en particular las diversas modalidades del poblamiento y de la economía.

Se incluyó un anexo estadístico con la información básica. Persigue dos propósitos: incluir el fundamento estadístico de la interpretación general y contribuir a difundir esa misma información, que mucha falta nos hace.

Los autores desean expresar su más profundo agradecimiento a Mauricio Mejía Castillo, por su ayuda en lo general y por las referencias a los discursos de Jesús Reyes Heroles y el video de Samuel García; a Luis Jaime Sobrino, por la actualización al 2020 del índice de precios y por compartir primicias de su nuevo libro sobre la migración interna en México; a Paolo Riguzzi, por su lectura atenta de un tramo de una versión preliminar, y, por supuesto, a los dictaminadores, cuyas observaciones y recomendaciones enriquecieron nuestra investigación.

Va dedicado con todo cariño a María Fernanda Núñez Gómez (20 de abril de 1996-10 de febrero de 2022); también a Juan Manuel Aboites Flores, inspector de la SH durante dos décadas (1935-1955). Con el mismo cariño está dedicado a Mercedes Valdez (1928-2021) y a Alma Cecilia Hernández, cuyas enseñanzas son siempre estímulo y aliento. Sus ausencias y presencias constituyen el sexto motivo que animó la hechura de este texto.

Ciudad de México, 8 de agosto de 2022

1. EL OBJETO DE ESTUDIO

Las haciendas estatales mexicanas tienen historia. Son una de las múltiples modalidades de la relación entre la sociedad y el Estado basada en el cobro de tributos o impuestos. En toda época y lugar del planeta, la supervivencia del Estado depende por entero de la sociedad. Por distintos medios éste trata de apropiarse de una parte del excedente económico que produce la propia sociedad; tal es el origen de la fiscalidad, de las finanzas públicas. Esa porción varía de una época a otra y de un lugar a otro, lo mismo que las maneras de recaudarla y convertirla en fondos gubernamentales, en ingresos fiscales, precisamente. Con base en su trabajo cotidiano, los grupos sociales llevan a cabo las actividades primarias (agrícolas, ganaderas, forestales, pesca), las secundarias (extractivas, talleres, industrias) y las terciarias o servicios (comercio, bancos, finanzas, educación, salud, aun las actividades del gobierno). Todas ellas, vale insistir, son realizadas por el trabajo social, potenciado por la tecnología y la organización económica. En sentido estricto, el Estado no produce nada, ni siquiera si se considera su intervención en la economía mediante empresas y bancos propios. A fin de cuentas, esa intervención tiene un origen fiscal, es decir, social. El Estado obtiene sus ingresos de los impuestos que gravan cada una de las actividades productivas y, por supuesto, del cobro de derechos (aduanas, pasaportes, vehículos, licencias, recursos naturales), aprovechamientos (multas, recargos, cooperaciones), productos (venta de bienes, cuotas de riego, puertos, ferrocarriles) y servicios que presta (correos, telégrafos, agua potable, electricidad), así como del endeudamiento, incluida la emisión de bonos. Como lo enseña la historia mexicana y de otros países, prestamistas o agiotistas lucraron durante décadas con la deuda gubernamental; tal lucro era posible en virtud de la debilidad del Estado en general.[1]

[1] Tenenbaum, *México.*

En el ámbito tributario, la relación entre la sociedad y el Estado dista de ser armoniosa o cordial; más bien, es tensa, conflictiva. No es para menos, si estamos hablando del dominio que pretende ejercer cualquier Estado sobre la sociedad. Por lo general, la hacienda pública se esfuerza por acrecentar sus ingresos, mientras que la sociedad, los distintos grupos de contribuyentes, se resisten y se empeñan en pagar lo menos posible, por ejemplo, mediante el contrabando.[2] Conforme los países ganaron fortaleza y viabilidad, fue quedando claro que este ámbito se definía (se define) por una especie de transacción o intercambio entre el pago de impuestos y la obtención de servicios y mejoras públicas. Pero tal intercambio se ve ensombrecido por la desconfianza mutua. De un lado, destaca la convicción acerca de la injusticia del pago de impuestos o tributos, así como las quejas por el manejo poco honorable de los dineros gubernamentales como razones de la renuencia de los contribuyentes; de otro lado, pesan las nociones sobre el egoísmo y aun la corrupción de los mismos contribuyentes (algunos sostienen que los pueblos latinos, incluidos italianos y franceses, son más propensos al fraude fiscal que los ingleses y alemanes). Sea lo que fuere, se trata de una relación ruda, violenta incluso, que tiene mucho que ver con la legitimidad de cualquier Estado. En general, se considera que una mayor legitimidad supone una mayor confianza de los contribuyentes en el desempeño de los gobiernos. Y la confianza da lugar al mejor cumplimiento de las obligaciones fiscales.[3]

[2] A propósito de la tensión que ha caracterizado el ámbito fiscal a lo largo de la historia, cabe recordar al cobrador de impuestos en la leyenda inglesa de Robin Hood (siglo XIII), o bien la canción *Taxman* de The Beatles, el famoso grupo musical también inglés, de 1966. Del mismo modo, considérese el saludo del papa Francisco a los recaudadores de impuestos italianos, a inicios de 2022. *Sin Embargo*, lunes 31 de enero de 2022, "El Papa Francisco pide a los recaudadores de impuestos redistribuir las riquezas", nota de la agencia AP. "Reconoció —agrega la nota— que el recaudador de impuestos suele ser desdeñado, pero insistió que, si se hace bien, la recaudación de impuestos 'es señal de legalidad y justicia'". En Argentina algunos fueron agresivos. *The World News*, lunes 31 de enero de 2022, "Papa Francisco bendice a los más odiados: los recaudadores de impuestos", nota de Philip Pullella.

[3] La diferencia tributaria según las nacionalidades, en Jèze, *Las finanzas*, pp. 94 y 155. Sobre esta clase de desconfianza entre contribuyentes y autoridades hacendarias a propósito del impuesto sobre ingresos mercantiles (ISIM, en adelante) en 1948, véase Molina Armenta y Avella Alaminos, "Fiscalidad indirecta", pp. 287-288, y en torno a la cobranza del impuesto predial en época posterior, véase Unda, "Una hacienda".

Federalismo

Una de las modalidades de la relación hacendaria así entendida surgió en las primeras décadas del siglo XIX, cuando antiguas posesiones coloniales de imperios europeos ganaron su independencia. Varios de los nuevos países se convirtieron en repúblicas federales, una forma de organización política que daba sus primeros pasos. Nacido a raíz de la guerra de independencia de Estados Unidos con respecto al Imperio británico entre 1775 y 1787, el federalismo consistía, entre otras cosas, en la formación de repúblicas compuestas por estados libres y soberanos que decidían conformar una entidad superior, una república federal precisamente.[4] Así ocurrió en Estados Unidos, México y otros países; en otros (Chile, Colombia) se optó por repúblicas unitarias, no federales, todas ellas entendidas como modalidades de la formación del Estado nacional, de las naciones modernas, un proceso que también se abrió paso con variantes. En un continente que se organizaba en repúblicas, Brasil insistió en la forma imperial y lo hizo hasta 1889. En México se ensayaron dos imperios, el primero en 1822-1823 y el segundo en 1864-1866. Ambos fracasaron con estrépito.

La influencia del modelo estadounidense se extendió en el resto de América y en otros lugares del planeta. Además de participar en las elecciones generales, bajo el federalismo los habitantes de los estados elegían periódicamente a sus autoridades y representantes locales, con facultades para elaborar sus propias leyes, entre ellas las fiscales, sin contradecir a la constitución general ni a las leyes generales. Nada que ver con la divinidad como fuente originaria del poder político terrenal o con las monarquías y los imperios y sus posesiones coloniales, en manos de grupos de familias aristocráticas, como forma de gobierno. En su lugar, se armó una explicación que insistía (que insiste) en que todo Estado, el poder político, surgía de la voluntad del pueblo. Esta nueva forma de organización política se basaba en la democracia ciudadana (si bien muy limitada, al inicio), una dimensión derivada del individualismo creciente, alejado de las corporaciones (la Iglesia, el ejército, los pueblos) y nutrido de la expansión de la relación capital-trabajo asalariado y de la propiedad privada. Dio paso al liberalismo, a las diversas posturas que componen el pensamiento y las políticas liberales. Esa nueva forma de organización política ganó terreno al

[4] Pani, *Historia*, pp. 53-83.

compás del ascenso industrial y los intercambios comerciales. Con base en las revoluciones económicas y políticas de los siglos XVIII y XIX, el cambio general se intensificó, guiado por la expansión del capitalismo como forma dominante de la organización social.

La aparición de la república federal trajo consigo múltiples cambios. Uno de ellos hizo nacer a las haciendas estatales, el objeto de este trabajo, las cuales se originaron a raíz del desdoblamiento de la antigua soberanía de la Corona española relativa a la actividad tributaria. Las haciendas estatales dieron paso al surgimiento de dos nuevas soberanías, la federal y la estatal. En todos los casos, las repúblicas procedieron a distribuir las fuentes de ingreso fiscal, una parte para las entidades federativas y otra para el gobierno general. En México, el Congreso de la Unión hizo lo propio mediante una ley de agosto de 1824.[5] Mientras rigió la república organizada bajo el centralismo en México, cesó la soberanía tributaria local y el gobierno general asumió la función fiscal por entero. Pero se puede decir que, en nuestro país, a lo largo de 200 años de vida independiente la mayor parte de la actividad tributaria provinciana ha recaído en las autoridades locales, en la hacienda pública de cada entidad federativa, organizada según su propia legislación. Lo anterior es uno de los principales ingredientes del federalismo, una forma política bien arraigada en la sociedad mexicana.[6]

El predominio de la organización federal repercutió en las provincias y en el país todo. Por lo pronto, afianzó los intereses y las exigencias de autonomía de los grupos locales, una tradición que venía de antiguo y que se vio reforzada por la creación de 12 intendencias en la Nueva España en 1786, por la aparición de las diputaciones provinciales y la proliferación de ayuntamientos, según la Constitución de Cádiz de 1812, así como por la desorganización novohispana provocada por los años de guerra. Al alcanzar la independencia en 1821, las provincias, muy distintas entre sí por su población y economía, temían que el gobierno general con sede en el DF/CDMX conservara o aun acrecentara el poderío de que había gozado durante la larga administración imperial española. Evitar el predominio

[5] Dublán y Lozano, *Legislación*, I, pp. 710-712, "Clasificación de rentas de la república federal, según decreto de 4 de agosto de 1824".

[6] En México sólo se han vivido dos periodos centralistas, el primero entre 1836 y 1846, y el segundo entre 1853 y 1855. En la década de 1860, el llamado Segundo Imperio intentó adoptar la tributación única o unitaria, pero su debilidad extrema lo impidió. Véase Pani, "El ministro", II, p. 36.

del gobierno general se convirtió entonces en la prioridad indiscutida. No por otra razón algunos grupos provincianos se rebelaron contra el Primer Imperio, encabezado por Agustín de Iturbide; lo hicieron, entre otros motivos, por la orden del emperador de fines de 1822 de cerrar la Cámara de Diputados, la institución que daba voz y voto a las entidades federativas en torno a la marcha de la naciente nación mexicana.

Por ello, en 1823-1824, luego de derrocar a Iturbide, las entidades federativas recién formadas se unieron contra cualquier intento de integrar un centro poderoso. Así que diseñaron e impusieron un débil gobierno general. Por medio del Congreso de la Unión organizaron un gobierno general sometido de diversas maneras al Poder Legislativo, dotado a su vez de amplias facultades. Una de esas maneras fue la fiscal, mediante la configuración de una hacienda pública pequeña. En consecuencia, las fuentes de ingreso federal, como ocurría en otros países en ese tiempo, se ciñeron principalmente a las aduanas que gravaban el comercio exterior y a las aduanas interiores de los territorios federales, en especial del Distrito Federal, dedicadas a la circulación mercantil. De allí la preponderancia del camino México-Veracruz en la historia mexicana del siglo XIX y parte del XX; conectaba al país con Europa, el llamado mundo atlántico.[7] También le adjudicaron la explotación del monopolio de la producción de tabaco y la emisión del papel sellado.

En contraste, los estados obtuvieron los impuestos más rendidores, entre ellos los que pesaban sobre la población, la minería, la agricultura, el comercio, la industria, y sobre la propiedad, rural y urbana. Dos impuestos se convirtieron en pilares de las haciendas estatales en este tiempo. Por un lado, el de capitación, un gravamen personal que ganó preponderancia a lo largo del siglo XIX (en sustitución del tributo indígena colonial, suprimido durante la Independencia, aunque luego revivido con otro nombre), y por otro, el de las alcabalas, una contribución también de origen colonial que pesaba sobre la circulación de mercancías. La recaudación del impuesto territorial (predial) y de otros que gravaban las actividades de agricultores, comerciantes, mineros, profesionistas, así como las fortunas (herencias), no alcanzó los montos esperados. La extendida influencia de la clase propietaria

[7] A finales del siglo XIX, la conexión europea se debilitó a raíz de la construcción de los ferrocarriles hacia el norte, hacia Estados Unidos, un vuelco de hondas repercusiones en la historia mexicana contemporánea.

y empresarial impidió (sigue impidiendo) cualquier avance en ese sentido, rasgo perseverante en México y otros países.[8]

En este punto es decisiva la aportación del historiador Castañeda Zavala. En consonancia con el modo de organizar la vida política del nuevo país que subyacía a la forma de distribución de las fuentes tributarias, también en agosto de 1824 los propios diputados federales, representantes de las distintas provincias, crearon el contingente. Éste consistía en la obligación de las haciendas estatales de contribuir con una porción variable de sus ingresos (alrededor de 30%) al sostenimiento del gobierno general. Expresaba el reconocimiento de la insuficiencia tributaria con que nacía el gobierno nacional y dejaba más que claro quiénes controlarían al país en lo sucesivo. Luego de su interrupción entre 1836 y 1846, decretada por los gobiernos centralistas, y de su cancelación en 1853 por decisión del gobierno de Antonio López de Santa Anna, en 1861 el gobierno de Benito Juárez lo repuso y además extendió la obligación a los municipios, que se habían multiplicado a lo largo del siglo XIX; desde entonces se llamó contribución federal.[9] En ambos casos, ya fuera mediante el contingente o la contribución federal, se trataba de que las provincias ayudaran al sostenimiento del centro político nacional, representado por el gobierno general. No por casualidad este modelo se extinguió en 1948.[10]

En efecto, en el siglo XX las participaciones federales (junto con las aportaciones, más tardías) sustituyeron esa obligación local. Eran expresión puntual de una organización política por completo distinta; en adelante, el centro político debía contribuir al sostenimiento de los gobiernos de las provincias. De un siglo a otro la relación se había invertido, lo que no debe causar extrañeza. Si habían cambiado la población y la economía, qué de sorprendente tiene el cambio de este ámbito de la organización política entre las partes de la nación. Pero, como se verá, a la vez que se registraban modificaciones notables en la población, la economía y aun en la organización política, subsistían las tensiones y los conflictos entre el centro político

[8] Sobre este rasgo en España entre 1845 y 1936, véase Pro-Ruiz, "El poder"; sobre las características de las haciendas estatales mexicanas del siglo XIX, véanse Ibarra, "Reforma y fiscalidad", y Riguzzi, "El difícil camino"; sobre la hacienda federal en la segunda mitad de ese siglo, véase Pérez Siller, "Los ingresos". El impuesto de capitación desapareció casi por completo después de la Revolución mexicana de 1910.

[9] Del cambio de 1861 y su trayectoria siguiente trata Uthoff, "La difícil concurrencia".

[10] Aboites Aguilar, "La construcción".

y las entidades federativas en torno a la recaudación y la distribución de los ingresos gubernamentales.

Nota sobre historia fiscal

Las afirmaciones anteriores buscan hacer más comprensible la historia fiscal. Buena parte de esa historia en México y en el mundo durante los siglos XIX y XX tiene que ver con el esfuerzo de los gobiernos generales (federales o no, republicanos o no) por agrandar el tamaño de la hacienda pública mediante la expansión de su brazo tributario. Los gobiernos buscaban imponer su fiscalidad al conjunto de los habitantes de los territorios, sin importar la entidad federativa o provincia de residencia de la población o el lugar donde se desarrollaba la actividad económica (minera, agrícola, comercial, industrial).[11] La trayectoria de las fuerzas armadas es ilustrativa. ¿En qué momento en México y demás países el gobierno general fue capaz de contar con la fuerza armada más poderosa bajo su mando indiscutido? En gran medida, lo militar es asunto fiscal. Considérese de este modo el momento en que el alemán Max Weber dio a conocer sus ideas sobre el monopolio gubernamental de la violencia considerada legítima.

Ese esfuerzo, que también dista de haber sido homogéneo en cuanto a sus instrumentos y alcances en México y en el mundo, provocó (continúa provocando) gran oposición y resistencia de parte de las provincias y, por supuesto, de sus gobiernos. Por esa oposición, por ejemplo, en Estados Unidos subsisten los impuestos locales al comercio y por ello no hay un gravamen general o nacional del ramo, el llamado impuesto al valor agregado o añadido (IVA, en adelante). Sí existe en varios países europeos organizados como repúblicas federales (Alemania) o unitarias (Francia) o imperios (Reino Unido), o en repúblicas americanas federales (México, Argentina, Brasil) o unitarias (Chile). Esa misma oposición dificultó la extinción de las alcabalas en México, prometida en diversas ocasiones (como en la Constitución de 1857), o anunciada y celebrada con bombo y platillo en 1896 por José Limantour, el secretario de Hacienda. Pero una necedad que tenía visos de necesidad ingente de ingresos (alimentada quizá por una especie de "egoísmo provinciano", según apuntaba el francés Jèze) obligó a estados

[11] Respecto de esa expansión en México, véase Carmagnani, *Estado y mercado*.

y municipios a insistir en las alcabalas.[12] Por ello, éstas subsistieron o reaparecieron bajo distintas modalidades en el siglo XX, y también dieron un mentís a Limantour y a los numerosos historiadores que han interpretado la medida promovida por el funcionario público como prueba irrefutable del rumbo general. Se puede decir que esta historia tributaria, como cualquiera, es mucho más complicada que un cambio legal o que los propósitos anunciados por un programa gubernamental o por un funcionario. Mejor tratar de entender por qué, 70 años después de la declaración de Limantour, el presidente de la República en turno informaba no sólo que su gobierno había aumentado el monto de las participaciones a los estados, territorios y municipios, sino también que todos los estados habían "suscrito convenios de coordinación con la Federación, que contribuirán a suprimir definitivamente las alcabalas".[13]

Al compás del avance económico, la tensión centro-provincias se hizo más severa a finales del siglo XIX y primeras décadas del XX. Para comprenderla, debe tomarse en cuenta el surgimiento del *income tax*, creado en varios países entre 1890 y 1930, y cuya cronología no es casual ni accidental. Ese impuesto tenía mucho de reformismo burgués, interesado, sí, en ensanchar las arcas gubernamentales, pero también en reprimir los movimientos de inconformidad popular (populismo, anarcosindicalismo, socialismo) propiciados por la desigualdad, el maltrato y el abuso empresarial y gubernamental, rasgos que se generalizaron a lo largo del siglo XIX en diversos lugares del mundo y que formaban parte de la expansión económica. Una cosa iba de la mano de la otra. Para enfrentar la inconformidad y las protestas, no hubo más remedio que acrecentar las funciones estatales. En numerosos países se expandieron entonces los derechos colectivos y ciudadanos (sindicatos, seguridad social, sistemas electorales), así como los servicios urbanos, educativos y de salud pública; todo ello obligó a agrandar la hacienda pública.

La creación del nuevo impuesto, expresión del esfuerzo general interesado también en reducir el peso del comercio exterior en el tamaño de la hacienda pública, enfrentó gran oposición en diversos países, como ocurrió en México en 1924-1925, donde se le conoce como impuesto sobre la renta (ISR, en adelante). Cabe preguntarse por qué. La respuesta lleva a reparar

[12] Acerca del egoísmo, véase Jèze, *Las finanzas*, p. 103.

[13] *Informe presidencial 1971*, p. 12 (mayúsculas del original).

en tres características de la propia contribución. Primero, porque se trataba de un gravamen personal y directo que pesaba sobre los diversos tipos de ingresos de toda la población activa; segundo, porque nacía con pretensiones que lo alejaban de la proporcionalidad (todos pagan la misma tasa o cuota) y en su lugar adoptaba criterios progresivos o redistributivos (pagan más los ricos que los pobres), y, tercero y sobre todo, porque su cobranza y administración serían tareas exclusivas del gobierno federal o general, el único con capacidad para organizar y hacerse cargo de su recaudación, según argumentaban sus promotores. La clase empresarial y la propietaria, opuestas por lo general a cualquier alza tributaria, local o federal, enfurecieron. Hallaron un aliado formidable en los grupos políticos locales, en muchos casos integrados por ellos mismos. Estos grupos alegaron la anticonstitucionalidad del esfuerzo encaminado a establecer un gravamen semejante para toda la población del país. Argumentaron que, conforme a la tradición jurídica del siglo XIX, esa labor correspondía exclusivamente a las entidades federativas (según esa tradición, encargadas de los gravámenes directos y personales) y no al gobierno federal (a cargo a su vez, de acuerdo con esa misma tradición, de los impuestos llamados indirectos, es decir, aquellos que pesaban sobre el comercio, interno y externo). En ocasiones, los empresarios y propietarios no dijeron ni pío; los políticos se encargaron de manifestar la oposición local. Como se sabe, la historia de las décadas siguientes dio fuerte revés a la postura de las provincias, pero distó de extinguirla. La hacienda pública de numerosos países creció a pasos agigantados a lo largo del siglo XX, nutrida sobre todo de la recaudación proveniente de los ingresos de los gobiernos generales, del *income tax* principalmente, y menos de los ingresos locales.[14]

Ojalá alguien se diera a la tarea de revisar la oposición provinciana surgida a raíz del empeño de los gobiernos generales por ampliar sus formas de tributación. Así ocurrió al nacer el *income tax* en Estados Unidos (1913) y

[14] Sobre esa oposición en Estados Unidos, véase Brownlee, *Federal Taxation*, y sobre México, Aboites Aguilar, *Excepciones*. Respecto de la reciente oposición empresarial a la creación de impuestos en la Ciudad de México, véase *Excélsior*, sábado 4 de diciembre de 2021, "Asociaciones expresan 'preocupación y rechazo' ante nuevo impuesto a plataformas", nota de Wendy Roa. Días después se anunció la aprobación casi unánime de ese y otros impuestos de nueva creación. Véase *El Universal*, miércoles 15 de diciembre de 2021, "Éstos serán los nuevos impuestos en CDMX para *apps* de comida, conciertos *streaming* y hospedaje por aplicación", nota de la redacción.

en Argentina (1932). En estos y otros casos, se hallará una resistencia semejante a la de aquellos que en México detuvieron y sepultaron el proyecto de 1923 del gobierno del entonces presidente de la República, Álvaro Obregón, de hacer federal el impuesto predial.[15] Hasta donde es posible saber, es el único intento formal en ese sentido, provocado por la exasperante baja recaudación del gravamen territorial por parte de las autoridades provincianas, algo que no se debe perder de vista en lo sucesivo. Más aún, el observador batallará para distinguir alguna singularidad nacional en los argumentos que daban forma a la oposición ante la expansión de la fiscalidad general, federal en el caso mexicano. Tales hostilidades y protestas rebasaban las fronteras nacionales. ¿Cómo detener o moderar al menos la pretensión tributaria del gobierno general, federal en el caso mexicano? El propio observador se podrá divertir intercambiando argumentos y discursos de un país a otro sin mayor dificultad ni aclaración. Los grupos locales detestaban la existencia de un gobierno federal fuerte, postura que prevalece en las provincias de cualquier país, entre ellos el estadounidense y por supuesto en México.

Se verá, en fin, cómo las dos guerras mundiales del siglo XX apuntalaron a los gobiernos generales, al debilitar, al menos por un tiempo, las posturas locales.[16] Los nacionalismos y el patriotismo cobraron fuerza, entendidos como argumentos del gobierno general. En el mundo entero, desde 1870 y en especial durante la primera mitad del siglo XX (los años de las dos guerras mundiales), la formación de las naciones consistía ante todo en el fortalecimiento de dicho gobierno, tanto de su hacienda pública como de sus fuerzas armadas, las dos columnas esenciales de cualquier Estado en cualquier época. Al final del siglo, sin embargo, las voces e intereses provincianos resurgieron y ganaron fortaleza, fenómeno apreciable en numerosos países, ricos y pobres. El objeto de este trabajo se inscribe en esta última tendencia, una parte de la globalización predominante.

Las haciendas estatales forman parte de las finanzas de la nación, pero al mismo tiempo son distintas. Y ambas sufren la indiferencia emparentada con la ignorancia, según se mencionó, a pesar de que día a día se vivan las

[15] Este tipo de argumentos se lee en varios discursos de los participantes de la convención catastral de 1923. Véase SH, *Convención.*

[16] Sobre Estados Unidos, véase Musgrave y Musgrave, *Public Finance*, y sobre Argentina, Trevisan, *Los impuestos.* Acerca del impacto de las dos guerras mundiales del siglo XX en los movimientos populares que impulsaron el auge de los impuestos progresivos en los países involucrados, es importante el texto de Scheve y Stasavage, "The Conscription".

consecuencias del modo de recaudar, distribuir y, por supuesto, gastar el dinero gubernamental. No por aburrido, el tema fiscal deja de ser importante y fructífero. En lo que sigue, el texto intentará convencer de que, lejos de ser tediosa, la cuestión fiscal es fascinante, en gran medida porque es muy útil y porque en ocasiones sus hallazgos resultan sorprendentes y provocadores.

A continuación, se expondrá un breve repaso de las fuentes de información disponibles. Su objetivo es mostrar que nuestro trabajo como historiadores también es histórico, cambiante. Se argumentará que este tipo de pesquisas era impensable hace apenas 50 años. Por lo pronto, el conocimiento disponible en nuestros días permite estimar con cierta precisión la baja carga fiscal que distingue a nuestro país, un componente esencial del argumento de este trabajo.

2. PANORAMA DE LOS ESTUDIOS Y FUENTES DISPONIBLES

En el mundo contemporáneo, las haciendas estatales o subnacionales ni de lejos atraen los reflectores de las haciendas nacionales. Lo anterior quizá se explique por su reducido tamaño (aunque en Canadá tal afirmación sería muy discutible) y por su carácter provinciano.[1] Si lo que interesa es la trayectoria nacional, es decir, las características de las haciendas públicas de los distintos países, se entenderá la razón. Las finanzas de los gobiernos no nacionales o locales aparecen como un componente más de las finanzas nacionales. Su aportación se toma en cuenta junto con los demás ramos del ingreso gubernamental (ingresos, ventas, seguridad social, deuda). Así se desprende de las publicaciones del BM, el FMI y la OCDE.[2] En ocasiones, las finanzas subnacionales y locales se desagregan y se revisan con más detalle, pero en general predomina la información general o nacional. Con base en ella se hacen las comparaciones internacionales y se forman las agrupaciones de países según diversos criterios, como la zona geográfica o económica (Norteamérica, Pacífico Sur, Unión Europea), el tipo de economía (países desarrollados o en vías de desarrollo, de ingresos altos, medios y bajos) y aun las organizaciones económicas (OCDE). Se subrayan los casos comunes

[1] En 2020, la suma de la recaudación de las provincias canadienses (13.3% del PIB) y la de los gobiernos locales (3.6%) superaba el monto de los ingresos del gobierno general (14.3%). Estimación elaborada con base en *Revenue Statistics - OECD countries: Comparative tables* (consultado el 3 de marzo de 2022). Muestra de la diversidad política existente en el mundo es la condición de Australia y Canadá, países con organización federal que aún forman parte del Imperio británico, la llamada Commonwealth. Ambos se pueden considerar monarquías parlamentarias federales. En 2021, Barbados abandonó la Commonwealth y se convirtió en república independiente, libre y soberana.

[2] Véase por ejemplo OCDE, *Revenue* y, del BM, sus páginas en https://datos.bancomundial.org/indicator/GC.XPN.TOTL.GD.ZS (consultado el 8 de noviembre de 2021) y https://datos.bancomundial.org/indicator/NY.GDP.MKTP.KD (consultado el 27 de noviembre de 2021).

y los excepcionales (como la caída tributaria en Hungría desde 1991), lo mismo que los periodos de alza, baja o estancamiento de la recaudación, según los países y el tipo de impuestos. Así se lee en el largo fragmento del texto de la OCDE reproducido en la introducción.

Cambios mundiales y su impacto en México

Esta clase de acercamientos a la situación fiscal de los países y del mundo no es muy antigua. Fue posible gracias a la disponibilidad de información cada vez más abundante y sistemática acerca de la población y la economía del planeta, una tendencia que avanzó enormidades en la segunda mitad del siglo XX. Nacida en 1945, al término de la Segunda Guerra Mundial, la Organización de las Naciones Unidas (ONU, en adelante) fue clave en esa mayor disponibilidad. Sus expertos pronto se dieron a la tarea de elaborar y difundir lineamientos en esta y otras materias, con el propósito de uniformar el trabajo de los gobiernos de los países y avanzar en el conocimiento más homogéneo y comparable de la situación mundial. Aparecieron series estadísticas más consistentes sobre la trayectoria de las cuentas nacionales, la población y la economía de una parte creciente del mundo; también se levantaron las primeras encuestas específicas. Pronto los países presumieron de la participación de la ONU y de otras agencias internacionales en el diseño de diversos instrumentos de gobierno.

No se afirma que antes no se intentara conocer el rumbo de la economía mundial; prueba de ello es, entre otras, la creación del International Statistical Institute en Londres en 1885 o la elaboración de series de producción y comercio mundial de varias mercancías (algodón, café, cobre, petróleo). De esto último se encargaban sobre todo los propios empresarios privados. Los precios de esas y otras mercancías (trigo, maíz, carne, oro, plata) en las principales bolsas del mundo (Londres, Nueva York, Chicago) se seguían día a día; algunos empezaron a registrar sus vaivenes y luego a analizarlos y publicarlos. La caída de la economía mundial después de la crisis de 1929 fue documentada de diversas maneras; apuntaló además la labor estadística gubernamental propiamente dicha. En 1936, en Delicias, Chihuahua, terruño de uno de los autores de este texto, se recibía un telegrama diario con la cotización del algodón en la bolsa de Nueva York. En 1939, una revista de la SH, especializada en el tema, estimaba la baja carga fiscal mexicana con base en el registro de 60 países. Es por cierto la primera alusión disponible sobre ese rasgo nuestro.[3]

Después de 1945 todo ello se hizo de manera más organizada y sistemática, con más recursos y con un personal cada vez más numeroso y especializado. De manera preponderante esta tarea quedó a cargo de los gobiernos. Con base en los trabajos censales realizados desde fines del siglo XVIII por los gobiernos de los países más ricos (Reino Unido, Alemania, España, Francia y, más tarde, Estados Unidos), una incipiente burocracia mundial se echó a cuestas la labor de conocer y medir no sólo las poblaciones y las economías de los países y zonas, sino también sus principales ramas y movimientos, la situación de la población económicamente activa, el tamaño del empleo y el desempleo, los modelos de industrialización, la productividad del trabajo, las características del consumo, las condiciones de vida, la urbanización, la migración. La estadística, como rama del conocimiento científico, recibió un espaldarazo formidable.

Un año antes de nacer la ONU y como resultado de los trabajos de la famosa reunión de Bretton Woods, una pequeña localidad del noreste estadounidense, nacieron el BM y el FMI. Surgieron bajo el dominio de Estados Unidos y de su moneda; reflejaban el peso de su nueva potencia económica y militar, la primera del orbe desde entonces. Las nuevas instituciones no tardaron en emprender investigaciones sobre la población y la economía del mundo, en buena medida por las exigencias de su labor como entidades crediticias internacionales. Retomaron los avances de la antecesora de la ONU, la Liga de las Naciones, entre ellos el diseño de una forma de contabilidad nacional, labor que seguía de cerca las ideas del economista inglés John M. Keynes. Así se explica el invento, en esos años, del PIB, herramienta crucial en el manejo de la economía mundial contemporánea.[4]

No sorprende que las publicaciones del BM y del FMI ganaran precisión y prestigio, y que se hicieran más y más necesarias. En la misma dirección, a fines de 1948 la ONU creó la Comisión Económica para América Latina

[3] Véase *Revista de Hacienda* (septiembre de 1939), "Editorial. La carga fiscal en México y en el mundo", pp. 133-135.

[4] *INEGI Historia*. Sobre la influencia de la crisis de 1929 y la Segunda Guerra Mundial en la definición de la contabilidad nacional como herramienta gubernamental, véase Coyle, *El producto interno bruto*, pp. 26-52. En la delegación mexicana que participó en la reunión de Bretton Woods se hallaba un economista de apenas 25 años, egresado de una universidad inglesa; se llamaba Víctor L. Urquidi.

(CEPAL), cuyo desempeño inicial se vio influido por el enfoque industrializador propuesto por el economista argentino Raúl Presbich, su director durante la década de 1950 y primeros años de la siguiente. Desde su sede en Santiago de Chile, la CEPAL auspició investigaciones y publicaciones sobre la economía continental y las finanzas públicas. Este organismo nació un año después de la comisión europea equivalente y una década antes que la comisión africana.[5]

Quince años más tarde, los resultados estaban a la vista. Las series del PIB por países del BM se iniciaron en 1960, y en 1961 las de producción agropecuaria, también por países, a cargo de la FAO (Organización de las Naciones Unidas para la Alimentación), organismo especializado en materia rural, fundado en 1948. La estadística de la OCDE comenzó en 1965, cuatro años después del nacimiento del organismo. La disponibilidad de esas series e informaciones promovió las visiones mundiales, así como investigaciones cada vez más finas sobre el desempeño de los diversos países. En América Latina se generó un debate en torno al carácter de la economía de la región. Para unos, se trataba de economías subdesarrolladas; para otros, dependientes.

Este movimiento general, encabezado por los países más ricos, se repitió en buena medida en México. A lo largo del siglo XX, las características y vaivenes de la recaudación federal atrajeron la mayor atención, que no es mucho decir, vale insistir. Si la indiferencia por la hacienda nacional era palpable, se acentuaba en relación con las haciendas de los estados. Aun así, desde la década de 1880, aproximadamente, varios gobiernos estatales, siguiendo el esfuerzo del gobierno federal —que había creado la Dirección General de Estadística en 1882—, publicaron monografías y anuarios sobre sus entidades, incluyendo lo relativo a las finanzas estatales y aun municipales. Lo hicieron para divulgar el avance económico, la modernización según se entendía en esos años, y por supuesto para atraer inversionistas, nacionales y extranjeros. Estos documentos sirvieron como fuente de información para la SH y luego como base de los primeros intentos encaminados a elaborar una visión de conjunto, según se verá.[6] Asimismo, se deben mencionar las memorias de las convenciones fiscales de 1925, 1933 y 1947.

[5] Ejemplos de sus trabajos en torno a las finanzas públicas son CEPAL, *El pacto fiscal* y *Tributación.*

[6] Uthoff, "La Secretaría de Hacienda". Destaca el papel de personajes como Antonio Peñafiel en la expansión de la estadística en México.

Aunque distan de ser trabajos especializados, a menudo las intervenciones de los representantes locales describen aspectos de la situación hacendaria de sus entidades federativas. Del mismo modo hay que considerar las investigaciones de Moisés T. de la Peña sobre varios estados (Campeche, Veracruz, Zacatecas, Chihuahua, Chiapas), publicadas durante las décadas de 1940 y 1950. Por lo general, dedican un capítulo a la hacienda pública; en ellas abundan las cifras y también las quejas por la inconsistencia, escasez o de plano inexistencia de información pertinente. En 1938, Emilio Alanís Patiño publicó la primera estimación de la contabilidad nacional de México.[7]

Como en el mundo, la situación hacendaria mexicana comenzó a mirarse de otro modo después de la Segunda Guerra Mundial. Hay una gran distancia entre los artículos que aparecían a fines de la década de 1930 en la *Revista de Hacienda*, en la que se leen valiosas contribuciones, como las de Gustavo Gómez Tagle, y las publicaciones de la década de 1950 y siguientes. Destaca el trabajo pionero de 1956 de Armando G. Servín, funcionario de la SH (quizá no por casualidad), sobre la situación de las finanzas de los estados entre 1900 y 1950; se trata de la primera aproximación moderna al tema, entendiendo por moderna al menos el hecho de que el gobierno federal, la SH en este caso, investigara de manera sistemática las finanzas provincianas. A fines de la década, Daniel Cosío Villegas encabezó un amplio esfuerzo de El Colegio de México, también desde la capital del país, para elaborar una historia nacional moderna, entendiendo por moderno el periodo que se iniciaba con la restauración de la república en 1867. Como parte de ese esfuerzo se elaboraron las estadísticas sociales y económicas de la etapa considerada (1867-1910) con referencias a la situación general de los estados, entre ellas la hacendaria.[8] Información general sobre las finanzas federales, estatales y municipales aparecía de manera periódica en el *Anuario Estadístico de los Estados Unidos Mexicanos*, publicado por la Dirección General de Estadística desde fines del siglo XIX; éste se nutría de los censos de población y, más tarde, de los primeros censos industriales y agrícola-ejidales, realizados y publicados a partir de la década de 1930, así como de la información proporcionada por dependencias federales,

[7] Por ejemplo, De la Peña, *Veracruz*, II, pp. 482-483 y 490-491, y Alanís Patiño, *Vivir entre dos siglos*, p. 90.

[8] González Navarro, *Estadísticas sociales*.

como la SH y las tesorerías estatales para lo que interesa aquí, y por diversos organismos empresariales.[9]

Debe subrayarse que el libro de Servín es aguja en un pajar, pues la preferencia por la hacienda federal mantuvo su predominio. Prueba de ello es que en la misma década de 1950 aparecieron varias obras sobre ella, entre otras una de seis volúmenes acerca de los impuestos vigentes a lo largo de la historia mexicana y otras dos dedicados al ISR.[10] Tampoco son comparables los informes y memorias periódicas de la hacienda federal (como la del secretario del ramo Matías Romero de 1870, o la cuenta pública anual) con los documentos equivalentes generados en las entidades federativas, por lo general más discretos.

En buena medida, el panorama anterior no ha sufrido grandes cambios en nuestros días. Por mucho, la hacienda federal, la más grande e influyente, continúa atrayendo la mayor y mejor atención. Además, en la ciudad capital, sede del gobierno federal, se hallan las principales fuentes de información sobre la materia, referida a distintas épocas y zonas del país, como el Archivo General de la Nación (AGN) y las bibliotecas de la SH y del Banco de México (fundado en 1925). Quizá por ello, desde entonces las tareas de investigación y reflexión académica sobre el país en su conjunto recayeron en los capitalinos; en los estados, en general, optaron por estudiarse a sí mismos.

Reflejo de la preponderancia federal es la atención dada al quehacer de varios secretarios de Hacienda, incluyendo a los mencionados Romero y Limantour, así como a Alberto Pani, secretario de Hacienda en dos ocasiones (1923-1927 y 1932-1933).[11] Pani y Ramón Beteta, este último secretario del ramo durante el gobierno del presidente Miguel Alemán (1946-1952), publicaron sendos libros sobre su gestión, junto con documentos pertinentes; quizá trataban de imitar a su antecesor Romero, cuya *Memoria*

[9] *INEGI Historia*. Aquí se emplea una publicación derivada de esos anuarios estadísticos. Véase *AEGEF 2014*.

[10] Servín, *Las finanzas públicas*. Véase la extensa obra de Yáñez Ruiz, *El problema fiscal*, de 1959, y las dos de Margáin acerca del ISR: *Compilación*, de 1953, y *La ley*, de 1956.

[11] Ludlow, *Los secretarios*. No hace mucho se publicó una biografía de otro de ellos, secretario de Hacienda entre 1927 y 1932. Véase Anaya Merchant, *Luis Montes de Oca*. Eduardo Suárez, secretario de Hacienda de los gobiernos de Lázaro Cárdenas (1934-1940) y Manuel Ávila Camacho (1940-1946), publicó sus memorias en 1977. Véase Suárez, *Comentarios*. Desconocemos si existe un libro equivalente sobre uno o varios secretarios de Hacienda o de Finanzas de alguna entidad federativa.

de Hacienda supera el millar de páginas. En 1946, el abogado empresarial Ernesto Flores Zavala dio a las prensas un conocido libro sobre la cuestión hacendaria. Éste refleja bien el creciente grado de especialización de los profesionales del ramo, en este caso de un antiguo integrante de la procuraduría fiscal, creada en 1937 por el gobierno del presidente Lázaro Cárdenas (1934-1940). Al final de su vida, Antonio Ortiz Mena escribió sobre su desempeño como secretario de Hacienda durante 12 años (1958-1970), con algunas referencias a la cuestión fiscal del llamado desarrollo estabilizador.[12] Hay que mencionar que en ese tiempo el adjetivo "mexicano" era casi sinónimo de "federal" o "nacional". Parecía innecesario aclararlo.

A fines de la década de 1950 y principios de la siguiente, expertos como Ifigenia Martínez de Navarrete, de la Escuela de Economía de la Universidad Nacional Autónoma de México, y el mencionado Urquidi (a la sazón en la SH) se ocuparon de la situación de las finanzas públicas. No sorprende su tono crítico. Argumentaban que la pequeña fiscalidad mexicana se había convertido en grave obstáculo para el desarrollo económico, prioridad indiscutida en ese tiempo. Lo fiscal era una especie de talón de Aquiles del milagro mexicano, junto con el creciente déficit de la balanza comercial y el incipiente pero creciente endeudamiento externo.[13] Aquello de que México se había pronunciado por la baja cobranza de impuestos, afirmación gubernamental muy común en las décadas de 1940 y 1950, pasaba factura en poco tiempo. Pero también nutría la convicción de que la baja carga fiscal, loable según ese argumento, había sido resultado de una decisión política explícita, de altos vuelos y de larga, muy larga duración. Su objetivo no había sido otro que impulsar el desarrollo económico del país con base en la llamada economía mixta, es decir, en la combinación del quehacer de empresarios privados y de los gobiernos. Así se entendía en ese tiempo en México y en numerosos países.[14]

[12] Pani, *La política*; Beteta, *Tres años*, y Ortiz Mena, *El desarrollo*.

[13] Urquidi, "El impuesto", y Martínez de Navarrete, *Política fiscal*; también véase Solís, *Intento*, pp. 45-46 (reforma fiscal) y 54 (ampliación del déficit de la balanza de pagos y el mayor endeudamiento externo entre 1960 y 1970).

[14] Entre otros, el secretario Suárez presumía la baja carga fiscal como puntal del desarrollo económico. No se olvide que este personaje fue secretario de Hacienda entre 1935 y 1946. Véase su libro *Comentarios*, p. 334. En el otro sentido, véase el discurso de 1974 del dirigente nacional del gobernante Partido Revolucionario Institucional (PRI, en adelante), Jesús Reyes Heroles: "Hemos visto así que quienes le decían al Estado '¡Has pecado: tienes déficit presupuestal!', hoy se oponen a que el Estado obtenga los ingresos necesarios para

Aunque desde la misma década de 1950 el gobierno federal, por medio de la SH, buscó la manera de acrecentar la recaudación del ISR, los intentos modernizadores en materia tributaria, provocados por las cada vez más apremiantes necesidades internas y por la intención de emular a los países más ricos, fracasaron rotundamente. Así ocurrió al menos en 1953, 1956, 1961-1964 y 1972. Los empresarios y propietarios mexicanos se resistieron al alza, como en cualquier otro lugar del planeta. La diferencia es que en México esos opositores y sus organismos lograron salirse con la suya en mayor medida. En otros países no lo hicieron del mismo modo, como en los más ricos, ni tampoco en los más parecidos a México, como Argentina y Brasil. Poco a poco, México modelaba su malhadada singularidad fiscal ante el mundo.[15] Quizá el afán por el "desarrollo económico", propósito más que claro de las decisiones gubernamentales después de 1930, incluyendo una especie de pacto con los empresarios privados, encaminado a mantener una baja presión tributaria, comenzaba a pasar la cuenta.

En la década de 1970, como manifestación del auge de la historia económica y social, se multiplicaron las investigaciones sobre las finanzas públicas mexicanas, con preferencia por la época colonial, las primeras décadas de la vida independiente y los últimos años del siglo XIX; por desgracia, el siglo XX atrajo poca atención, rasgo que quizá forma parte de la indiferencia mencionada en la introducción. Se publicaron textos sobre la Caja de México, el tributo indígena, las finanzas del Imperio español, las alcabalas, la minería y el ascenso de las finanzas federales en el último tercio del siglo XIX. Como reflejo del movimiento general que empezaba a cuestionar la noción predominante de que lo mexicano era sinónimo de lo federal o nacional, se hicieron investigaciones acerca de la hacienda pública de varias entidades federativas (Jalisco, Zacatecas, Michoacán, Puebla, entre otras) en los primeros años de la vida independiente. Fue clave en ese sentido el esfuerzo de grupos como el encabezado por los profesores Jáuregui y Serrano, así como

---

cubrir el déficit presupuestal". En *Obras completas*, p. 227. En la página siguiente expresaba el deseo gubernamental de alcanzar 18% de carga fiscal, proporción que continuaba siendo "moderada" en comparación no sólo con la de países más ricos, como Inglaterra e Italia, donde superaba 40%, sino con la de países "no completamente desarrollados", como Argentina, Brasil o Ceilán, cuya carga fiscal rebasaba 23% del "producto nacional bruto". No dice a cuánto ascendía la carga en México en ese momento; sólo que se anhelaba llegar a 18%, casi como en la actualidad.

[15] Sobre esos repetidos fracasos, véase Unda, "Building of a Poor State".

las aportaciones de autores como Carmagnani, Marichal, Uthoff, Riguzzi, Zuleta, Sánchez Santiró, Unda, Becerril Hernández y Molina Armenta, coautora de este trabajo.[16]

Puede pensarse que la escasa atención concedida a la cuestión fiscal, sea federal o local, obedece, al menos en parte, al predominio de la visión técnica, común en algunos de los trabajos mencionados en estas páginas. Tratan el tema como si fuera un mundo propio, independiente, exagerando el poder de la fiscalidad. Aquí se ha intentado hacer las cosas de otro modo. No es que no se requieran expertos y especialistas en derecho fiscal, técnica tributaria o federalismo fiscal. Nada de eso. Lo que se argumenta es que, en la investigación de este ámbito, difícilmente se pueden dejar de lado sus conexiones con la población, la economía y la política, con el mundo de los contribuyentes. Así se entiende aquí la peculiaridad fiscal.

Tres razones del creciente interés por las haciendas estatales

Desde la década de 1970, el panorama anterior comenzó a cambiar en el mundo y en México. "Las últimas décadas —apuntaba un investigador en 2006— han mostrado una intensificación de los procesos descentralizadores en la mayor parte de los países del mundo. Es claro que los gobiernos subnacionales tanto en el ámbito regional o provincial, como en el ámbito local o municipal, están llamados a jugar un papel estratégico en el actual escenario de una nueva economía mundial y de una nueva gobernabilidad democrática".[17] En ese movimiento general, componente de la globalización, se inscribe el objeto de este trabajo.

En México, de entrada, en 1972-1973 —no por coincidencia casi de manera simultánea al fracaso del gobierno de fines de 1972 en su propósito de elevar la recaudación tributaria mediante el ISR— se llegó a un nuevo

[16] Tepaske y Klein, *Ingresos y egresos*; Marichal, *La bancarrota*; Marichal y Marino, *De colonia a nación*; Serrano y Jáuregui, *Hacienda y política*; Uthoff, "La difícil concurrencia"; Zuleta, *De cultivos y contribuciones*; Sánchez Santiró, *Las alcabalas*; Unda, "Building of a Poor State"; Becerril Hernández, *El juicio de amparo*, y Molina Armenta, *Coordinación fiscal*. Acerca de la historia económica en México, véase el reciente libro de Avella Alaminos, *Génesis*, en particular el capítulo III.

[17] Cabrero Mendoza, *Los retos*, p. 1.

arreglo entre las haciendas estatales y la SH en torno a la distribución de los dineros gubernamentales. Luego, en 1980, nació el IVA junto con una ley de coordinación fiscal entre la SH y las haciendas estatales.[18] El IVA no podía crearse si no contaba con el respaldo y la participación de las entidades federativas. ¿Cómo establecer un gravamen de alcance nacional sin ellas? Era entonces un problema nacional de primer orden, según se lee en un trabajo reciente.[19]

En consecuencia, por el propio interés gubernamental, las finanzas locales empezaron a ser revisadas con mayor frecuencia y cuidado. Ésta constituye sin duda la primera razón de la atención creciente concedida a las haciendas estatales; seguía de cerca los cambios de postura del gobierno federal. Era obvio que los acuerdos de 1972-1973 y las leyes de 1980 obligaban a éste a mirar de otro modo las haciendas estatales, al menos porque se gastaba más en ellas, mediante la transferencia de crecientes fondos fiscales. La ley de coordinación fiscal de 1980 expresaba un acuerdo con los estados; en adelante, una sola ley de carácter nacional regularía la distribución de los ingresos gubernamentales. De esa manera, poco a poco se abría paso el interés por el mundo provinciano, caracterizado por su diversidad y desigualdad. También se hicieron más frecuentes los discursos sobre el federalismo y la necesidad de promover la descentralización. Por lo visto, la concentración económica y política en el valle de México se hacía insostenible.

Así lo expresó en repetidas ocasiones el entonces presidente del PRI, Jesús Reyes Heroles (1972-1975). La transformación en estados libres y soberanos de los dos últimos territorios federales, ocurrida en octubre de 1974, formaba parte del esfuerzo encaminado a impulsar una cautelosa descentralización del gobierno de la nación.[20] "Ni una centralización que limite la iniciativa de nuestros miembros —afirmaba— ni una descentralización que nos lleve a la anarquía". El discurso se entendía en el contexto de la reciente desafiliación de priistas inconformes acaecida en varios municipios jaliscienses. Los debates y las medidas gubernamentales tomadas en torno a

[18] Sobre el esfuerzo fallido del gobierno federal por elevar la recaudación del ISR a fines de 1972, véase Solís, *Intento*, pp. 103-117. El texto de la ley de coordinación fiscal, en *DOF*, miércoles 27 de diciembre de 1978; la primera ley del IVA se publicó dos días después.

[19] Molina Armenta, "El establecimiento del IVA".

[20] La reforma constitucional respectiva, en *DOF*, martes 8 de octubre de 1974.

la centralización-descentralización tenían por tanto una intencionalidad política, equivalente en cierto modo a la que generó la adopción del *income tax*, mencionada antes. Innovar o morir, parecía la divisa. "Si hoy nos enfrentamos a la centralización económica, social, política y cultural —agregaba el nativo de Tuxpan, Veracruz—, es a pesar de nuestro federalismo y no por él. Debemos estar advertidos de que las clases privilegiadas, como ayer, tienden a la centralización. Fortalecer, pues, nuestro federalismo jurídico-político es ineludible para contrarrestar los hechos y las tendencias centralizadoras". La descentralización se definía entonces como ruta progresista, popular, frente a la centralización, entendida a su vez como privilegio de minorías. Más adelante, Reyes Heroles añadía una frase muy propia de la época: "Ni centralización para conservar y acrecentar viejos o nuevos privilegios, ni federalismo para conservar y acrecentar viejos o nuevos privilegios".[21] ¿Brujo, adivino?

Pero los trabajos académicos que acompañaron ese vuelco en materia fiscal se hicieron con escasa visión histórica. En algunos casos, los textos sobre la situación hacendaria de estados y municipios se iniciaban con apuntes sobre el formalismo jurídico del federalismo fiscal, siguiendo disposiciones constitucionales y legales.[22] Sin demeritar la pertinencia de dicho aparato jurídico, se omitía el hecho crucial de que el IVA sólo pudo nacer en México por un antecedente político fundamental; a saber: el acuerdo de la SH alcanzado en 1972-1973 con los gobiernos estatales en cuanto a los impuestos sobre las transacciones mercantiles, algo que involucraba especialmente a las industrias y, por supuesto, a los establecimientos comerciales. Por fin, los gobiernos de todos los estados habían dado su brazo a torcer y habían aceptado hacer suyo el impuesto federal único sobre las ventas, lo que los obligaba a derogar numerosos gravámenes propios. Se subraya "todos" porque varios de los estados más ricos (y no sólo ellos) se habían resistido desde 1948, cuando surgió el federal impuesto sobre ingresos mercantiles (ISIM). Durante dos décadas y media, 14 gobiernos estatales se mantuvieron renuentes, al margen del esfuerzo tributario federal.[23]

[21] Reyes Heroles, *Discursos*, pp. 129, 382 y 507.

[22] Véase, por ejemplo, el texto de Farías Hernández, "Aspectos financieros".

[23] Por suerte, se dispone de la investigación de Molina Armenta sobre el ISIM. Su libro *Coordinación fiscal*, ayuda a entender las razones de la oposición estatal al impuesto federal en materia mercantil. Por decirlo así, los impuestos involucrados en dicha disputa eran el alma de las haciendas locales. Los gobiernos estatales que se opusieron al impuesto

Como se acostumbraba decir antes, el acuerdo de principios de la década de 1970 se logró gracias a la chequera gubernamental, mediante el alza de las transferencias de fondos federales a los estados. Se hizo con base en un aumento de tasas y porcentajes del propio ISIM destinados a los estados. Así puede constatarse en las series disponibles y también en varios informes de los gobernadores de 1973 (Veracruz, Sonora, Nuevo León, Chihuahua, Jalisco). Sin duda, la nube de adjetivos endilgados al gobierno federal de ese tiempo, a cargo de Luis Echeverría (1970-1976), ha inhibido la investigación a fondo sobre ese acuerdo político, cuya importancia se verá a lo largo de las siguientes páginas. Fue el primer indicio formal del ascenso provinciano. Así se le considerará en lo sucesivo, más que 1980, año de creación del IVA y de la coordinación fiscal única.[24]

La segunda razón por la cual las haciendas estatales ganaron atención es que, como se acaba de decir, la ley del IVA de 1980 obligó a crear un sistema de coordinación fiscal entre ellas y la SH. En adelante, una porción cada vez mayor de la hacienda federal se destinó a estados y municipios, como venía ocurriendo en mayor escala desde 1973; en consecuencia, una parte creciente de los ingresos provinciales provendría de la hacienda federal, en cumplimiento de una sola legislación nacional. El llamado federalismo fiscal obtuvo entonces nombre y apellido, casi siglo y medio después de su nacimiento en 1824. Y es que, en realidad, la legislación de 1980 no inició ni inventó mucho, a pesar de la convención de los estudiosos del federalismo fiscal de considerarla como referencia originaria del arreglo fiscal contemporáneo. Más adelante se abundará al respecto.[25] Además de apuntalar la

---

federal entre 1948 y 1973 fueron los de Baja California, Coahuila, Chiapas, Chihuahua, Guanajuato, Jalisco, México, Nayarit, Nuevo León, Oaxaca, Sonora, Tamaulipas y Veracruz. Es un enigma por qué los gobiernos de Chiapas, Nayarit y Oaxaca aparecían en la lista de renuentes, formada en su mayoría por las entidades federativas más prósperas, entre ellas todas las fronterizas con Estados Unidos.

[24] Quizá por esa razón son tan escasos los trabajos disponibles sobre el tema. Además del de Solís que se acaba de citar, se deben considerar los de Elizondo, "In Search of Revenue", y Petricioli, "Sobre los efectos". No se olvide que este último autor (secretario de Hacienda entre 1986 y 1988) da una versión federal, pues fue el funcionario de la SH encargado de la negociación con los tesoreros estatales en 1972-1973. Detalles de esas reuniones, iniciadas en la ciudad de Chihuahua en noviembre de 1972, en Colmenares Páramo, "Retos", p. 418, y Aboites Aguilar, *Excepciones*, pp. 364-371.

[25] No en balde, los transitorios de la ley de coordinación fiscal de 1978 disponen la abrogación de varias leyes, emitidas entre 1948 y 1953, sobre las participaciones de los

tendencia general, esa legislación formalizó y uniformó en términos legales, nacionales, un conjunto de prácticas gubernamentales que venía de antiguo, desde fines del siglo XIX, consistente en el otorgamiento de una pequeña parte de la recaudación federal a algunos estados y municipios. Tal participación no montaba más allá de 2% de dicha recaudación y no afectaba la relación política implícita en la contribución federal, es decir, en las sumas que la provincia debía entregar, como parte de sus ingresos (de alrededor de 30%), al gobierno federal.

Poco a poco se daba una vuelta de tuerca a la organización del país. Ésta respondía a dos tendencias simultáneas: el ascenso federal y el descenso estatal, algo muy distinto al escenario predominante que explica el contingente en 1824, según se dijo. En este nuevo contexto se sitúa la extinción de la contribución federal en 1948. Pero después de 1970 el rumbo se modificó de manera drástica.

El ascenso federal ocurrido en México durante el siglo XX difícilmente podía (puede) explicarse como expresión de una historia nacional, quizá nacionalista, y aun como criatura de la gesta revolucionaria de 1910. En este y otros casos, la reivindicación de la presunta singularidad mexicana se dificulta en extremo, porque el mundo, sin necesidad de revolución de 1910 o de presidencialismo priista, se movía exactamente en la misma dirección, si bien con distintas modalidades. En efecto, el siglo XX se caracteriza por el fortalecimiento y ampliación de las finanzas de los gobiernos generales en la mayor parte del planeta; como se dijo, las dos guerras mundiales y la adopción del *income tax* hacen comprensible la tendencia. Se trata de un episodio que evidencia las limitaciones de las antiguas formas de entender y hacer la historia nacional, incluso nacionalista.

Por desgracia, en México no se sabe mucho de esos movimientos de ascenso y descenso antes de 1980. ¿Quién sabe, por ejemplo, que desde 1957 el ISR se convirtió en la principal fuente de ingresos federales? Por primera vez en la historia nacional, el comercio exterior perdía su primacía originaria, quizá por la caída de las exportaciones algodoneras en ese momento. A mediados de la década de 1960, conviene no olvidarlo, la economía crecía a un ritmo cercano al 10% anual, el más elevado del siglo XX. Ahora sabemos que, paradójicamente, este episodio, como manifestación del lla-

estados en la recaudación de diversos impuestos federales. La abrogación se haría efectiva al entrar en vigor la nueva ley, en enero de 1980.

mado milagro mexicano, anunciaba el fin del auge económico.[26] Formaba parte del declive de la economía mundial, encabezada por Estados Unidos. Marcaba de hecho el final de la llamada edad de oro de la segunda posguerra, provocado entre otras razones por la competencia y acelerada prosperidad económica de la Alemania Federal y de Japón, los antiguos enemigos de la Segunda Guerra Mundial. Por lo visto, la destrucción de las instalaciones industriales sufrida durante la guerra obligó a esos dos países a construir nuevas plantas, más modernas. A Estados Unidos, bien lo sabemos, la conflagración no lo tocó ni con el pétalo de una rosa (salvo Pearl Harbor). Así que conservó su planta industrial, pero más antigua. La trayectoria de la industria automotriz de la segunda mitad del siglo XX es ilustrativa.

En ese mismo sentido, el IVA y la coordinación fiscal de 1980 no tardaron en enfrentar una de las crisis más profundas de la historia del país, la que dio lugar a la llamada "década perdida". El milagro económico quedó hecho trizas. ¿Cómo entender la trayectoria del IVA y de la coordinación fiscal federal con las haciendas locales sin la conexión con dicha crisis, con la inflación galopante que obligó a introducir cambios en 1987 para evitar la caída de la recaudación federal? La cosa fiscal dista de ser un ámbito libre y soberano.[27] En este caso, hay que lamentar la carencia de una investigación detallada y meditada sobre la crisis mexicana, latinoamericana.[28]

Por último, las haciendas estatales se estudiaron más porque había más información. En efecto, en la misma década de 1980, no por casualidad una institución federal comenzó a publicar series sobre la economía y las finanzas públicas de las entidades federativas y los municipios. El INEGI, creado en enero de 1983, retomó las labores de varias dependencias anteriores, entre ellas la iniciada en 1982 relativa a las estimaciones del PIB por entidad federativa, tarea que se consolidó en 1985 y más tarde en 1994.

[26] En realidad, el milagro mexicano no era singular; la economía latinoamericana también creció a elevadas tasas desde 1950; pero en la década de 1960 empezaron las dificultades, derivadas del final de la edad de oro de la economía mundial, de la que México formaba parte. La misma historia económica. Véase Ffrench-Davis *et al.*, "Las economías latinoamericanas", pp. 84-92.

[27] Véase por ejemplo Jannetti, "La coordinación".

[28] Para entender este periodo tan complicado, es útil el texto citado de Ffrench-Davis *et al.*, "Las economías latinoamericanas", especialmente pp. 149-158, sobre el endeudamiento externo. Queda claro que en general, unos más y otros menos, todos los países de la zona se habían endeudado a pasos agigantados en la década de 1970.

Eran parte del llamado sistema de cuentas nacionales, cuya fecha de inicio se fijó en 1970. La larga época anterior a ese año quedó, desde el punto de vista institucional, en el mayor de los limbos. Quizá por ello en 1985 se publicó la primera edición de las *Estadísticas históricas de México* (*EHM*, en adelante), casi cuatro décadas después de la primera obra estadounidense similar, aparecida en 1949.[29] Pero este loable esfuerzo del INEGI, que incluyó series sobre ingresos y egresos gubernamentales, se limitó al gobierno federal; nada sobre las finanzas locales. Tal omisión, que no se aprecia en otras materias (población, educación), se ha sostenido en las versiones siguientes, la última de 2014.

Como parte de este esfuerzo institucional, muy acorde con los tiempos políticos (la descentralización y el federalismo al alza), el INEGI comenzó a publicar algo que interesa sobremanera aquí: las series de ingresos y egresos de estados y municipios por años y por ramos. La primera obra del INEGI al respecto apareció en 1984, con el título *Finanzas públicas, estatales y municipales 1970-1982*, seguida de otras similares.[30] Lo que antes era un verdadero suplicio, como se lee en los textos de De la Peña y Servín, empezó a ser resuelto por una institución federal.[31] En la primera publicación de 1984 se lee: "El Instituto Nacional de Estadística, Geografía e Informática, consciente de la importancia que la presente Administración ha otorgado a la política de desarrollo regional y en general al fortalecimiento del federa-

[29] *INEGI Cronología*, pp. 65-66, y *USHS 1949*. A principios de la década de 1970, Kirsten Appendini, investigadora de El Colegio de México con experiencia en organismos internacionales, elaboró una estimación gruesa del PIB de las entidades federativas del periodo 1900-1960, una parte del hueco dejado por la decisión del INEGI de iniciar sus series a partir de 1970. A pesar de que no se llegó a publicar, su trabajo continúa siendo una de las escasísimas exploraciones sistemáticas sobre dicho periodo y sus virtudes han resistido el paso del tiempo. Véase Appendini, "El producto".

[30] *INEGI 1984*, *INEGI 1988*, *INEGI 1990* e *INEGI 1993*.

[31] *INEGI 1996*, "Presentación". Aquí se lee que: "Los primeros esfuerzos realizados en materia de contabilidad [de la economía] regional se remontan a la década de los ochenta. En 1982, se obtuvo información preliminar respecto a 1980 con una desagregación a nivel de 9 actividades económicas. Un segundo e importante avance lo constituyeron los cálculos que fueron publicados por el INEGI en el mes de agosto de 1985, presentando resultados para los años de 1970, 1975 y 1980 del producto interno bruto por entidad federativa, con una desagregación a 73 ramas de actividad económica, 9 divisiones industriales y 9 grandes divisiones. Posteriormente, en marzo de 1994 se publicaron los cálculos regionales del producto interno bruto para los años de 1985 y 1988".

lismo presenta la publicación FINANZAS PÚBLICAS ESTATALES Y MUNICIPALES 1970-1982".[32]

Ciertamente, hay que confiar en la consistencia de esas cifras, pues no se cuenta con otras. ¿O se sabe de un gobierno estatal que haya publicado una investigación sobre el conjunto de las haciendas estatales? En todo caso, se considera su propia situación, algo que por desgracia no ha sido frecuente. Quizá por su naturaleza, cada entidad federativa vela por sus muertos, entre ellos el fiscal. ¿Acaso lo ha hecho un banco, un grupo empresarial, una universidad?[33]

Esta tarea ha quedado ante todo en manos del gobierno federal. En el mismo sentido se debe entender la expansión de la educación superior y de los centros de investigación, algunos de ellos con sede en ciudades de provincia; ello ayuda a explicar la mayor frecuencia y calidad de las investigaciones académicas sobre las finanzas locales y el llamado federalismo fiscal, tan notables al final de la década de 1980 y sobre todo en la siguiente. Economistas (Jannetti, Sempere, Sobarzo, Cabrero Mendoza, Hernández Trillo), politólogos (Díaz Cayeros) y expertos funcionarios públicos (Colmenares Páramo, Urzúa) estudiaron las haciendas locales a la luz de la coordinación fiscal gubernamental, iniciada formalmente en 1980.[34] Lo hicieron con gran rigor y detalle, con base en las fuentes mencionadas aquí, en particular del INEGI y de la SH, entre otras. Caracterizaron rasgos, insuficiencias, vicios y otros problemas importantes. Pero por lo general escribieron textos, dijéramos, "hacia dentro" de la cosa fiscal, muy distinto al modo en que se hace aquí, dijéramos, "hacia fuera". Este último modo considera la trayectoria de la población y de la economía mexicana en la formación de la baja carga fiscal y trata de explicarla no tanto a la luz de consideraciones teóricas formales, abstractas, de expertos de las finanzas públicas, nacionales y extranjeros, sino a partir de la historia económica y política del mundo y del lugar de nuestro país en ella. En ciertos trabajos

[32] *INEGI 1984*, "Presentación" (mayúsculas del original). Nótese el antiguo nombre del INEGI; el actual, más breve, se adoptó en 2008.

[33] Véase la nota 5 del capítulo 5, sobre la inconsistencia de una fuente del INEGI referida a las participaciones al entonces Distrito Federal. Otra más grave, relativa al rubro de seguridad social en los ingresos estatales en *INEGI 2021*, también se aborda en el capítulo 5.

[34] Sempere y Sobarzo, *Federalismo*; Hernández Trillo, "Las finanzas públicas", y Díaz Cayeros, "Political Responses". Los otros autores mencionados se han citado antes o se citarán más adelante.

sobre el federalismo fiscal se estudia el quehacer de las autoridades de los gobiernos de los estados y de los municipios ante las iniciativas y medidas descentralizadoras federales de fines del siglo XX. Salvo como fuente de fondos, la fiscalidad federal aparece fuera de foco, como una entidad que decide cambiar o descentralizarse casi a su libre albedrío. Si bien no es su objeto de investigación, la hacienda federal aparece al margen de cualquier historia. Aquí se intenta evitar ese rasgo (riesgo).[35]

Estimación de la baja carga fiscal

Con base en los resultados de la labor de instituciones internacionales (BM, FMI, OCDE) y del INEGI en México (así como de la SH y del Banco de México), y con la información y las series sobre las cuentas mundiales y nacionales, según se ha relatado en páginas anteriores, ahora es posible hacer estimaciones como la que se presenta a continuación respecto de la carga fiscal que distingue a México. Hay que insistir en lo histórico de esa posibilidad. Antes de que se dispusiera de ese conjunto de instrumentos de información, una propuesta como ésta habría sido muy difícil de elaborar, quizá imposible. Es importante reiterar la relevancia de la carga fiscal en el argumento de este trabajo, centrado en la trayectoria de las haciendas estatales. No se puede entender bien a bien esa trayectoria sin la consideración detenida de este ámbito de la organización del Estado mexicano en su conjunto. Aunque el cálculo verse sobre la hacienda federal, como se explicará enseguida, en realidad se le propone como rasgo general del poder político en México. Así se debe leer el presente apartado. Veamos.

Este rasgo nacional se compone de reducidas aportaciones de los principales ramos del ingreso tributario, tanto del gobierno federal como de los gobiernos locales. Así que la responsabilidad se debe adjudicar o repartir en lo que a cada uno corresponde, algo que no se debe olvidar.

En 2019, México recaudaba 7.1% del PIB por los gravámenes a los ingresos (personales y empresariales), 2.2% por seguridad social, 0.4% por sueldos y salarios, 1.9% por la propiedad y 5.9% por IVA. En contraste, los países de la OCDE (entre ellos Estados Unidos, Alemania, Dinamarca,

[35] Los trabajos de Cabrero Mendoza y de sus alumnos ejemplifican ese procedimiento metodológico. Véase Cabrero Mendoza, *Los retos*, y Cabrero Mendoza *et al.*, "Claroscuros".

Cuadro 2.1. *Carga fiscal en la* OCDE *y México en 2019*
(porcentajes con respecto al PIB*)*

	OCDE (promedio de los 37 países miembros)	*México*	*Diferencia*
Ingresos (personales y empresariales)	11.5	7.1	4.4
Seguridad social	9.0	2.2	6.8
Sueldos y salarios	0.4	0.4	0
Propiedad	3.3	1.9	1.4
IVA	10.9	5.9	5.0
Sumas	35.1	17.5	17.6

Fuente: Elaborado con base en OCDE, *Revenue*, cuadro 3.3.

Francia, España, Italia, Colombia, México y Chile, pero no incluye a China, Rusia, Argentina y Brasil, que no forman parte del organismo) alcanzaban en promedio 11.5% por concepto de ingresos, 9.0% de seguridad social, 0.4% de sueldos, 3.3% sobre la propiedad y 10.9% de IVA. Salvo en lo relativo a sueldos y salarios, cuyo porcentaje es idéntico al de los países mencionados, México podría aumentar y modernizar su carga fiscal tratando de alcanzar los promedios de la OCDE en cada uno de los ramos indicados. Como se aprecia, esa tarea recae tanto en el gobierno federal (ISR, seguridad social, IVA), como en los gobiernos locales (seguridad social, propiedad). El cuadro 2.1 resume la información anterior.[36]

Del cuadro 2.1 resulta claro que en ese entonces la hacienda pública mexicana era de la mitad del tamaño promedio de las haciendas de los países de la OCDE. La afirmación anterior tiene que situarse en el tiempo. El asunto

[36] OCDE, *Revenue*, cuadro 3.3. En 2017, el entonces secretario de Hacienda, José Antonio Meade, atribuía la baja carga fiscal mexicana a la pequeña recaudación del impuesto predial, a cargo de los municipios. Según él, los municipios provocaban el principal "hueco" de las finanzas públicas mexicanas. A criterio de un dictaminador, estas declaraciones ocurren con frecuencia, cada vez que se discute la aprobación del presupuesto federal de egresos. Si bien es cierto que estas declaraciones forman parte del juego político común, en el fondo no cuestionan las tendencias que se han venido mostrando en este texto. Véase *La Jornada*, miércoles 15 de marzo de 2017, "Propone titular de Hacienda revisar el predial para fortalecer ingresos", nota de Israel Rodríguez, y *El Universal*, miércoles 15 de marzo de 2017, Sección Cartera, "Municipios deben mejorar cobro del predial: Meade", nota de Ivette Saldaña.

es complicado porque la carga fiscal con respecto al PIB en México aumentó de manera sostenida a lo largo del siglo XX, según se aprecia en la gráfica 2.1; casi se ha cuadruplicado desde 1900. Lo hizo de la mano de la tendencia similar en numerosos países. Como también ha ocurrido en el mundo, la curva ascendente significa que el monto del dinero gubernamental ha crecido en relación con el tamaño de la economía durante el siglo XX y en lo que va del XXI. Quizá por ello los conflictos por su distribución son cada vez más visibles, y más si el crecimiento económico se ha desplomado en México desde 1980.[37]

Se debe subrayar la modestia o moderación de la trayectoria mexicana, comparada con la de otros países, según se ha venido exponiendo. Por ello, son notables las diferencias con los integrantes de la OCDE. No se olvide que libre y soberanamente el gobierno mexicano solicitó y obtuvo el ingreso a dicho organismo mundial (europeo) en 1994, luego de tres años de esfuerzos. El propósito era semejarse a la OCDE, no al revés;[38] pero luego

[37] La estimación de la carga fiscal de un país es tarea compleja para los historiadores, empeñados en el largo plazo. Depende de la consistencia de la información disponible. Puede limitarse a los ingresos del gobierno general (federal, en el caso mexicano), y en ellos a los ingresos tributarios, es decir, a la sola recaudación de impuestos federales. En consecuencia, el monto fiscal será pequeño porque deja fuera otros ramos de ingresos, como los derechos, aprovechamientos, productos y la deuda (interna y externa), así como los ingresos estatales, municipales y del DF/CDMX. Si se toman en cuenta todos esos ingresos, junto con los tributarios, el monto será más grande y en consecuencia la carga fiscal se elevará. Pero de nuevo el problema es la disponibilidad de información acerca de los otros ramos de ingresos, mucho menos consistentes. Las revisiones del BM, el FMI y la OCDE se basan en información más homogénea y comparable, según se expuso; ello facilita la tarea de situar las trayectorias hacendarias desde 1960. Así lo refleja el texto de la OCDE reproducido en la introducción de este trabajo. En general, la convención vigente se refiere a considerar la totalidad de los ingresos de los distintos gobiernos. La suma de todos ellos en relación con el PIB es el indicador que se obtiene y compara. Pero los historiadores enfrentamos el dilema de preferir la mayor certeza de datos que arrojan un pequeño monto (ingresos tributarios federales), o la incertidumbre de datos de mayor monto pero de validez más incierta (los ingresos tributarios locales, o bien, los ingresos totales, sean federales y locales). En sentido estricto, la única fuente comparable desde 1900 hasta 2020 es la del ingreso tributario federal, que es la que se emplea en la gráfica 2.1, distinta a la carga total que se utiliza como criterio, más elevado, en el caso de los cinco países europeos considerados en dicha gráfica. Obviamente, se trata de una estimación inferior a la que se consigna en las series de la OCDE y de otras instituciones internacionales con respecto a la trayectoria de la carga fiscal por países en los últimos 60 años. Por todo ello, es una mera aproximación a la tendencia general. Así se debe considerar.

[38] Al respecto, véase Flores, "El ingreso".

Gráfica 2.1. *Trayectoria de la carga fiscal en México y en la* ocde *(países seleccionados), 1900-2020*

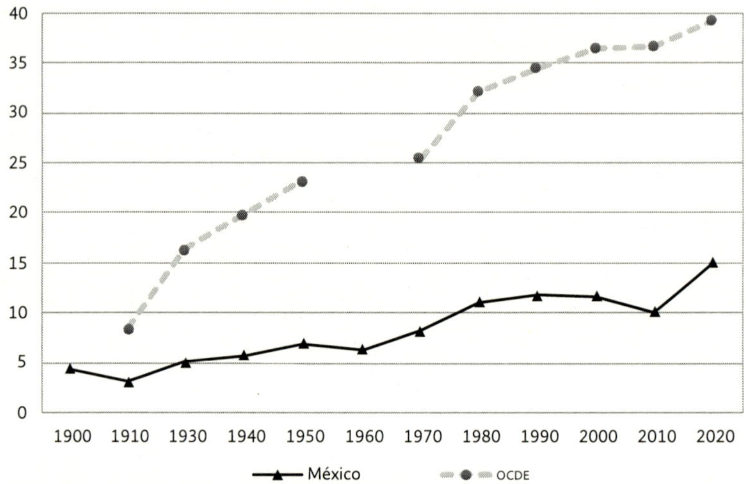

Fuentes: para el pib de México en 1900-1990, *EHM*, cuadro 8.1; para 2000, *INEGI 2002*, cuadro 1; 2010, *INEGI 2012*, cuadro 1; y 2020, inegi, "Comunicado de prensa 554/21", 1 de octubre de 2021, en https://www.inegi.org.mx/contenidos/saladeprensa/boletines/2021/OtrTemEcon/CtaBneServ2020.pdf (consultado el 15 de noviembre de 2021). Para los ingresos tributarios federales en México, 1900-1970, Aboites Aguilar, *Excepciones*, cuadro A1; para 1980, *EHM*, cuadro 16.8, y para 1990-2020, *DOF*, leyes de ingresos, publicadas los días 28 de diciembre de 1989, 31 de diciembre de 1999, 25 de noviembre de 2009 y 25 de noviembre de 2019. Para la carga general de los países europeos considerados (Reino Unido, Italia, Francia, Alemania y España) del periodo 1910-1970, el cuadro A2 del libro de Aboites Aguilar que se acaba de citar, y para 1980-2020, *Revenue Statistics, oecd countries, Comparative Tables*. Solamente se consideran las cifras disponibles. *Revenue Statistics - oecd countries: Comparative tables* (consultado el 17 de marzo de 2022).

de casi 30 años, como se ha visto, México distaba de lograrlo, al menos en lo relativo a la cuestión fiscal.

En México, además, conforme transcurrió el siglo xx, el gobierno federal acrecentó su labor en la recaudación tributaria y por consiguiente aumentó su responsabilidad en la configuración de la baja carga fiscal. Por ende, dicha proporción obedece, cada vez más, a los precarios resultados federales, sin dejar de lado la sostenida baja recaudación de las haciendas estatales (y municipales, a cargo del impuesto predial desde 1983). Así que la postura de la SH de 2017, que atribuye la responsabilidad a los gobiernos municipales, es insostenible, a pesar de que contenga una decreciente parte de verdad.[39]

Ahora bien, la expansión federal en la recaudación de ingresos gubernamentales ha tenido varios efectos en las haciendas estatales. Uno de ellos, según se verá, es el aumento de los envíos o transferencias de fondos federales a los estados y municipios a lo largo del siglo XX, sobre todo a partir de 1973. Otro, muy vinculado al anterior, es que el aumento de fondos federales en los estados ha desincentivado, como se dice, el interés por la labor recaudatoria entre las autoridades locales. ¿Para qué esmerarse en recaudar si el dinero gubernamental proviene de otra fuente? El tema, por lo demás, es objeto de debate burocrático-institucional, académico y en la opinión pública.[40] Pero, sea lo que fuere, es imposible estudiar las haciendas estatales (y municipales, por supuesto) sin considerar el peso cada vez mayor del dinero federal. Si es difícil hacerlo para el periodo anterior a 1973, después de ese año es, como se dijo, irrealizable.

En noviembre de 2021 un antiguo secretario de Hacienda, José Ángel Gurría, declaró que "México tiene un gobierno chiquito, con ingresos chiquitos". Su postura no era original. Secretario de Relaciones Exteriores entre 1994 y 1998,y de Hacienda entre 1998 y 2000, así como máximo directivo

[39] El impuesto predial lleva necesariamente a la cuestión de los catastros, muy poco estudiados en México, a diferencia de países como España. Véase Pro-Ruiz, "El poder". En México sobresalen los trabajos de Celaya Nández sobre Veracruz en el siglo XIX, y los de Unda acerca de 1969-2016. Por esta última autora sabemos que una ciudad tan importante como Aguascalientes carecía de ese instrumento aún en la segunda década del siglo XXI. Véase Celaya Nández, "El impuesto", Unda y Moreno Jaimes, "La recaudación", y Unda, "Los límites", p. 620.

[40] Con base en una investigación del BM de 2014 sobre 25 países de América Latina, Unda sostiene que no hay huella de ese fenómeno en los municipios mexicanos después de 1990; véase "Una hacienda", p. 71. Versión muy distinta, más acorde a la nuestra, se halla en varios capítulos del libro coordinado por Mendoza Velázquez, *Los incentivos*, pp. 11-16; también véase Ruelas Ávila e Izquierdo Reyes, "Fatiga", pp. 39-41. Otro ejemplo de la postura que insiste en la pereza estatal aparece en un diario capitalino: "Hay que aplaudir —se lee— el que los estados estén saliendo de su zona de confort para diseñar e implementar nuevos impuestos y contribuciones. En el pasado se ha criticado su falta de iniciativa en la materia derivado de la comodidad que por décadas ha significado 'estirar la mano' y recibir las transferencias federales sin mayores esfuerzos". Véase *El Economista*, viernes 14 de enero de 2022, "Los valientes de la recaudación: estados que crean nuevos impuestos para 2022", columna invitada a cargo de Liliana Alvarado.

de la OCDE durante 15 años (2006-2021), Gurría repetía antiguas quejas, como las del secretario de Hacienda Antonio Carrillo Flores (1952-1958), de Urquidi en 1956, del dirigente Reyes Heroles en 1974 o del presidente de la República Ernesto Zedillo y de otros personajes y organismos en 1999-2001.[41] De nuevo, lo que en la década de 1940 se presumía como admirable decisión mexicana, a partir del siguiente decenio empezó a ser considerado por algunos como una auténtica tara de la nación.

Por la baja carga fiscal, México enfrenta en la actualidad una suerte de incoherencia. El tamaño de su hacienda pública no corresponde al tamaño del país, lo que entraña un problema de suyo grave. Mientras que México, a fines de la segunda década del siglo XXI, alcanzaba el décimo lugar en cuanto a población, el 13 por el tamaño de su territorio y el 15 por el monto del PIB entre más de 200 países del mundo, ocupaba el 77 en cuanto a la recaudación de ingresos con respecto al PIB.[42] A los mexicanos no nos gusta hacer ese tipo de consideraciones, quizá porque exhibe nuestras oscuridades, y no hay duda de que la pequeñez de las finanzas públicas es una de ellas.

Como justificación se podría argumentar, fallidamente a nuestro modo de ver, que hay más de 100 países con una carga tributaria todavía más pequeña que la nuestra. Sí, de acuerdo, pero alegar tal cosa es insostenible porque resulta difícil toparse con otro país que se encuentre entre los primeros 15 lugares en los indicadores mencionados (tamaño de la población, del territorio y del PIB) y que al mismo tiempo ocupe una posición tan discreta en cuanto al tamaño de sus finanzas públicas con respecto al PIB. Quizá Indonesia.[43]

[41] *El Universal*, jueves 18 de noviembre de 2021, "México tiene un 'gobierno chiquito, con ingresos chiquitos': Gurría Treviño", entrevista de Ivette Saldaña; sobre las declaraciones de Zedillo y otros, véase Aboites Aguilar, *Excepciones*, pp. 9-13 y 45-51.

[42] El lugar 77 se desprende de https://datos.bancomundial.org/indicator/GC.XPN.TOTL.GD.ZS (consultado el 8 de noviembre de 2021). Según esa misma fuente, al finalizar la segunda década del siglo XXI el promedio mundial rondaba 28%. Estados Unidos alcanzaba 33 por ciento.

[43] Se deben evitar las confusiones. Por el tamaño de sus ingresos, vistos por sí mismos, la hacienda pública mexicana ocupaba el lugar 14 o 15 del mundo, muy semejante al tamaño de su economía (PIB). El lugar 77 se refiere a otra cosa: al tamaño de su hacienda pública con respecto al PIB; más o menos el mismo lugar que ocupaba hacia 2018 según el PIB per cápita, calculado en dólares constantes. Sobre Indonesia, véase el monto del PIB de 1960-2021 en *PIB (US$ a precios constantes de 2010)* | *Data* (bancomundial.org), y el monto de

Otra vía de defensa nacional, más complicada, se relaciona justamente con el tamaño del PIB. Se podría argumentar que la propia historia económica de México comprueba que la apuesta por la baja carga fiscal como modo de impulsar la economía, al menos durante el siglo XX, ha funcionado de maravilla. No en balde, como se acaba de decir, la nuestra es una de las 15 economías más grandes del orbe. Conformes. Pero el problema reside en las crecientes tensiones internas provocadas por dicha apuesta, en particular por la desigualdad social tan acentuada, aunque no sólo por ella. En contra de este último argumento, sin embargo, se podría alegar que este y otros trabajos indican que en los 200 años de historia como país independiente siempre han existido esas tensiones. ¿Por qué alarmarnos ahora? Para responder, esta investigación demuestra que esas tensiones se han agravado con el tiempo. La baja carga fiscal se ha convertido en una pesada losa o camisa de fuerza cuya continuidad exige esfuerzos que una porción cada vez mayor de la población y otros sectores no están dispuestos a soportar, entre ellos los gobiernos estatales.

¿Por qué no se plantea el problema de otro modo y se interroga sobre dónde estaría México en caso de haber extinguido su singularidad tributaria? No es casualidad que ningún país rico tenga una carga fiscal tan baja. ¿Acaso ocuparía el lugar 10 y no el 15 en cuanto a tamaño del PIB en el mundo? Si fuera así, rebasaría a España, Australia, Rusia y Brasil y se acercaría a Italia, Canadá y Corea del Sur.

De cualquier manera, hay que decir que no ha sido sencillo vivir junto al país que se convirtió en la primera potencia económica (y militar) del mundo en el siglo XX. Es difícil no plantear la inquietud, al menos como pregunta, por la conexión entre esa vecindad y la historia fiscal que se intenta trazar aquí. ¿De qué manera ha influido la diferencia tributaria entre el país vecino y el nuestro, sobre todo después de la Segunda Guerra Mundial, cuando esa diferencia se ensanchó de manera drástica?[44]

sus ingresos tributarios con respecto al PIB en *Base de datos global de estadísticas tributarias - OECD* (consultados el 4 de agosto de 2022). En 2020, el PIB de México superaba por muy poco al de Indonesia, con clara tendencia a igualarse; la carga fiscal del país asiático era aún menor que la mexicana.

[44] Sobre esa creciente diferencia tributaria con el país vecino, véase Aboites Aguilar, *Excepciones*, cuadro A3.

3. TENDENCIAS PRINCIPALES, UNA PROPUESTA DE PERIODIZACIÓN

Este capítulo y el siguiente se centran en las tendencias más significativas de los ingresos de las haciendas públicas estatales a lo largo del siglo XX, en particular durante el periodo 1970-2020, el objeto de este texto. Para tal propósito, fija la atención en el monto total de los ingresos brutos de todas las haciendas de las entidades federativas y en su relación con la hacienda federal. Se incluyen por supuesto las cifras del DF/CDMX. En cambio, los dos capítulos siguientes (5 y 6) se dedican al periodo de estudio, es decir, a los años 1970-2020 y aun al periodo más breve de 1989-2020. En ellos se recurre a estimaciones más precisas, según se explicará. Si se quiere, los capítulos 3 y 4 exponen los brochazos más gruesos, mientras que los capítulos 5 y 6 intentan avanzar con pinceladas más finas. De cualquier modo, quedan ámbitos intocados, como se advertirá. El mundo de los distintos tipos de contribuyentes es particularmente lamentable.

Longeva disputa en el siglo XX

La decisión legislativa de 1824, que distribuyó las fuentes tributarias entre los gobiernos estatales y el gobierno federal, respondía a un antiguo conflicto entre grupos políticos y económicos de las provincias y aquellos que apostaban por el gobierno general. Pero ni de lejos lo resolvió. Apenas fue un primer intento para aprender a vivir con él. No se olvide que el país independiente, como república federal, acababa de nacer. En los primeros años de la vida republicana, por ejemplo, los estados cumplieron en mayor grado con los pagos del contingente, pero luego muchos de ellos se desentendieron del compromiso, alegando su mala situación hacendaria. Además, varios gobiernos estatales, arguyendo sus dificultades, disputaron a la SH los dineros de la recaudación aduanera del comercio exterior, entre ellos Nuevo León y Yucatán.[1]

Sin proponer que sea la única razón, menos la más importante, el conflicto centro-provincias ayuda a entender la situación general durante el periodo 1824-1867. Pruebas y errores (la colonización de Texas, imperios, centralismo), invasiones extranjeras, pérdidas territoriales, disputas políticas que se traducían en guerras internas caracterizaron al periodo. Después de finalizada la Guerra de Secesión en Estados Unidos y luego de la derrota del imperio de Maximiliano, precedida por la salida de las tropas francesas en 1866 y seguida por la restauración plena de la vida republicana en 1867, el país tuvo arrestos para iniciar su reanimación. Prueba de ello es la próspera trayectoria de la capital nacional, la localidad urbana más poblada. Quedaban atrás sus años de estancamiento. Entre 1870 y 1970, al compás de las tendencias mundiales, la población y la economía en ascenso hicieron posible el fortalecimiento del gobierno federal, incluyendo distintos arreglos en torno a la cuestión fiscal. Destacan los de 1856 o las reuniones de 1883 y 1891, junto a la reforma constitucional de 1896, todos ellos en torno a la supresión de las alcabalas, o los arreglos de 1922-1925, que incluyeron tanto el fracaso federal en torno al predial federal como el establecimiento del *income tax*, o los de 1948 y 1972-1973 en torno al ISIM, en particular los que resultaron de la reunión celebrada en Mazatlán, en abril del último año citado.[2] Como se aprecia, esta historia dista de un escenario blanco y negro, pues así como la SH logró avances notables, de igual modo enfrentó una cerrada oposición de los gobiernos estatales; en ocasiones éstos se negaron de plano a aceptar las pretensiones federales. Sin duda, la historiografía debe conocer mucho más esas posturas locales y hacer historias nacionales desde esa perspectiva.

El longevo conflicto por los ingresos gubernamentales continúa vigente en nuestros días. No puede ser de otro modo si se reconoce que ese conflicto es parte medular de la historia de cualquier país; es de hecho uno de sus motores más influyentes, aunque no se le reconozca como tal ni en

[1] Castañeda Zavala, "El contingente", pp. 142-143. Respecto de los conflictos por las aduanas entre el gobierno del presidente Juárez y el gobernador de Nuevo León, Santiago Vidaurri, véase Cerutti, *Economía*; de las disputas con los gobiernos yucatecos en torno a los ingresos provenientes de las exportaciones de henequén trata Zuleta, *De cultivos y contribuciones*.

[2] Farías Hernández, "Aspectos financieros", p. 98.

la historiografía ni en la opinión pública, lo cual es expresión de la indiferencia apuntada en la introducción. Pese al desdén, la situación de las haciendas estatales mexicanas en los últimos 50 años es parte inherente de la vida nacional. En consecuencia, no debe sorprender que al investigarlas a propósito del último tercio del siglo XX y las primeras décadas del XXI aparezcan las mismas disputas y arreglos políticos de tiempos anteriores, a pesar de los cambios tan significativos de la población, la economía y la política. Han desaparecido y aparecido impuestos (el timbre, la capitación y la contribución federal, en el primer caso, y el ISR e IVA, en el segundo), se fraguó la baja carga fiscal y se ha extendido el quehacer federal. Pero aun así se aprecia la continuidad de las tensiones y pugnas en medio de los profundos cambios ocurridos.

Antes de exponer la propuesta de periodización, es importante detenerse en la aportación del siglo XX en materia hacendaria. Ayuda a contextualizarla y a aclarar la distinción entre la recaudación y la distribución de los ingresos gubernamentales.

Además del aumento sostenido de la carga fiscal (gráfica 2.1), destaca el creciente peso de la labor recaudatoria del gobierno federal. En efecto, a lo largo de estos años el gobierno federal se hizo cargo de manera creciente de la recaudación fiscal del país, hasta quedar a cargo de ella casi por completo al finalizar el siglo. Entre 1910 y 1970 pasó de 66 a 85% de la recaudación nacional total, y desde este último año ese porcentaje aumentó todavía más, gracias a los acuerdos de 1972-1973 y a la coordinación fiscal de 1980.[3] En 1985, en medio de la crisis generalizada, alcanzó el tope máximo, con más de 97% del total. Desde entonces vino a menos, pero de manera moderada, pues se ha mantenido por encima de 92% de la recaudación de todos los ingresos gubernamentales del país, incluyendo los federales, estatales, municipales y los del DF/CDMX. Semejante preponderancia es aportación del siglo XX, algo completamente nuevo en cuanto a su alcance. No se olvide el hecho de que desde 1910 dos terceras partes de esa recaudación eran federales. Si se quiere, la historia que se narra aquí trata de cómo el desempeño recaudatorio federal pasó de casi siete a más de nueve partes de la recaudación nacional. Por ello se afirma que tal aumento va de la mano de la creciente responsabilidad del gobierno federal en la configuración de la

[3] La referencia a 1910 en Aboites Aguilar, *Excepciones*, cuadro 3.

baja carga fiscal, sin dejar de considerar la cada vez más reducida aportación local. Más adelante se explicarán las razones de tal expansión.

Por lo pronto, es obligado subrayar la distinción entre la recaudación y la distribución de los fondos gubernamentales; en este trabajo se estudian las principales tendencias de la segunda, la cual, como se ha visto, ha recorrido un camino muy distinto al de la primera. Si bien es palpable el aumento sostenido de la labor federal en materia de recaudación (lo que en general se denomina "centralización"), en los años considerados en este trabajo (1970-2020) tal avance se basó en el cambio drástico en la forma de distribución de los ingresos gubernamentales, el cual dio lugar al ascenso provinciano, objeto de nuestra investigación. La nueva forma de distribución, que no se puede entender sin considerar el modo de recaudación, tampoco se puede ver como dádiva y menos como bondad infinita del gobierno federal; lejos de eso, expresa el reconocimiento de la creciente complejidad del país. Ésta obligaba a intensificar las negociaciones y llegar a nuevos acuerdos entre el gobierno federal y los gobiernos de las entidades federativas en la materia.

Cabe exponer detalles de esa nueva manera de distribuir los ingresos gubernamentales, aspecto medular de este trabajo. Aunque en el capítulo siguiente se abundará en las dos vías de envíos de fondos federales a las entidades federativas, es importante aclarar desde ahora que las siguientes estimaciones se hacen con base en los montos de las participaciones y las aportaciones federales, las primeras desde 1931 y las segundas, junto con las participaciones, desde 1989, según las series disponibles. Son por mucho las dos más significativas; las primeras, discrecionales, y las segundas, condicionadas o etiquetadas.

De entrada, el envío de dineros federales creció a lo largo del tiempo; esos recursos se hicieron cada vez más importantes en los ingresos brutos de las haciendas públicas de los estados. El cuadro 3.1 presenta cifras que ayudan no sólo a estimar la trayectoria en ese sentido sino a distinguir los periodos de la tendencia general, los cuales se explicarán más adelante.

En 1931 el peso federal en las finanzas estatales era casi insignificante; no llegaba a 3%. Pero pasó a 26% en 1955, 41% en 1973, 49% en 1985, 61% en 1990 y casi 89% en 2000. Desde este año, sin importar la filiación ideológica de los gobiernos en turno, disminuyó casi ocho puntos porcentuales y se situó en poco más de 80% en 2020, año caracterizado por la caída económica en México y el mundo; derivada de la pandemia de covid-19. A reserva de confirmarlo, la pandemia y la caída económica que trajo aparejada, si bien produjeron bajas considerables en el PIB y por consiguiente en las finanzas públicas (al igual que en 1995 y 2009), distaron de modificar el rumbo de las tendencias anteriores.

La periodización general de este trabajo se basa en el cuadro 3.1, que por ello merece gran atención. Es la siguiente. De manera general, durante las primeras siete décadas del siglo XX, el arreglo fundamental consistió en la expansión del gobierno federal, en materia tanto de recaudación como de distribución de los ingresos gubernamentales del país, y en el descenso de los gobiernos estatales (y municipales) en ambos rubros. Ese modelo, que se venía gestando desde las últimas décadas del siglo XIX (así se deben considerar la creación del impuesto federal del timbre, en 1875, y el peso alcanzado por la recaudación federal en 1910), ganó intensidad después del desenlace del movimiento revolucionario de la segunda década del siglo XX, en un contexto dominado por tendencias similares en varios países. Por supuesto, la hacienda del entonces Distrito Federal, sin municipios desde 1928, registró un aumento significativo, de la mano de la población y la economía en ascenso, y también como parte de la mencionada expansión federal. Se debe tener presente que entre 1870 y 1930 la localidad capitalina aumentó cinco veces el número de habitantes, que rebasaron el millón. Ninguna otra ciudad creció a tal velocidad en esos años. Por ello, su lugar en la jerarquía urbana se acrecentó con respecto a las localidades que le seguían como las más pobladas en 1930 (Guadalajara, Monterrey, Puebla y Mérida, en ese orden).

A inicios de la década de 1970 se aprecia el cambio en el modo de distribución de los fondos federales, el cual consistió tanto en el declive federal como en el ascenso de las haciendas estatales. Su primer episodio, ya se dijo, fue el acuerdo general de 1972-1973. Las tendencias del nuevo modo se sostuvieron en el tiempo, aun en 2020. Sin embargo, ni por asomo este periodo es homogéneo, de tal suerte que conviene distinguir tres etapas. La primera corresponde a 1973-1990, la segunda a la década de 1990 y la tercera a la de los años que siguieron al 2000. Las características de cada una de ellas se detallarán en el siguiente apartado.

Por su singularidad, la trayectoria hacendaria del DF/CDMX merece un apunte. Al igual que en los estados, en la hacienda capitalina el avance federal se manifestó en el creciente peso de los envíos de la SH en la configuración de sus ingresos brutos. Coherente con las tendencias generales, el peso federal aumentó de manera sostenida en estos mismos años. De

Cuadro 3.1. *Peso de las participaciones y aportaciones federales en los presupuestos de los gobiernos estatales y del DF/CDMX, 1931-2020 (porcentaje del total respectivo)*

	Estados	*DF/CDMX*
1931	2.6	0.6
1942	19.1	13.4
1955	26.4	17.1
1973	40.6	29.6
1980	43.1	36.9
1982	46.2	26.3
1985	49.1	42.9
1990	60.9	50.8
1995	72.2	42.6
2000	88.7	47.0
2005	87.9	56.1
2010	79.8	56.5
2015	84.0	52.2
2020	81.5	54.4

Fuentes: 1931-1973, Aboites Aguilar, *Excepciones*, cuadro 8; para 1980 y 1982, *INEGI 1984*, cuadro 1.1.12 y p. 100; para 1985, *INEGI 1990*, pp. 25 (estados) y 223 (DF), y para 1990-2020, *INEGI 2021*.

ser casi insignificante en 1931, llegó a más de la mitad (casi 57%) al final de la primera década del siglo xxi. Sin embargo, y pese a incremento tan significativo, es evidente el contraste de esa hacienda pública con las estatales, en las que el aporte federal fue todavía mayor desde 1931. En este caso, los fondos federales llegaron a significar casi 89% en el año 2000. En cambio, en la hacienda del DF/CDMX no superó el mencionado 56.5% en 2010. Dicho de otro modo, en la hacienda capitalina el dinero federal, pese a su considerable incremento, no fue tan abrumador como ocurrió en las haciendas estatales. Tal diferencia explica, según se verá, el mayor peso de los ingresos propios en la hacienda del DF/CDMX.

A continuación se expone otra manera, pretendidamente más fina, de mostrar el rumbo de las tendencias hacendarias del siglo xx y del periodo de estudio, según la distribución de ingresos brutos entre los tres gobiernos locales (estatales, municipales y del DF/CDMX). Este nuevo modo se expone en el cuadro 3.2, que estima la trayectoria de la distribución porcentual de los ingresos gubernamentales brutos haciendo énfasis ya no en el peso federal en las haciendas locales (como se hizo en el cuadro 3.1), sino en las variaciones de su propia distribución, es decir, con respecto a la suma de los ingresos brutos totales de las haciendas de las entidades federativas, de los municipios y del DF/CDMX. En este ejercicio, los fondos federales van agregados a los ingresos brutos de cada una de las tres haciendas, a saber: estatales, municipales y del DF/CDMX. Los porcentajes se calculan en relación con la suma total alcanzada de esa manera. El resultado también se presenta en la gráfica 3.1.

Conviene explicar las negritas en varias de las filas del cuadro 3.2. Corresponden a los años que marcan los cambios de tendencias en la relación entre las tres haciendas públicas locales. Las de 1935 subrayan el hecho de que por primera vez desde 1910, según las cifras disponibles, los ingresos de la hacienda del DF/CDMX rebasaron el total de los ingresos de todos los municipios del país; dejan ver el efecto fiscal de la supresión, en 1928, de los municipios del Distrito Federal, los más ricos de México. En realidad, el ascenso de la hacienda capitalina venía verificándose desde tiempo atrás, al menos desde 1922, cuando empezó a recuperar el peso de su participación de 1910, luego de la caída de los años revolucionarios. A su vez, las negritas de 1955 subrayan un cruce de tendencias aún más importante: por primera vez desde 1910 los ingresos de la hacienda del DF/CDMX superaron el total de los ingresos brutos de todas las entidades federativas. Se debe resaltar, sin embargo, que tal preponderancia fue muy breve, de 15 años a lo sumo. Por su parte, las negritas de 1965 indican el punto máximo de la expansión federal, reflejado, por supuesto, en el predominio de la hacienda del DF/CDMX. Pero desde entonces, como se dijo, se aprecia su declive, al compás del deterioro de dicho modelo de distribución que favorecía al gobierno federal. En el caso de las negritas de 1972, subrayan el inicio del ascenso de los ingresos estatales, nuestro objeto de investigación; esa tendencia, opuesta a la de años anteriores, según se aprecia, se consolidó más adelante con la creación del IVA y la expedición de la ley de coordinación fiscal de 1980. Por último, las negritas de 1990 destacan otro cruce importante: por primera vez desde 1935, los ingresos municipales (casi) volvieron a ser mayores que los de la hacienda de la capital del país, rasgo que se alcanzó y consolidó en los años siguientes. La caída de la hacienda capitalina es singularísima porque es continua desde 1965 hasta 2020; no así las de las otras dos haciendas locales, cuyo lugar, luego de ascender sig-

Cuadro 3.2. *Distribución porcentual de los ingresos brutos de las haciendas estatales, municipales y del DF/CDMX, 1910-2020 (años seleccionados)*

	Estatales	*Municipales*	*DF/CDMX*
1910	44.52	34.83	20.65
1922	45.56	43.86	10.58
1929	47.81	26.81	25.38
1935	**48.08**	**22.79**	**29.13**
1940	49.96	18.61	31.43
1945	47.29	22.42	30.30
1950	54.90	15.20	29.90
1955	**40.27**	**12.52**	**47.21**
1960	30.23	9.18	60.59
1965	**28.88**	**9.44**	**61.69**
1970	39.27	10.77	49.96
1972	**38.20**	**9.44**	**52.36**
1975	58.63	12.51	28.56
1980	64.07	10.33	25.60
1982	59.25	10.62	30.73
1985	65.38	13.69	20.93
1989	69.14	15.42	15.45
1990	**60.52**	**19.40**	**20.08**
1995	74.44	13.50	12.06
2000	73.53	15.90	10.56
2005	73.98	17.57	8.45
2010	75.02	17.05	7.93
2015	74.87	16.75	8.38
2020	76.39	15.97	7.63

Fuentes: Elaborado con base en Aboites Aguilar, *Excepciones*, cuadro A3, y en el cuadro A2 de este trabajo.

nificativamente después de 1965, se mantiene en general constante desde 1995. Como se dijo, la gráfica 3.1 intenta expresar esas trayectorias.

Del cuadro 3.2 y la gráfica 2.1 conviene subrayar otros dos aspectos. Por un lado, que el ascenso capitalino posterior a 1928 se hizo a costa de los ingresos de los municipios principalmente. Lo que aumenta en una hacienda pública se reduce en otra. En estos mismos años, los ingresos de

GRÁFICA 3.1. *Trayectoria de la distribución porcentual de los ingresos brutos de las haciendas estatales, municipales y del DF/CDMX, 1910-2020*

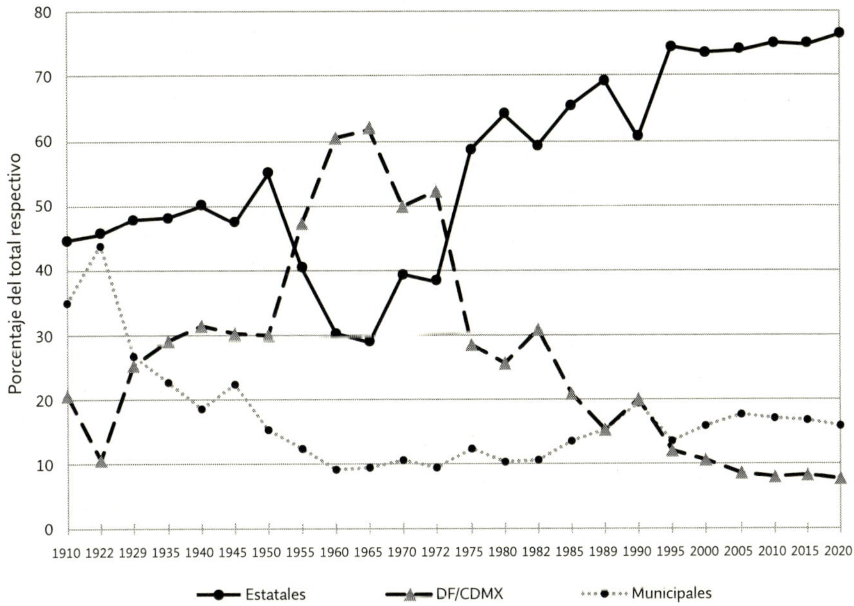

FUENTE: Cuadro 3.2.

los estados se mantienen constantes y aun se incrementan, al menos hasta 1950. Una historia muy similar se observa después de 1965. En este caso, conforme descienden los ingresos de la hacienda capitalina, ascienden los ingresos estatales y municipales. De nuevo, no hay vuelta de hoja: lo que sube en una baja en otra. El ascenso de los municipios es más moderado y tardío; se aprecia desde 1985, después de la reforma constitucional de 1983 que otorgó el impuesto predial a las haciendas municipales, según se verá. Por esas razones se habla de una redistribución interna, definida por negociaciones y arreglos políticos.

En las páginas que siguen se empleará esta periodización de distintas maneras. Lo importante es destacar el inicio, a principios de la década de 1970, de la tendencia de ascenso de las haciendas estatales en la distribución de los ingresos gubernamentales del país. De eso trata el siguiente apartado.

Los años 1970-2020

Hay que detallar ahora el periodo de estudio, los años de 1970-2020. En esta etapa, como se ha venido insistiendo, tuvo lugar el cambio del rumbo general de la trayectoria de los ingresos de las haciendas estatales vistas en conjunto y a lo largo del siglo xx. El arreglo político que hizo posible la expansión federal duró a lo sumo un siglo, a partir de la década de 1870. En general, puede proponerse que tal expansión llegó a su fin de la mano de la crisis del modelo económico basado en la industrialización vía la sustitución de importaciones y el proteccionismo. La dificultad mexicana (y latinoamericana) se entiende a la luz de la crisis mundial que puso término al auge económico de la segunda posguerra; en México, como se sabe, ese modelo también había dado sustento al auge del presidencialismo priista. Vista la creciente inconformidad social y política (quizá desde la represión ferrocarrilera de 1959), la crisis y el final de hecho del modelo de la expansión federal abrieron paso a nuevos arreglos políticos que desembocaron en el ascenso provinciano.

Ya se dijo que el periodo en cuestión no es uniforme. Es necesario distinguir al menos tres etapas, siguiendo la información del cuadro 3.2. La primera se inicia formalmente con los acuerdos de 1972-1973 y se extiende hasta 1990; consiste en el incremento sostenido de las entregas de fondos federales destinados a las haciendas de las entidades federativas. En esa primera etapa, basado únicamente en el aumento de las participaciones, el peso federal en los ingresos brutos de las haciendas estatales se incrementó de 41 a 61% o 20 puntos porcentuales en 17 años. La segunda etapa es la década de 1990, cuando el peso federal creció a mayor ritmo que nunca: llegó a casi 89% de los ingresos brutos de las haciendas estatales, 28 puntos porcentuales más en apenas 10 años. En esta década, el aumento se explica por la aparición de las aportaciones, la nueva criatura fiscal que desde entonces y hasta el año 2020 (2022) acompaña a las participaciones como vías de la distribución de fondos federales a las haciendas de estados y municipios, y al DF/CDMX. El año 2000 marca el tope máximo del dinero federal en las haciendas estatales a lo largo del siglo xx y del periodo general (1970-2020). La tercera etapa, que se extiende hasta 2020, comienza justamente en el año 2000 y se distingue por la baja moderada del peso federal en la configuración de los ingresos brutos de las haciendas de los estados: del máximo de 89% alcanzado en 2000, disminuye a 81% en 2020. Se trata, como se ve, de una reducción lenta, de casi ocho puntos porcentuales en 20 años. Sus vaivenes, como los de 2010 y de 2015, cuando el peso federal varía entre 80 y 84%, hacen pensar que en realidad no se tenía claridad acerca del rumbo a seguir. Se confía en que la gráfica 3.1 ayude a aclarar esta periodización.[4]

Vale subrayar que un componente de la tendencia ascendente de las haciendas de los estados es la baja sostenida de la hacienda del DF/CDMX; por tal motivo, la declinante posición (e influencia) de ésta con respecto al país es parte importante de estos 50 años de historia mexicana. Se acaba de mencionar que el peso federal en los ingresos brutos de los gobiernos estatales se redujo entre 2000 y 2020. Sin embargo, esa reducción distó de significar un retorno a la situación anterior a 1990; lo anterior es particularmente cierto en relación con la hacienda del DF/CDMX. Lo es porque su descenso se hizo aún más marcado frente a las haciendas estatales y municipales (gráfica 3.1). Por ello, hay que insistir en que la hacienda capitalina es gran protagonista de la tendencia predominante, es decir, del ascenso de los estados y del descenso federal. Visto así, éste arrastró tras de sí a las finanzas capitalinas. Entre 2000 y 2020 la hacienda capitalina ni siquiera alcanzó el lugar que tenía en 1922, según las cifras del cuadro 3.2.

El ascenso provinciano formaba parte de un cambio nacional más amplio. Como se ha visto, las tendencias económicas y tributarias (ISR, ISIM-IVA) que favorecían al centro político, impulsadas y reivindicadas por el gobierno federal durante décadas, comenzaron a mostrar límites y quiebres a fines de la década de 1960. El gobierno no podía ir muy lejos si insistía en el predominio centralista. No por otra razón, desde principios de la década de 1970 empezó el retorno en materia de distribución, que no de recaudación, de los ingresos gubernamentales. Se buscaba con ello una nueva manera de impulsar la marcha del país. El gobierno federal hizo lo que pudo. Así debemos entender medidas como los acuerdos de 1972-1973 en torno al ISIM, la creación en 1974 de dos nuevos estados libres y soberanos (Quintana Roo y Baja California Sur) y, más adelante, la adopción del IVA y de la primera ley de coordinación fiscal. El énfasis en el federalismo era clave, como se aprecia en los discursos de Reyes Heroles, dirigente nacional del PRI, citados antes. No es sorpresa que en estos años pulularan los planes

[4] Como referencia, el contingente no llegó a representar más allá de 15% del presupuesto federal entre 1824 y 1831, sus mejores años. Castañeda Zavala, "El contingente", p. 144.

de desarrollo regional ni tampoco el énfasis descentralizador del gobierno de De la Madrid, que incluyó el fortalecimiento de los municipios mediante la reforma de 1983 al artículo 115 constitucional, que les otorgó el impuesto predial, hasta entonces parte de las haciendas de los gobiernos estatales.

El esfuerzo del gobierno federal enfrentó grandes dificultades. Fracasó en su intento por modernizar sus finanzas públicas mediante el aumento de la carga fiscal en 1972 vía el ISR. ¿Cómo reorientar el rumbo del país sin ese dinero? ¿Acaso así se explica la tendencia a endeudarse cada vez más, aprovechando las bajas tasas de interés vigentes en el mercado mundial? Por lo demás, México no fue el único país que acrecentó su deuda en esta década; lo mismo hicieron otros gobiernos y, desde luego, empresarios privados, mexicanos y extranjeros. Más tarde, el país enfrentó la debacle económica de la década de 1980, producida por la caída del precio del petróleo y el alza de las tasas de interés en el mercado mundial. Si el petróleo se había convertido en una suerte de tabla de salvación del milagro mexicano, su quiebra a partir de mediados de 1981 mostró el tamaño de la desilusión. La presunta abundancia desapareció. A lo largo de la década de 1980, el gobierno federal se vio obligado a acrecentar los pagos destinados al servicio de la deuda, hasta llegar a casi 30% del presupuesto total en 1985, el monto más alto de la serie disponible. Así se aprecia en el presupuesto de egresos de ese año.[5]

La extrema debilidad económico-financiera del gobierno federal también se evidenció del acuerdo suscrito con el FMI en noviembre de 1982. A cambio de un préstamo de casi 4 000 millones de dólares, destinado al

[5] El porcentaje de 1985 ascendía a 28.2% del total. Diez años después, luego de la renegociación de la deuda externa lograda en 1989-1990, posibilitada por el llamado Plan Brady, el presupuesto sólo destinaba 9.9% al mismo rubro. En 1970, la proporción era muy pequeña, apenas 2.5%. Véase *DOF*, lunes 31 de diciembre de 1984, viernes 27 de diciembre de 1974 y miércoles 31 de diciembre de 1969, respectivamente. En 2022, según la misma fuente, se destinaba 8.74% del total. *DOF*, lunes 29 de noviembre de 2021. Sin embargo, hay que decir que no se trata de una renegociación nacional y menos debe concebirse como mérito presidencial. Obedecía a un esfuerzo del gobierno estadounidense, iniciado en 1985 con el Plan Baker, encaminado a resolver a su modo el endeudamiento latinoamericano. Luego del fracaso de éste, su sustituto, el Plan Brady, impuso a los países endeudados, a cambio de reducciones considerables, la obligación de seguir al pie de la letra el llamado Consenso de Washington, en particular el impulso a las privatizaciones y la reducción del intervencionismo gubernamental en la economía. Al respecto, véase Ffrench-Davis *et al.*, "Las economías latinoamericanas".

pago de la deuda externa, el acuerdo impuso un recorte del gasto público que buscaba reducir, hasta extinguir en pocos años, el déficit fiscal, de casi 17% del PIB en 1982.[6] El recorte presupuestal derivado del compromiso financiero agravó el panorama de la asediada nación, incluyendo por supuesto la disminución a más de la mitad de los sueldos y salarios reales de trabajadores y empleados; la baja, iniciada en realidad desde 1976, buscaba detener la espiral inflacionaria. La contracción presupuestal hizo de las suyas en el escenario político, a pesar de que el gobierno federal acrecentó las entregas de fondos a la provincia. Ante la debacle económica y la austeridad gubernamental, los grupos políticos se fragmentaron y en algunos casos llegaron a posturas de franca rebeldía. La competencia electoral ganó peso, impulsada también desde las provincias. El centro político recurrió a sus instrumentos tradicionales para imponer sus reales en los comicios de los estados, como en Chihuahua en 1986; pero, más pronto que tarde, esas medidas mostraron sus límites. Así se vio en las elecciones presidenciales de 1988.[7]

Después de las elecciones de 1988, cuyo resultado llevó a la alianza entre el PRI y el Partido Acción Nacional (PAN, en adelante), dos de las tres principales fuerzas políticas del país, y luego del inicio de la recuperación económica en 1990, el anterior modelo económico y político había caído a pedazos. En consecuencia, se buscaron nuevos rumbos. Fue el tiempo de la apertura comercial, de la firma del Tratado de Libre Comercio de América del Norte y de cambios legales encaminados a favorecer la expansión de las empresas privadas. En ese momento también aparecieron nuevos rasgos políticos, entre ellos el debilitamiento de la institución presidencial (autonomía al Banco de México y al gobierno del entonces Distrito Federal, fin de la reforma agraria, nacimiento del Instituto Federal Electoral, entre otros), del PRI y por supuesto de la forma de distribución de los ingresos gubernamentales.

En apenas 10 años, el gobierno federal, a cargo de los dos últimos presidentes de origen priista del siglo XX (Salinas y Zedillo), aumentó las

[6] A juicio de uno de los dictaminadores, tal convenio tiene un claro vínculo con el ascenso del neoliberalismo. De nuevo, según nosotros, anteponer o concluir con la ideología limita el análisis. Insistimos en no perder de vista que ese convenio respondió principalmente a la emergencia económica, y no tanto a la adopción de una postura político-ideológica.

[7] Sobre este contexto político nacional, tan influyente en materia fiscal, véase entre otros Hernández Trillo, "Las finanzas públicas".

entregas de fondos federales a las haciendas de los estados (y municipios). Sólo así se vuelven comprensibles las cifras de los cuadros 3.1 y 3.2, que muestran el aumento estratosférico de esos envíos a las haciendas estatales en esta década. Por ello, en términos de la periodización basada en estas tendencias de la distribución de los dineros gubernamentales, el año de 1990 resulta más significativo que el de 1980, el de la creación del IVA y de la ley de coordinación fiscal. El año de 1990, junto con el de 1973, es de hecho un parteaguas de esta historia. Debe insistirse en que las innovaciones legales de 1980 no modificaron mayormente las tendencias previas del llamado federalismo fiscal, sobre todo aquellas vigentes después de 1973. Más bien, las reforzaron y ampliaron.[8]

Conviene subrayar que el aumento de las entregas federales a las haciendas estatales, ocurrido después de 1990, obedeció ante todo a razones políticas, y no tanto a propósitos fiscales propiamente dichos, de eficiencia administrativa de la descentralización (o desconcentración, como la llaman sus críticos), o en torno a la equidad de un nuevo modo de repartir los dineros gubernamentales. Constituye un componente esencial del nuevo arreglo político, visible desde 1972-1973, referido a la distribución de los dineros gubernamentales entre el centro político en declive y las provincias en ascenso.

Hay que insistir en la política como argumento de fondo para dar sentido al cambio radical de la década de 1990. Por un lado, tal cambio obedece a las dificultades del PRI, luego de la "década perdida" y de las elecciones presidenciales de 1988, para preservar su hegemonía ejercida desde 1929, cuando nació el Partido Nacional Revolucionario, el predecesor del PRI; y, por otro, responde al ascenso político-electoral del derechista PAN en varias entidades federativas del norte y centro del territorio nacional justamente durante la década de 1980. No se olvide que en las elecciones generales de 1988 el PRI se impuso por estrecho margen. Por primera vez en su historia apenas superó la mitad de la votación general reconocida por la autoridad electoral, en manos del propio gobierno federal en ese tiempo (lo que ha motivado severos cuestionamientos sobre el carácter fraudulento de las elecciones presidenciales). Así que no podía gobernar solo como antes; al menos, no podía modificar por su cuenta el marco constitucional que

[8] Sobre los acuerdos en torno al IVA, véase Jannetti Díaz, "La coordinación", cuadro 1 y p. 773.

exige la aprobación de dos terceras partes de los diputados y senadores del Congreso de la Unión. Por tal razón, entre otras, selló alianza con el PAN, su otrora enemigo acérrimo, especialmente durante la década de 1980.

Por supuesto, había otras consideraciones de peso en ese momento; entre ellas, detener en seco el movimiento opositor, nutrido de grupos populares y en general de la izquierda política, y encabezado por Cuauhtémoc Cárdenas —hijo de su famoso padre—, candidato en las elecciones presidenciales de 1988. Para muchos, Cárdenas fue el verdadero vencedor de la justa electoral de ese año. Fue la semilla del Partido de la Revolución Democrática (PRD, en adelante), nacido en 1989. Cabe preguntar si Cárdenas, en caso de haber sido reconocido como triunfador en dichas elecciones, habría detenido o moderado la tendencia ascendente de los gobiernos estatales y municipales, iniciada años antes por un priista presidente de la República. Según la lógica del argumento de este texto, lo más probable es que no.

Por su alianza con el PRI y con el gobierno federal en turno, los panistas cobraron la factura de distintas maneras. Una de ellas fue la fiscal, en particular el llamado federalismo fiscal. En atención a las demandas de sus correligionarios, que cada vez ganaban más gubernaturas (Ernesto Ruffo en Baja California, Francisco Barrio en Chihuahua, Carlos Medina Plascencia y Vicente Fox en Guanajuato, Fernando Canales Clariond en Nuevo León), lo mismo que municipios de ciudades grandes y pequeñas, así como escaños legislativos locales y federales, los panistas presionaron para acrecentar la distribución de dinero federal entre estados y municipios. Y así se hizo.[9] No tardaron en exigir cambios más profundos, no sólo o no tanto en la forma de distribución de los ingresos gubernamentales, sino en el ámbito de la recaudación tributaria, mediante la ampliación de la soberanía estatal. Más adelante se abundará al respecto.

Sea como fuere, el arreglo de 1990 resultó en extremo frágil, quizá como todos. En este caso, la creciente dependencia de las haciendas estatales con respecto a los envíos federales era riesgosa, puesto que se trataba de una fuente externa, sobre la que era difícil mantener algún tipo de control. La fragilidad se resintió especialmente en los periodos de crisis general. En tales ocasiones, los vaivenes de la economía redujeron la recaudación de la hacienda federal y en consecuencia disminuyeron los envíos a los gobiernos

[9] Sobre las crecientes demandas de los estados en este tiempo, véase Hernández Trillo, "Las finanzas públicas", p. 597.

locales por parte de la SH desde la Ciudad de México. Ello porque sus montos dependían (dependen) del tamaño de la bolsa (el llamado fondo general de participaciones en la ley de 1980), que a su vez se compone del monto de la recaudación federal general, al menos en aquellos impuestos que forman el fondo de las participaciones. Si predominaban los tiempos de vacas flacas de la economía nacional, ya fuera por conflictos o errores internos (el estallido de la rebelión zapatista en Chiapas, el asesinato de Luis Donaldo Colosio, los llamados "errores de diciembre", todos de 1994), o por ciclos económicos internacionales, de difícil control (precio del petróleo, tasas de interés, competencia entre países ricos, pandemias, guerras), era casi seguro que disminuyera el monto de la recaudación federal participable y que, en consecuencia, se redujera la bolsa de los fondos destinados a las haciendas locales.[10] De esa manera se debe entender el impacto de las dificultades económicas de la década de 1980 y de los años de 1995, 2008-2009 y 2020. Un autor insiste aun en que en 1995 el gobierno federal acudió al rescate financiero de 14 entidades federativas, como expresión de la indisciplina tanto del mercado crediticio como de los propios gobiernos estatales. Tal decisión federal trajo consecuencias perversas en el funcionamiento del federalismo fiscal mexicano. Desafortunadamente, ese autor no ofrece detalles acerca de si se trató de un auténtico rescate o si el gobierno se limitó a descontar de las participaciones los montos adeudados para cumplir con los acreedores. Sea lo que fuere, en adelante banqueros y gobiernos estatales tuvieron motivos para perseverar en la indisciplina financiera. Del mismo

[10] El artículo 2 de la ley de coordinación fiscal de 1980 (aprobada desde 1978) fijó como principal componente de dicho fondo la entrega de 13% de la recaudación federal obtenida, así como un porcentaje determinado por la recaudación de impuestos estatales y municipales derogados, con respecto al monto de la recaudación federal. El fondo también se componía de una parte de la recaudación federal por recargos y multas, en una proporción por definir en los convenios que la SH debía firmar con cada entidad federativa, y de la mitad del producto del arrendamiento de bienes o bosques de los terrenos nacionales. *DOF*, miércoles 27 de diciembre de 1978. A partir de 1991, el porcentaje de la recaudación federal como componente de este fondo se elevó a 18.5% y, a partir de 1996, a 20%. Véanse las ediciones del miércoles 26 de noviembre de 1990 y viernes 15 de diciembre de 1995 (tercera sección). La edición de 2013 incluyó los derechos sobre extracción de petróleo y de minería, sin establecer un porcentaje general; en su lugar, aplicaba una fórmula que estimaba la suma por entregar a cada estado con base en el monto entregado en el año 2007, más las variaciones del tamaño del fondo entre 2007 y el año correspondiente. Véase *DOF*, lunes 9 de diciembre de 2013.

modo, queda claro que la obligación de la ley de Coordinación Fiscal, en su artículo 9, acababa siendo una garantía principalmente para los acreedores (los bancos), no tanto para las entidades federativas.[11]

Por otro lado, el tamaño de la bolsa también dependía (depende) de los arreglos políticos internos, nacionales y en los propios estados. Como se vio, después de 2000 los envíos federales a las haciendas estatales vinieron a menos. Para intentar compensar tal reducción, los gobiernos estatales buscaron acrecentar los ingresos recurriendo a sus propias fuentes. En algunos casos, elevaron la recaudación mediante un mayor cobro de impuestos, en especial el de nóminas, una de las fuentes tributarias más significativas de sus erarios en los últimos años. Sorprende tal incremento, a todas luces virtuoso, porque justo en esos años, a partir de la abrogación de la ley Federal sobre Impuestos a los Automóviles Nuevos de 2007 (que se haría plenamente efectiva a partir de enero de 2012), numerosas entidades federativas, beneficiarias de aquella abrogación federal, decidieron extinguir, libre y soberanamente, el impuesto de la tenencia vehicular. Lo hicieron a pesar de que se trataba de una generosa fuente de ingresos propios.

Vale la pena detenerse en este gravamen. Nacido como impuesto federal en 1962, pronto, en 1974 y más tarde en 1981, se habían empezado a otorgar participaciones de él a los estados. En 1996, la SH cedió el gravamen entero a algunas entidades mediante la firma de convenios específicos. Se debe decir que en ese mismo año de 1996 el gobierno federal transfirió varios ramos tributarios importantes a los estados, como los de nómina, adquisición de inmuebles, loterías, servicios de hospedaje y, por supuesto, la tenencia vehicular. En 2007 el gobierno federal, empeñado en ese mismo esfuerzo federalista, decidió ampliar la soberanía estatal mediante el traslado del gravamen de la tenencia a los estados. Sin duda, la historia de este impuesto refleja bien la historia general que se narra aquí.[12]

[11] Sobre la decisión de 1995, véase Hernández Trillo, "¿Es disciplinado el mercado crediticio estatal mexicano?", p. 205; la ley vigente en ese momento, en *DOF*, viernes 15 de diciembre de 1995 (tercera sección, pp. 50-51).

[12] Hay que saludar la atención prestada a este gravamen, vigente en numerosos países europeos, asiáticos y de América Latina. Véase Unda, *El impuesto*. Respecto de las nuevas potestades tributarias obtenidas por los estados en 1996 sobre nóminas, hospedaje, anuncios y bebidas alcohólicas, véase Colmenares Páramo, "Retos", pp. 425-426. Aun a fines de 1998, apunta este autor, sólo cinco entidades federativas cobraban el impuesto de nóminas, "tan importante en las finanzas del Distrito Federal".

Dada la limitación tributaria de las haciendas estatales, fruto de la expansión federal del siglo XX, no se entiende la decisión de buen número de gobiernos estatales de extinguir el impuesto de la tenencia vehicular y perder sus ingresos. Según el trabajo de Unda, antes citado, tal ramo llegó a aportar 20% del total de los ingresos tributarios de las haciendas estatales entre 2012 y 2015, año este que marca su declive, como resultado de la derogación adoptada por 16 entidades federativas, al menos en 2017. El DF/CDMX no lo derogó; tampoco lo hizo Baja California, y el Estado de México lo hizo de manera parcial, pero sí lo hicieron por completo estados como Nuevo León, Sonora y Jalisco. Por lo visto, la decisión de extinguir este ramo de ingresos obedeció a un cálculo político, cuando menos para tratar de distinguirse de gobiernos anteriores y mejorar la economía no de las mayorías, sino del cuantioso grupo de propietarios de vehículos. Quizá se buscaba el apoyo popular y electoral de sectores que ansiaban ascender en la escala social mediante la adquisición de vehículos de modelo cada vez más suntuoso y reciente. Popularidad a costa de las finanzas públicas, una medida empleada por propios y extraños, en México y otros países, desde tiempos remotos. La insensatez no ha sido privativa de México ni tampoco de estos años.[13]

A reserva de las precisiones y matices que seguramente la corregirán y enriquecerán, la periodización que proponemos puede resumirse diciendo que el nuevo modelo de distribución de ingresos gubernamentales tardó 17 años en consolidarse (entre 1973 y 1990), apenas una década (la de 1990) en aumentar de manera exorbitante los ingresos de las haciendas estatales hasta casi constituir el total de éstas, y otros 20 años, desde el año 2000, para reducir el peso federal buscando otro modo de distribución de los ingresos gubernamentales entre la hacienda federal y las 32 haciendas estatales, incluida la del DF/CDMX.

¿Qué panorama enfrentaban las haciendas estatales si sus opciones se cerraban? ¿Qué sucedería si la intención de los gobiernos estatales de aumentar los ingresos propios fallaba por insuficiente y si el envío de fondos federales se venía abajo o, aún más grave, si se hallaba cerca de su límite o había llegado a él? De todo ello se hablará con detalle en las páginas siguientes.

[13] Acerca de la aberración que significó entregar a los estados este impuesto, muy virtuoso en términos recaudatorios y de equidad fiscal, véase Urzúa y Velázquez, "Errores", pp. 45-46.

Cambios de las haciendas estatales

En este apartado se describirán dos cambios fundamentales de las haciendas de las entidades federativas ocurridos durante el periodo considerado. El primero tiene que ver con las repercusiones que trajeron consigo los acontecimientos de las décadas de 1970 y 1980, cuando las haciendas estatales dejaron atrás su antiguo perfil y aumentaron de tamaño. El segundo tiene que ver con el motor de esa transformación estatal; a saber, el aumento de los envíos federales vía las participaciones en un primer momento, y luego mediante las participaciones y las aportaciones, en un segundo momento. Vamos al detalle (cuadro 3.3).

Antes de los acuerdos de 1972-1973, las haciendas estatales se caracterizaban por su diversidad: en algunas entidades eran muy modestas, en otras más solventes. Todas exhibían una elevada autonomía, resultante, sí, de la abundancia de gravámenes, pero también de mayores ingresos propios, de manera destacada de aquellos provenientes de impuestos (primera columna del cuadro 3.3), en particular los del comercio y la industria. Desde entonces, sin embargo, es notable la reducción de esa autonomía, resultado a su vez de una negociación consistente en la pérdida de soberanía hacendaria, con sacrificio de los ingresos propios, a cambio de mayores participaciones federales (columna tres) y del endeudamiento (columna dos).[14] No sin tensiones ni conflictos, que deben reconstruirse con todo detalle, los cambios se impusieron.

Vale preguntar, en ese sentido, en qué medida el crecimiento de las participaciones llevó al aumento del endeudamiento. La pregunta es pertinente porque es indudable que los acuerdos de 1972-1973 y la coordinación fiscal de 1980, si bien explican los mayores montos de participaciones federales, se tradujeron no sólo en la baja de los ingresos propios de las entidades, provenientes de los impuestos de sus haciendas, sino en el aumento del

[14] En 1979 se derogaron 458 impuestos estatales de un universo de 579, con vistas a la entrada en vigor de la coordinación fiscal al año siguiente. Véase Castañeda Ortega, *Nuevas fórmulas*, p. 84. Virtud de este texto es que uno de sus cuatro capítulos (pp. 249-339) hace un repaso de los sistemas fiscales de varios países federales (Estados Unidos, Suiza, Canadá, Alemania, Austria, Australia, Brasil, Argentina, Venezuela) y de dos más, no federales pero con sistemas de distribución de fondos muy semejantes a los federales (España y Colombia). Luego hace comparaciones con el caso mexicano. Esfuerzo encomiable, aunque no considere la diferente carga fiscal de los países.

CUADRO 3.3. *Trayectoria de las haciendas estatales por ramos de ingreso, 1970-2020 (promedios porcentuales por quinquenios y de los años de 1985, 1989 y 2020)*

	I/IBET	*Deuda/IBET*	*SF/IBET*	*IPET/IBET*	*Deuda/I*
1970-1974	37.72	6.72	14.77	85.23	0.07
1975-1979	25.22	8.12	24.77	75.23	0.32
1980-1984	5.28	9.06	48.44	51.56	2.13
1985	1.71	23.06	49.08	50.91	13.49
1989	1.97	8.14	49.67	50.33	4.13
1990-1994	2.81	10.33	59.24	40.76	3.71
1995-1999	2.21	4.67	79.71	20.29	2.12
2000-2004	2.42	2.15	88.46	11.54	0.88
2005-2009	2.70	2.34	84.59	15.41	0.87
2010-2014	3.58	6.12	80.53	19.47	1.80
2015-2019	4.52	5.22	82.27	17.73	1.15
2020	4.79	7.60	81.49	18.51	1.59

I = impuestos, IBET = ingresos brutos estatales totales, SF = suma federal (participaciones más aportaciones), IPET = ingresos propios estatales totales (IBET-SF).

FUENTE: Cuadro A2.

endeudamiento. Pese a ello, este último no alcanzó a compensar la baja en la recaudación tributaria de las haciendas estatales. Por tal razón, según se aprecia en la cuarta columna del cuadro 3.3, en promedio los ingresos propios de dichas haciendas, vistas en conjunto, tendieron a descender en estos años, aunque en distintos grados, según se verá. Para complicarnos la existencia, se debe tener claro que ese descenso incluye el incremento del endeudamiento en cuanto a los ingresos estatales brutos, que también es tendencia consistente: pasó de 6.72% en 1970-1974, a 9.06% en 1980-1984. El porcentaje de 1985 fue simplemente explosivo (23%).

Sin duda, el creciente endeudamiento de las entidades federativas a partir de la década de 1970 se explica por el uso de las participaciones como garantía de los préstamos, respaldada además por el gobierno federal, según se vio. Esta cuestión obliga a hacer una anotación de método. Si a fin de cuentas la clave para entender la trayectoria hacendaria estatal en estos años reside en el ámbito del gasto público, es clara la imposibilidad de ir más allá en este trabajo. Ello porque, como se ha insistido, el argumento se basa en la atención a los ingresos (y no a los egresos) gubernamentales. Se trata de un rasgo (riesgo) que no se debe pasar por alto.

Lo cierto es que en 1970-1971, antes de los acuerdos de 1972-1973 y según las cifras disponibles, el peso de las deudas en las haciendas estatales era muy pequeño y, en consecuencia, su tamaño comparado con los montos de ingresos tributarios era modesto, casi insignificante (última columna del cuadro 3.3). Una gran variedad de temas de investigación surge de este escenario, en especial con relación al periodo anterior a 1970. ¿Cómo funcionaban las haciendas estatales antes de los acuerdos de 1972-1973? El mencionado libro de Servín gana importancia, pues constituye un espléndido punto de partida considerando la perspectiva de conjunto que brinda sobre un periodo tan desconocido. En especial, será necesario atender con todo cuidado el peso de los ingresos estatales derivados de los gravámenes a la industria y al comercio, la materia que daba sentido a la postura opositora de 14 gobiernos estatales durante más de dos décadas (1948-1973), frente a la pretensión federal de imponer el ISIM a lo largo y ancho del territorio nacional. Por suerte, hay avances recientes en torno al manejo hacendario de Sonora entre 1950 y 1970.[15]

Así que la década de 1970, junto con el año de 1980 y el de 1983, produjo la situación contemporánea de estrechez tributaria (de facultades propias para el cobro de impuestos) de las haciendas estatales, cuya cronología tampoco se debe olvidar. No podía ser de otro modo, si tanto en 1972-1973 como en 1980 los estados renunciaron a buena parte de su soberanía tributaria a cambio de participaciones federales más cuantiosas. Si bien con más recursos, desde entonces las haciendas estatales dependieron en mayor medida de los dineros federales y cada vez menos de sus ingresos propios, pese al aumento registrado en el endeudamiento, un cambio de gran importancia.

La reducción del espacio tributario estatal para la recaudación de impuestos propios es palpable sobre todo a partir de 1972-1973. ¿Por qué los gobiernos estatales aceptaron tal transacción?, se pregunta con toda razón un estudioso.[16] Nuestro desconocimiento al respecto es lamentable. Por

[15] Gómez Araujo, "Las estrategias".

[16] Hernández Trillo, "Las finanzas públicas", pp. 578-580. En otros países, se lee en este texto, más que participaciones federales, las haciendas estatales crearon sobretasas propias a los impuestos nacionales. Del mismo autor, véase también "¿Cómo disciplinar a los estados y municipios?", pp. 73-78.

suerte, una historiadora ha profundizado recientemente en el tema. Explica que la postura federal de esos años, consistente en acrecentar y globalizar la tasa general del ISIM, acabó por torcer el brazo de los gobiernos estatales más renuentes. Si no aceptaban sumarse al ISIM, los contribuyentes de sus respectivas entidades pagarían mucho más por las transacciones mercantiles, porque a la cuota estatal tendrían que sumar la nueva tasa federal, mucho más elevada. Se agravarían como nunca las desventajas frente a los contribuyentes de los demás estados, es decir, de aquellos que sí habían aceptado sumarse al impuesto federal. Tal era el argumento de Jorge Navarro, el tesorero chihuahuense.[17]

Para colmo, en 1983 las haciendas estatales perdieron el ingreso del impuesto territorial o predial. La soberanía tributaria estatal propiamente dicha se empequeñeció aún más. En 1982, el ingreso del impuesto predial representaba poco más de 43% de la recaudación de las entidades por concepto de impuestos. De ese tamaño fue la afectación de la reforma constitucional. Tampoco se sabe del talante de la inconformidad estatal. Se ruega fijar la atención en la primera columna del cuadro 3.3, que mide el peso de los impuestos con respecto a los ingresos brutos. La caída posterior a 1980 es espectacular, incluso dramática.[18]

Pese a todo, el cobro de impuestos estatales arrojó cifras al alza en las décadas siguientes, aunque con resultados modestos; según la información disponible, estos ingresos no alcanzaron a duplicarse sino hasta después de 2010. Veamos. Luego de la caída de 1985 (cuando apenas significaron 1.71% de los ingresos brutos, el índice más bajo de la serie disponible del periodo 1970-2020), en 1990 la recaudación de impuestos de las haciendas estatales alcanzó 2.8% del total de los ingresos brutos, descendió a 2.2% en 2000 y luego se recuperó levemente, al llegar a 2.6% en 2005; la tendencia al alza se impuso después de la crisis de 2008-2009, con 3.8% en 2012, 4.5% en 2016 y 4.8% en 2020.

Por su parte, los ingresos provenientes del endeudamiento fueron más cuantiosos. Si bien implicaban gastar por ellos, a diferencia de los ingresos tributarios propios o los montos de los envíos federales (que no costaban nada en sentido estricto, aunque sí implicaban el costo de recaudarlos y

[17] Molina Armenta, *Coordinación fiscal*, pp. 268-271.

[18] Para hacer este cálculo, se sumó la recaudación de impuestos a la propiedad raíz y a la transmisión de propiedad. El porcentaje de la suma obtenida se estimó con respecto al total de la recaudación de impuestos de ese año. *INEGI 1984*, cuadro 1.2.2.

administrarlos), los préstamos eran más fáciles de obtener en el corto plazo. También se diferenciaban de la recaudación vía impuestos por la política. Una mayor recaudación tributaria podía traducirse en una impopularidad derivada de la cobranza más estricta o por el alza, como ha ocurrido en todo tiempo y lugar del mundo. Las protestas de los contribuyentes podían dificultar la gobernabilidad y asegurar malos resultados electorales, sobre todo cuando se consolidó la llamada transición democrática en la década de 1990. Por tal razón, los préstamos bancarios se convirtieron en una atractiva opción cada vez que se reducían los ingresos estatales, a pesar del costo generalmente elevado de las tasas de interés. Los banqueros nunca han sido almas de la caridad. En ocasiones, para fortuna de los gobernantes en turno, las deudas quedaban como asignatura de los gobiernos siguientes, dependiendo de las tasas y plazos de los préstamos.[19]

El cuadro 3.3 expone indicios de la tendencia al endeudamiento creciente de las haciendas estatales. En los primeros años de la década de 1970, como se dijo, en raras ocasiones el endeudamiento superaba el monto de la recaudación vía impuestos. Sin embargo, ese rasgo se modificó después de 1980. Se hizo normal que las deudas rebasaran el total de los ingresos provenientes de los impuestos, un monto cada vez menor. La excepción de esa tendencia ocurrió en la primera década del siglo XXI.

Las deudas estatales se acrecentaron en tres momentos. Según las cifras del cuadro 3.3, las más cuantiosas fueron las del mencionado año de 1985, como indicio de las dificultades producidas por la crisis de la economía nacional de ese tiempo. Luego vinieron los primeros años de la década de 1990, cuando los préstamos superaron 10% de los ingresos brutos estatales, todavía como huella de la caída del decenio anterior. El último periodo de elevadas deudas es el posterior a la crisis de 2008-2009, aunque se mantuvieron lejos del peso alcanzado en 1985 y en los primeros años de la década de 1990. Después de 2010, el porcentaje de los ingresos brutos estatales proveniente del endeudamiento (del financiamiento, como se le nombra en *INEGI 2021*) llegó a un máximo de 6.8%, superior al monto recaudado vía impuestos (3.8%). Fue la reacción de los estados ante la reducción de los envíos federales, palpable desde el año 2000 y reforzada por el impacto de la crisis mundial de 2008-2009. El caso extremo fue el coahuilense de

[19] Sobre tasas y plazos de los préstamos bancarios, vigentes en los últimos años, por entidad federativa, véase *CEFP 2021*, pp. 27-30.

2010; se hizo famoso entonces el endeudamiento, en verdad asombroso, del gobierno a cargo del controvertido Humberto Moreira (2005-2011). Es inolvidable.[20]

Esta tendencia al endeudamiento estatal propició una creciente atención académica. Desde 2001, como parte de la tendencia general, las calificadoras comenzaron a incursionar en el ramo, como la Fitch Ratings México. Se detalló entonces la brecha cambiante entre las calificaciones o valoraciones de la deuda nacional (o soberana) y las deudas de los estados (o "subsoberanas"). Quedó claro que el DF/CDMX gozaba de las mejores notas, en contraste con el otro extremo, conformado por Zacatecas, Quintana Roo, Coahuila y el Estado de México. Una de las perversiones del federalismo fiscal fue que la posibilidad de auxilio financiero por parte de la SH, aun de estados con deficiente desempeño financiero, influyó en la obtención de mejores calificaciones que la propia deuda nacional. Parecía que en torno a las entidades federativas mexicanas funcionaba con puntualidad la máxima de *too big to fail* (demasiado importantes para quebrar). Por esa razón, las haciendas estatales (sin acceso al mercado del crédito externo en México) gozaban en general de calificaciones más elevadas y por tanto de mejores condiciones de crédito (menores tasas de interés, por ejemplo) que el propio país. Obviamente, la disposición legal contenida en el artículo 9 de la ley de Coordinación Fiscal apuntaló el manejo discrecional y oscuro de los recursos de las haciendas estatales.[21]

Otro efecto de la trayectoria del endeudamiento estatal, sobre todo después de la crisis de 2008-2009, fue de orden político. Ante el alza del endeudamiento estatal (incluido el de los municipios, así como de los organismos de los estados y de los municipios), las fuerzas políticas del país aprobaron una reforma constitucional en 2015 y luego la ley de disciplina financiera de las entidades federativas y los municipios en 2016. La nueva legislación se centraba en cinco ejes: *a*) reglas presupuestarias y de gasto, *b*) sistema de alertas, *c*) reglas de contratación de deuda y obligaciones, *d*) registro público y *e*) otorgamiento de garantía federal a la deuda contratada por los estados y municipios. Con todo ello se pretendía moderar el crecimiento de

[20] Véase *Animal Político*, lunes 5 de diciembre de 2011, "A detalle, el caso del endeudamiento de Coahuila", nota de la redacción; también Ruelas Ávila e Izquierdo Reyes, "Fatiga", p. 30.

[21] Mendoza Velázquez y García Flores, "Los determinantes financieros", pp. 236-241; también véase Hernández Trillo, "¿Es disciplinado el mercado crediticio estatal mexicano?".

la tendencia financiera-bancaria y mejorar ("transparentar", se dice ahora) su manejo, sin afectar la actividad bancaria.[22] Según algunos, gracias a los mayores controles otorgados a la SH y a la Auditoría Superior de la Federación (ASF, en adelante) la ley funcionó. Prueba de ello es que después de 2016 se notó una reducción del ritmo de crecimiento del endeudamiento de las haciendas de las entidades federativas y de los municipios en su conjunto. De nuevo, aparecía el centro político nacional, en este caso por medio de la coalición formada por el Poder Ejecutivo federal y el Poder Legislativo, tratando de poner orden a los quehaceres de los gobernantes de los estados. Moreira y otros no se olvidaban, ni tampoco los vicios y oscuridades del federalismo fiscal que los habían posibilitado.[23]

Sin embargo, con todo y la reforma constitucional de 2015 y la ley de 2016, las cifras del citado cuadro 3.3 muestran que, en conjunto, el endeudamiento recuperó terreno en los últimos años (2020), al compás de la severa caída de la economía mexicana, otro indicio de la influencia de la marcha general en este fenómeno hacendario. Habrá que observar el comportamiento de este ramo de las haciendas estatales en el futuro. El panorama no es halagüeño, según se señaló en la introducción. ¿Acaso la

[22] Véase la versión oficialista pero útil de Andrade Martínez, *Reforma*. La reforma constitucional de 2015 se refiere a los artículos 73, 108, 116 y 117. Dicha reforma, en *DOF*, martes 26 de mayo de 2015, y la ley en la edición del miércoles 27 de abril de 2016, luego reformada según decreto publicado en ese diario el martes 30 de enero de 2018. En la reforma constitucional de 2015 el Congreso de la Unión incorporó a la ASF, una institución legislativa de vigilancia presupuestal. Por lo visto, el manejo de los fondos federales enviados a las haciendas estatales y locales se prestaba a prácticas que se podían calificar de corruptas. La sola SH, es decir, el Poder Ejecutivo federal, no había podido ir muy lejos.

[23] Véase *El Financiero*, lunes 18 de octubre de 2021, "Gobernadores salientes dejan regalito 'bronco' a sucesores: deuda", nota de Felipe Gazcón. Después de 2016, agrega la nota, la deuda aumentó en cinco estados (Baja California, Sonora, Nayarit, Colima y Nuevo León), pero disminuyó en términos reales en ocho (Michoacán, Sinaloa, Chihuahua, Campeche, San Luis Potosí, Zacatecas, Baja California Sur y Guerrero); sólo dos la pagaron íntegramente (Querétaro y Tlaxcala). Subraya el hecho de que entre 2016 y 2021 se redujo el ritmo de endeudamiento de los gobiernos locales. El problema, añade, no residía tanto en el monto absoluto sino en su relación con la suma de los ingresos (de origen federal e ingresos propios). Mientras que Guerrero, con la deuda absoluta más baja, enfrentaba grandes presiones por lo reducido de sus ingresos, en Nuevo León, con una de las deudas más elevadas en términos absolutos (la segunda de las 32 entidades, después de la del gobierno de la Ciudad de México), el monto resultaba manejable en vista de sus ingresos mucho más cuantiosos.

reciente tendencia al alza del endeudamiento de las haciendas estatales en los años por venir apunta hacia el extremo alcanzado en 1985 o al menos a la situación imperante en los primeros años de la década de 1990?[24]

Un último apunte, no menos importante, se relaciona con el DF/CDMX en el periodo 1970-2020. El nuevo arreglo que posibilitó el ascenso estatal significó un elevado costo para las finanzas del centro político del país, para el DF/CDMX. Fue así porque, como se dijo, hay razones para pensar que el ascenso estatal se hizo en buena medida a costa de las finanzas capitalinas. Veamos.

A partir de 1965, según se aprecia en el cuadro 3.2, el nuevo modelo de distribución de los ingresos gubernamentales implicó la pérdida de más de 52 puntos porcentuales en cuanto al peso de los ingresos brutos de la hacienda capitalina, un descenso perseverante, sin importar, cabe insistir, la filiación política de las autoridades del gobierno federal y de la propia entidad federativa. No es dato menor el hecho de que a partir de 2005 la hacienda pública mexiquense la superara y se convirtiera en la más grande del país, después de la hacienda federal; todavía en 1989 la del DF/CDMX predominaba y por mucho.[25]

Nos guste o no, la Ciudad de México es la capital de todos. Dista de ser la que fue en 1965, pues ahora es más pobre, crece poco en cuanto a número de habitantes y actividad industrial. Como contrapartida, continúa siendo una potencia en lo tocante a los servicios, la llamada *terciarización*, un ramo de gran peso en la configuración del PIB nacional, como sucede

[24] Nuestra visión más bien pesimista contrasta con la de Ruelas Ávila e Izquierdo Reyes, "Fatiga", p. 54. Dada la limitación del espacio para el cobro de impuestos y sin dejar de considerar las grandes desigualdades entre las entidades federativas, estos economistas concluyen afirmando, en 2021, que el endeudamiento estatal aún se puede expandir. Al respecto, quizá convenga considerar otra fuente, un informe legislativo que se lee lo siguiente: "Con respecto al cierre anterior, en 2020 el saldo de la deuda [estatal] se incrementó en 33 mil 423.0 millones de pesos (2.4 por ciento real). Un incremento anual igual o mayor a esta magnitud no se daba desde el año de 2013". *CEFP 2021*, p. 4. También véase el texto de 2017 de Astudillo Moya *et al.*, "La transparencia". Los autores argumentan que la transparencia obligada, junto con leyes más estrictas, puede limitar el crecimiento del endeudamiento. ¿Serán suficientes?

[25] En 1989, según el monto de sus ingresos brutos, la hacienda del DF/CDMX superaba por 70% a la del vecino Estado de México. Sin embargo, debido a la reducción sostenida de la hacienda capitalina, en 2020 la situación se había invertido, pues aquélla ya era 30% más pequeña que la mexiquense. Resultado del nuevo rumbo, sin duda. ¿No valdría la pena hincarle el diente a cambio tan significativo?

en la economía mundial. Además, seguía siendo el gran tesoro tributario de la nación, según se verá.

En el capítulo siguiente se tratará el modo en que se instrumentó la entrega de fondos federales a las haciendas estatales, una manifestación puntual del ascenso provinciano. Se distinguen las participaciones de las aportaciones, las dos vías principales de dicha entrega.

4. PARTICIPACIONES Y APORTACIONES FEDERALES

Una manera de precisar la periodización expuesta en el capítulo anterior consiste en distinguir las *participaciones* de las *aportaciones*, las dos principales vías de las entregas de fondos federales a las haciendas estatales en estos años. Ambas expresan, vale insistir, el vuelco de la relación centro-provincias entre los siglos XIX y XX. Mientras que en el siglo XIX los gobiernos provinciales contribuían al sostenimiento del gobierno federal, en el siglo XX ocurría lo contrario. Tal es la importancia de las participaciones y aportaciones federales, aunque hay diferencias sustanciales entre ellas. Aun puede afirmarse que corresponden a dos épocas muy distintas del siglo XX y del propio periodo de estudio, según se explicará.

Conviene aclarar que en estas estimaciones no se consideran las otras vías de apoyo federal a las entidades federativas, de menor cuantía, como las que atienden las emergencias provocadas por fenómenos naturales (huracanes, terremotos, sequías, inundaciones, o bien accidentes catastróficos). Tampoco se toma en cuenta el monto cada vez menor de las inversiones federales realizadas en las distintas entidades federativas. Más adelante se explicará el motivo de la reducción de dicha inversión, muy relacionado con la historia que se narra aquí. Empecemos con las participaciones, para luego seguir con las aportaciones.

Participaciones, la vía más antigua

Las participaciones son las originarias, la forma más antigua de la entrega de fondos federales a las provincias. Surgieron a fines del siglo XIX con las cantidades otorgadas por la SH a las localidades aduaneras, como el puerto de Veracruz, Tampico, Progreso, Nuevo Laredo y Ciudad Juárez, entre otras. Sin embargo, sus modalidades y montos anteriores a 1930 esperan investigaciones concienzudas. Casi no sabemos de ellas, salvo que se otorgaban, en algunos casos, a juntas de mejoras materiales, otro organismo que continúa en el mayor de los misterios historiográficos. ¿Por qué se recurría a esas juntas, si existían los municipios y sus autoridades? ¿Indicio de la desconfianza federal en torno a las capacidades de estados y municipios, o como forma de involucrar a los propietarios y empresarios más prominentes de cada localidad en el gobierno de esas mismas localidades? ¿De plano los municipios no podían involucrarlos?[1]

En las primeras décadas del siglo XX, las participaciones federales se expandieron gracias al petróleo. El gobierno federal intentó hacerse cargo por entero de un nuevo ramo tributario que en ese tiempo ganaba preponderancia, en especial entre 1918 y 1922. A tal pretensión se opuso el gobierno del estado de Veracruz, casi el único productor de petróleo del país en ese tiempo. Ésta es una de las virtudes de la investigación a fondo de la cosa fiscal: obliga a seguir con cuidado sus peculiaridades e implicaciones. En este caso, permite dar cuenta de una postura local que resulta en gran medida sorprendente. Desde 1912, el gobierno de Francisco Lagos Cházaro, y más tarde el carrancista Cándido Aguilar y el radical Adalberto Tejeda en 1921 y en 1929, impulsaron leyes estatales encaminadas a gravar la actividad de las compañías petroleras. Se trata del reclamo de grupos veracruzanos por una porción de los ingresos generados por la boyante actividad. No eran malos mexicanos ni tampoco inventaban nada. Hacían lo mismo que los grupos yucatecos de la década de 1880, cuando disputaron a la SH los ingresos de la exportación henequenera, y antes que ellos los neoleoneses encabezados por el gobernador Vidaurri. Los libros de Zuleta y Cerutti, citados antes, documentan esas posturas locales.

En torno al petróleo, por lo visto, la propiedad originaria de la nación del suelo y del subsuelo, según el artículo 27 de la entonces reciente Constitución de 1917, no había sido suficiente. La postura veracruzana se topó con un muro federal cada vez más sólido. Desde 1922, el gobierno federal, vía la SH, comenzó a entregar participaciones de la recaudación petrolera

[1] Una investigación sobre el auge turístico mexicano desde 1930 concede lugar especial a la junta federal de Acapulco. Véase Carr, "Acapulco and Cancún". El principal promotor de esas juntas, primero como gobernador de Veracruz (1944-1948) y luego como presidente de la República (1952-1958), fue Adolfo Ruiz Cortines. En la década de 1950, el número de juntas llegó a duplicar el de municipios existentes. Agua potable y alumbrado, caminos y escuelas fueron algunas de sus prioridades.

al gobierno de Veracruz. Contó para ello con el millonario respaldo (mediante anticipos) de las grandes compañías extranjeras, que preferían tratar sus asuntos tributarios, judiciales (amparos) y demás con las autoridades federales y no con las de los gobiernos del estado y de los municipios. Del mismo modo procedían en ese tiempo las grandes empresas hidroeléctricas, mineras y papeleras en el ramo de aguas. Seguramente sus intereses se resolvían de mejor modo con el gobierno federal.[2]

Años después, en 1935, llegó el desenlace. En octubre de ese año, la Suprema Corte de Justicia de la Nación (SCJN, en adelante) se pronunció a favor del gobierno federal, al que otorgó el dominio pleno y absoluto de la lucrativa fuente de ingresos petroleros, si bien en declive desde 1922. Tal declive se explica, sí, por la baja de las exportaciones provocada a su vez por la baja productiva derivada del traslado de empresas e inversiones extranjeras a otras latitudes (Venezuela), pero también se entiende por el alza del consumo interno, algo que a menudo se olvida. Tanto las empresas extranjeras como la máxima instancia judicial, junto con los jueces "inferiores", como se les llama en las fuentes de la propia SCJN, se unían a la SH para fortalecer la postura federal. A Veracruz le correspondían, en todo caso, participaciones de la recaudación federal. La resolución de 1935 se puede ver como una nacionalización interna (¿o debe decirse federalización, según se entendía en esos años para referirse a la expansión federal?). Queda pendiente aclarar la repercusión de la resolución judicial de 1935 en la expropiación de 1938, decisión del propio gobierno federal frente a las empresas extranjeras, otrora

[2] Este episodio petrolero ilumina otras épocas. Se puede afirmar, con base en los hallazgos expuestos en este texto, que los gobiernos panistas de Vicente Fox (2000-2006) y Felipe Calderón (2006-2012), al ganar las elecciones presidenciales de 2000 y 2006, dieron marcha atrás a una parte de lo que habían logrado como oposición (aliados con el PRI) en la década de 1990. ¿Acaso entendieron, por el pragmatismo que impone la exigencia fiscal, que el país no se podía gobernar con una hacienda pública tan pequeña, sobre todo si se descartaba una reforma tributaria que encarara a fondo la baja carga fiscal? Tal vez por ello, al inicio del gobierno de Fox, la SH impulsó una reforma fiscal para acrecentar los ingresos federales basada en la ampliación del IVA y reducciones en el ISR. El de Calderón creó el impuesto empresarial a tasa única (IETU, en adelante), de corta vida, como modo de contrarrestar la evasión del ISR. Como era previsible, la iniciativa del gobierno de Fox enfrentó una oposición generalizada y se desechó. Véase "La nueva hacienda pública distributiva", 5 de abril de 2001, en Pública (diputados.gob.mx) (consultado el 17 de febrero de 2022), y Solís Manjarrez *et al.*, *Reflexiones*, pp. 29-38. Sobre el IETU, derogado en 2013, véase Castañeda Ortega, *Nuevas fórmulas*, p. 139.

aliadas suyas frente a las pretensiones veracruzanas.[3] Por ahora cabe subrayar el hecho de que en apenas tres años ese gobierno se hizo del control total del ramo petrolero, tanto desde el punto de vista interno como del externo. La política en todo su esplendor.

Con esta misma perspectiva se deben entender los conflictos y arreglos en torno a la cosa fiscal en el periodo de estudio. Una parte del problema residía en los nuevos atributos del gobierno federal. Como se mencionó, durante los siglos XIX y XX los gobiernos generales de México y de otros países aumentaron la presión para extender su quehacer tributario al conjunto de habitantes y actividades económicas a lo largo de su territorio. Y lo lograron de diversas maneras y con distintos alcances, no sin generar grandes disputas y conflictos. La creación del impuesto del timbre de 1875, impulsada por los gobiernos de Benito Juárez (1858-1872) y Sebastián Lerdo de Tejada (1872-1876), indica el camino seguido. En las décadas siguientes, sin importar el derrocamiento violento del gobierno de Lerdo de Tejada en 1876, el impuesto del timbre se conservó y aun fue perfeccionado y ampliado. Así se aprecia en la ley de 1906.

El impuesto del timbre, ancestro del actual IVA, permitía al gobierno federal gravar una porción cada vez mayor de los intercambios mercantiles en todo el territorio nacional. En parte, se buscaba resolver el problema apremiante que también aquejaba a otros países, a saber, la dependencia extrema de la hacienda pública nacional con respecto al comercio exterior, ámbito que escapaba al control gubernamental de cualquier nación. No había más opción que pensar en una fuente tributaria interna más estable, es decir, el mercado interno. Pero ello significaba abrir la caja de Pandora. La medida atacaba de frente el arreglo local, compuesto, como en todo el mundo, de intereses, costumbres y tradiciones, entre ellas la de autoridades gubernamentales que en ocasiones pasaban por encima de las obligaciones tributarias para favorecer a amigos, socios, aliados, parientes, cómplices. En México no parece casualidad la celebración de reuniones tributarias con los gobiernos de los estados en los años que siguieron a 1875 para tratar de extinguir las alcabalas de una vez por todas. Como se dijo, este gravamen era uno de los bastiones de las haciendas provincianas en esos años.

[3] Lo relativo al encontronazo petrolero en Uthoff, "Las compañías", pp. 298-307, y Aboites Aguilar, *La disputa*, pp. 10-33.

Tendencia dominante en el mundo durante el siglo XX fue el aumento del quehacer tributario de los gobiernos generales. Como expresión de ello, en México, en materia petrolera (y antes minera, eléctrica, forestal, y después de 1935-1938 en las ramas tabacalera, cervecera, y de manera atropellada, en el comercio y la industria, mediante el ISIM), el gobierno federal hizo uso reiterado de las participaciones. Lo hizo ante todo para facilitar su expansión y presionar a los estados a ceder o perder "cachos de su soberanía", según se quejaban en Chihuahua en 1948. Se cedía o perdía soberanía local en aras del supremo interés nacional, representado de manera exclusiva por el gobierno federal en turno.[4] No por otra razón, y por la aportación creciente del ISR, muy relacionado con el ascenso del mercado interno, la recaudación tributaria federal en México aumentó a tal grado.

Pero no se olvide que en 1923 los estados echaron abajo la pretensión de federalizar el impuesto predial. Desde entonces la SH se vio obligada a ceñirse a la recaudación de sus propios ramos tributarios, por así decir, en particular del ISR, de reciente creación (1925), y a aumentar el control en los llamados impuestos especiales (gasolina, electricidad). Sus repetidos intentos por aclarar la distribución de gravámenes fracasaron una y otra vez, al menos los de 1926 y 1936. La federalización del gravamen a la cerveza, consumada en 1949, fue labor ardua para la SH, aunque de menor resonancia que la mencionada oposición de 14 gobiernos estatales a ceder los impuestos de la industria y al comercio, la materia del ISIM. De allí la importancia del arreglo de 1972-1973, según se ha expuesto.

No sorprende entonces que, como se consigna en el cuadro 3.1, las participaciones federales, ya propiamente como tales (desde la reforma constitucional de 1934), hayan crecido a lo largo del siglo, alegando además el caos o la "anarquía" fiscal, incluida la concurrencia tributaria y la doble tributación, resultado de la existencia de las dos soberanías tributarias.[5] Por ello, se trataba de un dinero más político que administrativo, aunque este último aspecto no se debe subestimar. Vale preguntar si el gobierno federal era más eficiente que las entidades federativas en las labores recaudatorias.

[4] Véase Molina Armenta, *Coordinación fiscal*; los cachos de soberanía, en Aboites Aguilar, *Excepciones*, p. 315.

[5] La reforma del artículo 73 constitucional de 1934 reservó para el gobierno federal todos los impuestos eléctricos del país a cambio del otorgamiento de participaciones a los estados involucrados. Al respecto, véase Aboites Aguilar, *Excepciones*, pp. 168-170.

Por lo visto, sí.[6] Así se entiende que en esta historia se encuentre la clave del notable empequeñecimiento de la base tributaria de las haciendas estatales durante el siglo XX. El episodio veracruzano mencionado y la reforma constitucional de 1983 ilustran al respecto. Como se vio, tal empequeñecimiento no es causalidad ni fatalidad, sino resultado de disputas y arreglos políticos.[7]

Sea como fuere, el gobierno federal mantuvo su empeño de absorber cada vez más las fuentes de ingreso de las haciendas estatales, en especial las referidas a la industria y el comercio, a cambio de la entrega de crecientes participaciones federales. No hubo más opción que asegurar mayores ingresos a los gobiernos estatales y municipales, y todo ello impuso la nueva forma de distribución de los ingresos gubernamentales. Tal es uno de los fundamentos del federalismo fiscal contemporáneo en México, sobre todo después de 1973. Algo que no se debe olvidar es que en el arreglo que subyace a las participaciones se acordó que estados y municipios dispusieran libre y soberanamente en torno al uso, bueno o malo,y aun al abuso, de las cantidades entregadas por la SH, por lo general sin control o vigilancia federal ni estatal. Los estados y los municipios difícilmente habrían aceptado otra cosa. La excepción era la consideración de las participaciones como garantía de pago de las deudas contratadas con los gobiernos de las provincias.

Se debe insistir en la perspectiva histórica. Las participaciones eran impensables un siglo antes, cuando, como se vio, estados y municipios eran los que debían aportar fondos para el sostenimiento del gobierno general, arreglo que concluyó en 1948, marcando una especie de prolongación tardía del siglo XIX. El país se había transformado radicalmente. En 1850 contaba con ocho millones de habitantes, contra 26 millones en 1950. En este año

[6] La competencia económica y financiera entre entidades federativas es otro enigma historiográfico. Tal competencia ocurría por distintos motivos. Uno de ellos surgía entre entidades consumidoras y productoras de tabaco o de cerveza, o bien por el alcance de las medidas de estímulo económico, como las exenciones fiscales durante las décadas de 1940 y 1950. Este tema, junto con el de las tensiones de los gobiernos estatales con los municipios, pone en tela de juicio a los propios estados, considerados generalmente como víctimas del villano que ha sido el centralismo autoritario del gobierno federal en turno. Los estados también han tenido sus villanías, en especial con los municipios.

[7] Este problema da para hacer una historia económica, política y aun ideológica del artículo 73 constitucional. Su ampliación a lo largo del siglo XX pone de manifiesto tanto el agrandamiento federal como el empequeñecimiento provincial. Ojalá provoque una historia política y de derecho constitucional.

funcionaba un mercado interno de mayor alcance que un siglo antes, al grado de que estaba a punto de convertirse en la principal fuente de ingresos federales; ese cambio se logró en 1957 vía el ISR, desde entonces la fuente más abundante de recursos federales, algo que ni por asomo se contemplaba en 1850. En este último año, en México, como en el mundo, no se disponía de la energía del petróleo ni de electricidad; en algunos pocos países los ferrocarriles daban sus primeros recorridos.

El viraje de las décadas de 1970 y 1980, promovido por el propio gobierno federal en manos de priistas, junto con la exigencia de ahondar en la descentralización en materia fiscal, fue retomado más tarde por grupos políticos afines a los gobiernos panistas, de derecha, especialmente durante las décadas siguientes, antes de la crisis económica de 2008-2009. Como resultado de los trabajos de la Conferencia Nacional de Gobernadores (Conago, en adelante), nacida en 2002, esas ideas tuvieron su momento estelar a propósito de la llamada primera convención nacional hacendaria, celebrada en Querétaro en febrero de 2004.[8] De esa convención se derivaron las reformas constitucionales y legales de 2007-2008 que buscaban precisamente ampliar las capacidades o potestades tributarias de los gobiernos estatales, entre ellas la referida a la tenencia vehicular. Tal ampliación se consideraba indispensable no sólo para mejorar la fiscalidad nacional sino para revertir la centralización tributaria y dar paso a una nueva normalidad federalista, más acorde con las necesidades de la población.[9] Se atacaba de frente la

[8] Tello Macías, "Convención", p. 13; también véase *Eje Central*, viernes 23 de noviembre de 2018, "¿Hacia la segunda convención hacendaria?", artículo de David Colmenares Páramo. Nunca ha habido una segunda convención, al menos hasta ahora (julio de 2022). Ninguno de los dos autores citados aquí, al igual que el conjunto de estudiosos del federalismo fiscal, contempla la posibilidad de emprender una reforma fiscal capaz de agrandar el pastel presupuestal.

[9] Castañeda Ortega, *Nuevas fórmulas*. Véase en especial el largo capítulo 3, "Reforma Hacendaria 2008 en materia de Distribución del Fondo General de Participaciones y el Fondo de Fomento Municipal", pp. 131-247 (mayúsculas del original). No sorprende que algunos investigadores y expertos hicieran suya esta forma de entender el problema, entre ellos Astudillo Mora, "La coordinación fiscal". ¿Es viable ampliar las facultades tributarias estatales? Para responder, se debe considerar la propia experiencia federal y estatal. Las autoridades provincianas nunca han sido un dechado de virtudes tributarias y por ello la recaudación local en general ha tendido a ser baja. ¿Qué sucedería si, en aras de la democracia y la justicia, se toma el riesgo de reducir aún más la recaudación tributaria del país, por ahora casi por entero en manos federales? Es complicado, porque las autoridades federales tampoco han sido paladines de eficiencia y pulcritud. Pero, aun así, el centralismo

crecida recaudación federal, quizá porque quedaba claro que la forma de distribución de los ingresos gubernamentales, que había posibilitado el ascenso provinciano, no daba para más. Se podían hacer diversas elucubraciones, comparaciones, ajustes, innovaciones, cambios en las fórmulas y en las determinaciones de criterios y prioridades, pero el pastel presupuestal seguía siendo del mismo tamaño: muy pequeño.[10]

Destacan dos rasgos de los cambios impulsados por el gobierno del presidente Calderón en 2007. Por un lado, su intención de sustituir los ingresos petroleros con fuentes más estables, algo que no se debe desestimar en lo sucesivo. Pese a los elevados ingresos petroleros de esos años, derivados del alza de precios en el mercado mundial, el país perdía potencia productiva en el ramo. Tarde o temprano enfrentaría la reducción drástica de la recaudación petrolera, sujeta además a los vaivenes de las cotizaciones mundiales. No se olvide que desde 1980 la aportación petrolera había crecido hasta superar un tercio del total de ingresos de la hacienda federal.[11] El gobierno federal también buscaba dar paso a esquemas neutrales que promovieran

---

tributario, en México y en el mundo, se ha nutrido de la convicción acerca de la mayor eficiencia recaudatoria de las autoridades generales. Se toma en cuenta no sólo la mayor recaudación sino también su costo. ¿Cuánto le cuesta a un gobierno recaudar un millón de pesos? ¿Cuánto le cuesta recuperar una suma derivada de una evasión o un fraude? No podemos ir muy lejos si desatendemos esta dimensión, dijéramos, técnica y nos quedamos con generalidades respecto de la democracia local y el federalismo. ¿Para dónde nos movemos, pues? Otros expertos manifestaban su cautela, si no es que oposición, a la posibilidad de reducir y debilitar la hacienda federal. Véase Sobarzo, "Federalismo fiscal", p. 118. Sobre las interpretaciones generales a favor y en contra de la centralización, véase Ruelas Ávila e Izquierdo Reyes, "Fatiga", pp. 32-35.

[10] Esta especie de desesperación académica ante las insuficiencias y defectos de los mecanismos de distribución de fondos federales a estados y municipios se aprecia en el conocido texto de Hernández Trillo, *Federalismo fiscal*, de 1997. Veinte años después, la desesperación fue abandonada y sustituida por términos más críticos y severos, aun con las haciendas estatales y locales. Así se lee en Mendoza Velázquez, coord., *Los incentivos*, de 2018.

[11] La aportación petrolera al presupuesto de egresos de la federación registró su cifra máxima, por encima del 55% de la deprimida recaudación federal, en 1983-1986; pese a la baja de los precios internacionales, la exportación de crudo constituía una fuente segura de ingresos. Entre 1990 y 2005, la aportación se mantuvo estable en torno al 20% del total, luego volvió a superar 30% entre 2006 y 2009. Desde entonces se mantuvo en torno al 30%, con dos severas caídas, una en 2015 y otra en 2020. Todo lo anterior se obtuvo de una serie construida con base en estimaciones del CEFP, de la SH y del SAT. Como lo muestra una tesis, una porción de los ingresos petroleros se destinó a las participaciones a las entidades federativas y los municipios. Véase Molina Cervera, "Dependencia fiscal", pp. 120-121.

la inversión, la generación de empleos y el crecimiento económico. Francamente, la neutralidad no se la creía nadie, o muy pocos. ¿Cómo pretender que la fiscalidad deseable pudiera ser "neutral"?

En este caso, considerando el argumento de este texto, vale hacer hincapié en el federalismo fiscal de la iniciativa gubernamental de 2007. En concreto, significó dar marcha atrás al criterio compensatorio en materia de distribución de las participaciones introducido por el gobierno salinista a fines de 1990, según se verá, y recuperar el criterio resarcitorio con que había nacido en 1980, como parte del sistema de coordinación fiscal. El retorno a 1980 implicaba "rescatar el espíritu original de fomento a la actividad económica y estímulo a la recaudación del sistema de participaciones y [...] fortalecer el componente solidario y redistributivo del pacto federal a través de las aportaciones federales".[12] Así había nacido en 1980 y así se había corregido en 1990, pese a las pifias que se aprecian en la ley aprobada en 2007, en especial en las fórmulas destinadas a fijar los montos de las participaciones otorgadas por la SH a las entidades federativas.[13]

Una vez que el Congreso de la Unión aprobó esos cambios a fines de 2007, se adoptó el esquema que tan bien se aprecia en la información disponible, como se expondrá más adelante. Se trata de dos formas de gobierno, definidas por las participaciones y las aportaciones, las dos vías fundamentales del otorgamiento de fondos federales a las diversas entidades federativas. La primera forma se destinaría a aquellas entidades con mayor recaudación de impuestos estatales y municipales, y la segunda, a aquellas con menor recaudación y que por tanto requerían de la redistribución solidaria. Era imposible, argüía la presidencia de la República en la iniciativa legislativa de junio de 2007, la convivencia de los criterios resarcitorios y redistributivos en las solas participaciones.[14]

Empero, dos expertos ofrecen una visión distinta de los cambios legales de ese año. Aquí nos detendremos en dos de sus argumentos. El primero señala que la nueva ley, aprobada por el Congreso de la Unión, al preservar el criterio poblacional (distributivo), contradijo el propósito de la iniciativa presidencial de retornar o recuperar el criterio resarcitorio para premiar a las entidades de mayor recaudación. Lo anterior porque conservó el mo-

[12] Castañeda Ortega, *Nuevas fórmulas*, p. 139.

[13] Al respecto, véase Urzúa y Velázquez, "Errores".

[14] Sobre el inconveniente de combinar ambos criterios en una sola vía de transferencias de fondos federales, véase Hernández Trillo y Jarillo Rabling, "Transferencias", p. 150.

delo, en vigor desde 1991, consistente en formar el fondo de participaciones con una elevada proporción (45.17%), no de la recaudación estatal y municipal, sino del monto de la población de cada entidad federativa. El segundo argumento, derivado del anterior, es que la aplicación de la nueva ley desembocó en el otorgamiento de mayores sumas a entidades a las que no les correspondían según el criterio resarcitorio y, a la inversa, castigó a las más "cumplidas", por así decir. Pese a ello, los cambios principales de la nueva ley (como la consideración del PIB estatal y el avance de la recaudación de impuestos estatales, así como, en los municipios, el predial y la recaudación por servicios de agua y alcantarillado) sí garantizaron en cierto modo el retorno al criterio resarcitorio.[15] Por lo visto, tal retorno no fue tan simple como lo esperaban el presidente de la República y estos expertos. Pero sí avanzó en ese sentido; si no, ¿cómo explicar el argumento político esgrimido por los propios autores y según el cual sólo el antiguo Distrito Federal manifestó formalmente su oposición a la nueva ley de coordinación fiscal? Lo hizo mediante una controversia constitucional ante la SCJN, de enero de 2008. La pregunta obligada es por qué sólo ese gobierno protestó y por qué no lo hicieron por esa misma vía las demás entidades perjudicadas, entre ellas Nuevo León y Baja California. En noviembre de 2010 el supremo tribunal falló contra la controversia del Distrito Federal. De cualquier manera, según se argumentará, el cambio de 2007, pese a sus errores, incoherencias y contradicciones, sí agravó las diferencias entre las entidades federativas prósperas y las demás —la mayoría— que no lo eran.

También se comprenderá algo significativo para nosotros los historiadores. El presidencialismo presuntamente todopoderoso no sólo falló frente a los empresarios en sus repetidos intentos por acrecentar la recaudación fiscal vía el ISR, sino que también enfrentó la oposición de varios gobiernos estatales a propósito del ISIM, y antes al impuesto predial y al de la cerveza. En coherencia con esta postura, los estados y sus gobiernos alcanzan una mayor jerarquía en el proceso histórico, algo que se debe considerar con cuidado. Por lo pronto, confronta las interpretaciones sobre el siglo XX basadas en el presidencialismo. Quizá durante el periodo anterior a 1970 cada uno de los gobernadores no contó con la fuerza suficiente para enfrentar al Ejecutivo federal (aunque sí lo hicieron, como el de Chihuahua, cuyo apoyo a una

[15] Arechederra Mustre y Urzúa, "La ley", p. 8, y en p. 5 lo relativo a la controversia constitucional que se expondrá enseguida.

gran empresa privada, aun contra los deseos presidenciales, ayuda a explicar el primer ataque guerrillero en México, en 1965), pero otro escenario surgía si se unían todos o buen número de ellos, como los de 14 estados que se opusieron al propósito federal de sumarse al ISIM, creado en 1948. Como se vio, sólo en 1972-1973 lo aprobaron todos. Tampoco se olvide que el gobernador de Veracruz promovió el respaldo de los gobernadores a la decisión federal de expropiar el petróleo en 1938. Pudo abstenerse, ¿o no? ¿Se sabe por cierto el nombre de ese gobernador?

Durante 25 años, el gobierno federal no logró salirse con la suya respecto al ISIM con los estados (ni tampoco con el ISR, con los empresarios, no se olvide), a pesar de las leyes que especificaban las participaciones en determinados gravámenes federales, los descuentos, borrones y cuentas nuevas y ayudas extraordinarias, en particular durante la década de 1950. Y no se trata de cualquier periodo, sino de 25 años que incluyen el auge del presidencialismo. Así que la oposición de 14 entidades a sumarse al ISIM no coincide con las ideas presidencialistas aún tan predominantes; incluso es un acontecimiento que las confronta con severidad.

Ahora sabemos que el gobierno federal alcanzó los acuerdos de 1972-1973 gracias a una considerable erogación presupuestal que dio inicio al cambio en la forma de distribución de los ingresos gubernamentales; ese cambio hizo posible el ascenso provinciano estudiado aquí.[16] En términos cronológicos, vale insistir, el comienzo de esa tendencia se relaciona con el final del milagro económico, pero no nada más con ese final, por lo visto. También el presidencialismo entraba en declive. La crisis económica de la década de 1980 no hizo sino reforzar las dificultades económicas y políticas, de manera simultánea; una simultaneidad que ahora nos obstaculiza el acercamiento a esos años tan movidos.

Las participaciones continúan vigentes en nuestros días. Conservan su matriz originaria, pues corresponden, no se olvide, a la compensación que por obligación legal otorga la SH a las haciendas de las entidades federativas, proveniente de la recaudación federal de los impuestos extinguidos por los

[16] Las referencias al cambio de rumbo se hicieron costumbre y daban materia a la presunción presidencial. Por ejemplo, entre enero y junio de 1980, como resultado de la vigencia del IVA y de la ley de Coordinación Fiscal, el presidente de la República afirmaba que "las participaciones a Entidades Federativas aumentaron en casi 60% respecto al mismo periodo del año anterior. Sólo así se fortalece el federalismo". *Informe presidencial 1980*, p. 178 (mayúsculas del original).

gobiernos estatales en distintos momentos del siglo XX en aras del interés nacional, definido por el gobierno federal en turno. Distan de ser dádivas graciosas. Participaciones federales a cambio de ramos de ingresos estatales, una negociación entre las dos soberanías tributarias, indicio de un arreglo político de altos vuelos; todo ello es parte de la médula del gobierno del país. Corolario de lo anterior, cabe reiterarlo, es el pequeño tamaño de la recaudación de impuestos en las haciendas estatales, de no más de 5% del total de sus ingresos brutos, contra más de 10% de las municipales y casi 22% de las del DF/CDMX.

Aportaciones, signo de los tiempos recientes

Las aportaciones son de naturaleza distinta. No por casualidad surgieron a raíz del declive del gobierno federal, tan notable en el último tercio del siglo XX, según se ha insistido en estas páginas. En respuesta a dicho declive, el gobierno federal empezó a "descentralizarse"; las aportaciones, surgidas en 1989 (al menos el INEGI empezó a registrarlas desde ese año), son apenas un eslabón de ese esfuerzo. La historia es más complicada, entre otras razones porque es más antigua. No se olvide al menos la reforma al artículo 115 constitucional de 1983, que reforzó la posición de los municipios en el entramado constitucional y político del país. Por lo pronto, les devolvió el impuesto territorial o predial, lo que mejoró su situación presupuestal a costa de las haciendas estatales, cuyo espacio tributario se redujo aún más. Poco se dice de ese golpe a las finanzas de los estados; por lo visto, es incorrecto hacerlo, políticamente hablando. Habrá que investigarlo con todo cuidado, para buscar huellas de la inconformidad de los propios gobiernos estatales.

La historia también es más complicada porque dista de ser resultado únicamente de un viraje federal, aunque sus rastros en ese sentido sean los más notorios y accesibles. Los otros son menos conocidos, pero son igual o aún más significativos. Tienen que ver con la economía y la sociedad. ¿Quién sabe que desde 1960 el crecimiento del PIB del DF/CDMX empezó a declinar y que más tarde la población hizo lo mismo? Es importante tomar en consideración estas trayectorias para entender de mejor manera las medidas gubernamentales de este tiempo; no se hacían en el aire o al margen de las conexiones con el mundo y con la nación. No había engaño.

Como signo del agotamiento del modelo de expansión federal, ese mismo gobierno había decidido deshacerse de algunas de sus responsabilidades nacionales. Por lo pronto, en 1975 abandonó su empeño de manejar el agua potable de numerosas localidades urbanas mediante la transferencia a las autoridades locales de cerca de un millar de organismos especializados o juntas. La medida quizá deba entenderse como uno de los resultados del acuerdo hacendario de 1972-1973. A cambio de otorgar mayores participaciones a los estados y municipios, y visto el fracaso al tratar de elevar la carga fiscal en 1972, el gobierno federal se deshacía de ramos de egresos, de gastos y, por supuesto, de responsabilidades nacionales. Daba inicio la retirada federal, que más tarde se acentuó. En 1980 impulsó la adopción del IVA y la coordinación fiscal, los cuales implicaban el reconocimiento legal y uniforme del envío de fondos federales a las haciendas locales. Luego, por la austeridad galopante durante la década de 1980, redujo el tamaño de la administración federal, pero sin dejar de distribuir los montos destinados a estados y municipios; en la década de 1990, en cierto sentido se desentendió de dos sectores clave de su quehacer: la educación básica y la salud. Por último, también en la década de 1990, conforme se agravó la violencia por el auge del narcotráfico y la delincuencia organizada, se creó un fondo para la seguridad pública, seguido de otros más pequeños, como el de construcción de infraestructura en las entidades federativas.

Al tiempo que crecían sus envíos a los gobiernos provincianos, el gobierno federal reducía su tamaño; vendía empresas como los bancos y la mencionada Teléfonos de México, y extinguía organismos como las comisiones de cuencas hidrológicas, la Compañía Nacional de Subsistencias Populares (Conasupo) y, más tarde, el Banco Nacional de Crédito Rural. El despido de burócratas fue notable, entre ellos de transitorios de Pemex. Todos eran signos del desmantelamiento del modelo expansivo anterior, acompañado ahora por el creciente envío de participaciones y, sobre todo, de aportaciones a estados y municipios.[17] En lugar de gastar directamente sus fondos, como presumía el presidente Díaz Ordaz, ahora el gobierno federal los enviaba a la provincia. Ya se verá el monto presupuestal de esos envíos federalistas, de nuevo cuño. Otra manera de gobernar.

[17] Sobre la venta de 54 empresas gubernamentales entre 1982 y 1985, véase De la Madrid, *Cambio de rumbo*, p. 541.

Pero no se olvide que una diferencia esencial con las participaciones es que la SH decidió remitir las aportaciones como fondos "etiquetados" o "condicionados", según las denominaciones de la jerga burocrática, mexicana y extranjera. Se destinaban a cubrir las nuevas funciones administrativas de los servicios federales en los estados (y municipios), en especial de los ramos educativo y de salud.[18] No sólo habrá que considerar el impacto de tamañas entregas de dinero federal en los aparatos administrativos de los gobiernos locales, que de por sí destinaban montos propios muy distintos a dichos rubros (más elevados en estados como Aguascalientes y Baja California y menos en San Luis Potosí); también hay que preguntarse acerca de la razón del envío condicionado o etiquetado. Por ello, es imprescindible no perder de vista la diferencia entre una forma y otra de las entregas de fondos federales a los gobiernos provinciales, algo que se aprecia en el monto que reciben cierto tipo de estados por una u otra vía. La distinción anterior es importante porque las participaciones continuaron manejándose de manera discrecional. De esas diferencias se hablará más adelante. Es preciso tomar en cuenta que una de las perversiones de este federalismo fiscal se relacionaba estrechamente con las desobediencias de los gobiernos estatales, que acababan usando de manera discrecional los recursos de las aportaciones (ramo 33) como una especie de ampliación de las participaciones. Un experto, sin dar mayores detalles, destaca los manejos indebidos de tres entidades: Chihuahua, Veracruz y Quintana Roo. ¿Gobernadores que emulaban al de Coahuila en 2010?[19]

Tampoco se olvide que las participaciones y las aportaciones federales existían en términos legales aprobados por el Congreso de la Unión, es decir, por los diputados elegidos, provenientes de todo el país. Ni por asomo eran asunto exclusivo del Ejecutivo federal. Tampoco se soslaye el hecho de que, después de 1988, la composición de ese Congreso dejó atrás el periodo de abrumador dominio priista, es decir, federal y presidencial. Cambiaba el país, cambiaba el Estado, por supuesto. Lo que no cambiaba gran cosa eran las tensiones y los conflictos por la distribución de los ingresos gubernamentales. En 1997, por las modificaciones a la ley de Coordinación Fiscal, realizadas por el Congreso de la Unión, se introdujo una innovación que facilita la tarea de distinguir las dos vías, pues se creó el ramo 33 del

[18] Breves antecedentes de esa nueva ola de descentralización se hallan en Cabrero Mendoza *et al.*, "Claroscuros", pp. 334-336 (educación) y 349-352 (salud).

[19] Hernández Trillo, "¿Cómo disciplinar a los estados y municipios?", p. 79.

presupuesto federal de egresos. Cada año, ese presupuesto es aprobado mediante una ley expresa de la Cámara de Diputados del Congreso de la Unión. En dicha ley de egresos se incluye el ramo 28, correspondiente a las participaciones, y el ramo 33, correspondiente a las aportaciones.[20]

El resultado de las aportaciones es paradójico y aun contradictorio. En principio, se puede pensar que el creciente peso de las participaciones y las aportaciones federales en las finanzas de las entidades federativas se tradujo en el reforzamiento del papel del gobierno federal y de su sede, el DF/CDMX. Después de todo, México, como cualquier otro país en cualquier época, requería de un centro potente para mantenerse unido. Qué mejor que destinar una parte de la hacienda pública federal a tal propósito. Pero la decisión no dejaba de generar polémica. ¿De qué tamaño sería o debía ser la tajada federal que se entregaría a las haciendas provincianas? Al respecto, véase el cuadro 4.1, que estima el crecimiento de esa tajada desde 1973. No sobra decir que los diarios y otros medios de comunicación de varias ciudades del país empezaron a seguir con atención la fijación del monto federal anual mediante las dos vías. ¿Cómo no hacerlo, si los gobiernos de los estados y de los municipios del país dependían en grado creciente de esos fondos?

Sin embargo, las interpretaciones que proponen una mayor fortaleza federal después de 1990 tienen que matizarse, si no es que confrontarse y aun desecharse. Es así porque la creciente porción del dinero federal destinado a los gobiernos estatales (y municipales) contribuyó al debilitamiento de la hacienda federal, de por sí agobiada por su pequeño tamaño y por el cumplimiento de otras obligaciones presupuestales, como el gasto corriente, el combate a la inflación, el pago de la deuda (externa e interna) y las pensiones y jubilaciones, un fenómeno que conecta de otro modo los cambios de la población y la economía de México con el mundo.[21] En esa

[20] Desde 1917, el presupuesto de ingresos de la federación es aprobado tanto por los diputados como por los senadores del Congreso de la Unión; en cambio, el presupuesto de egresos es facultad exclusiva de la Cámara de Diputados. Algunos antecedentes del ramo 33, creado en 1997, en *CEFP 2006*, pp. 5-9. En pp. 10-36 se hallan las fórmulas con que se establecía la distribución de los distintos fondos de las aportaciones. El más importante, el de educación básica, consideraba el número de escuelas y la plantilla de plazas del personal educativo.

[21] En las últimas décadas, no se olvide, la población de casi todos los países ha tendido a envejecer a causa de la reducción de la tasa de crecimiento natural. En varios casos, como se ha visto, México ha seguido al mundo al pie de la letra. En países como Japón los últimos censos registran una baja en el número de habitantes. ¿Se convertirá esa baja en tendencia mundial? ¿México la seguirá?

Cuadro 4.1. *Peso de las participaciones y aportaciones federales otorgadas a las haciendas estatales en el presupuesto federal de egresos, 1970-2020 (millones de pesos corrientes)*

	Presupuesto federal de egresos (PFE)	*Partici-paciones*	*Aporta-ciones*	*Suma federal (participaciones + aportaciones)*	*Porcentaje de la suma federal en el* PFE
1970	72 229	734		734	1.02
1973	173 879	3 095		3 095	1.78
1980	1 683 412	73 639		73 639	4.37
1982	2 216 316	169 528		169 528	7.65
1985	15 792 561	1 250 000		1 250 000	7.92
1990	155 229 060	18 200 000	267 121	18 467 121	11.90
1995*	259 901	41 666	38 447	80 113	30.82
2000	1 195 313	154 020	196 021	350 041	29.28
2005	1 818 442	245 256	365 658	610 914	33.60
2010	3 176 000	382 677	603 534	986 211	31.05
2015	4 694 677	548 125	917 962	1 466 087	31.23
2020	6 107 732	766 070	1 023 042	1 789 112	29.29

*Millones de nuevos pesos.

Fuentes: Monto del presupuesto federal de egresos en *DOF*, leyes correspondientes, miércoles 31 de diciembre de 1969, sábado 30 de diciembre de 1972, lunes 31 de diciembre de 1979, jueves 31 de diciembre de 1981, lunes 31 de diciembre de 1984 (incluye participaciones a estados y municipios),sábado 31 de diciembre de 1988, viernes 29 de diciembre de 1989, miércoles 28 de diciembre de 1994, viernes 31 de diciembre de 1999, lunes 20 de diciembre de 2004, lunes 7 de diciembre de 2009, miércoles 3 de diciembre de 2014 y miércoles 11 de diciembre de 2019. Montos de las participaciones federales a los estados de 1970-1982, en *INEGI 1984*, cuadro 1.1.12. Participaciones y aportaciones federales a los estados de 1999-2020, en *INEGI 2021*.[a]

[a] Por otra fuente se sabe que en 1985 los estados recibieron por concepto de participaciones un total de 992 175 millones de pesos corrientes, mientras que los municipios recibieron 241,635 millones. Véase *INEGI 1990*, pp. 23 (estados) y 65 (municipios). Así que en realidad el porcentaje correspondiente al mencionado 1985 que debe ir en la última columna es de 6.28%, en lugar de la cifra más elevada que aparece. Es más elevada porque incluye las participaciones otorgadas a los municipios. Se dejó la cifra que incluye a ambos destinatarios, primero, porque no altera la tendencia y, segundo, porque permite conservar la coherencia de la fuente empleada en el resto de los años.

medida, el nuevo arreglo redujo la capacidad federal de gasto, lo que explica la sensible disminución de la inversión pública federal. Si bien dicho arreglo fortalecía al gobierno federal por el creciente otorgamiento de fondos a los gobiernos de los estados (y municipios), al mismo tiempo lo debilitaba porque disminuía su capacidad presupuestal. Tal capacidad se redujo a pesar del crecimiento de la hacienda pública mexicana en estos años (gráfica 2.1), en buena medida porque una parte de ella se dedicó al pago de la creciente deuda interna, incluida la de los bancos privados luego del terrible año de 1995 (el famoso Fobaproa). En contraste, la presión por el pago de la deuda externa, tan agobiante durante la década de 1980, disminuyó sostenidamente. Lo anterior, como se dijo, obedeció a las negociaciones y arreglos alcanzados en 1989 y 1990 con el gobierno estadounidense, con organismos como el FMI y con los acreedores.[22]

Conviene decir que, en ocasiones, en los estados y municipios se percibe a la hacienda federal como un recurso infinito y se cree que si sus dineros no alcanzan o no llegan se debe al capricho o al autoritarismo centralista-partidista del gobierno federal en turno. Por lo general, sin negar u omitir el elevado grado de discrecionalidad en la asignación específica de fondos federales, en los estados y municipios no se piensa en la pequeñez de esos recursos, derivada de la baja carga fiscal.[23] Hace recordar el modo en que en la década de 1950 se pensaba del agua subterránea; también se le consideraba infinita.

[22] La deuda federal como proporción del PIB ha aumentado de manera sustancial en las últimas décadas. En México rondaba 51.9% del PIB en 2020, contra 43.9% en 2015, 31.5% en 2010, 20.5% en 2005 y 19.9% en 2000. Véase Comunicado núm. 83 Finanzas públicas a noviembre.docx (hacienda.gob.mx) (consultado el 22 de enero de 2022). Otra cuenta obligada es estimar la trayectoria de la tajada de la hacienda federal destinada al servicio de la deuda. Según los presupuestos de egresos, el monto erogado ha aumentado de 7.3% en 2010 a 8.6% en 2015 y a 11.2% en 2020. Nada que ver con el monto de casi 30% de 1985, según se dijo. Véanse las leyes de egresos respectivas en *DOF*, lunes 7 de diciembre de 2009, miércoles 3 de diciembre de 2014 y miércoles 11 de diciembre de 2019. En varios países la deuda pública es mucho más elevada, como en el vecino del norte, que no es de los punteros en ese sentido.

[23] Durante la década de 1990 tal discrecionalidad era manifiesta. Véase Hernández Trillo, *Federalismo fiscal*, pp. 13-14. Además, se deben tomar en cuenta los cambios que trajo consigo la transición democrática en cuanto a la competencia electoral, tanto en el plano federal como en el estatal y municipal. Sobre esa competencia en el Congreso de la Unión, véase Reyes-Hernández *et al.*, "Ciclo político presupuestal"; en los estados, véase Velázquez Guadarrama, "Competencia política", y en los municipios, Unda, "Una hacienda".

José Antonio Meade, el entonces secretario de Hacienda, en junio de 2017 se pronunció sobre este asunto. Medio en broma, medio en serio (en una "declaración banquetera", a decir de uno de los dictaminadores), dijo que "al paso que vamos pediré apoyo a los gobernadores". ¿Significaría tal apoyo retornar a una especie de contingente o contribución federal? Habría que averiguar si el funcionario atisbaba como opción más o menos inevitable la reedición del arreglo del siglo XIX que obligaba a los gobiernos provincianos a contribuir al sostenimiento del gobierno federal. Sin dejar de considerar su carácter dicharachero, Meade no dejaba de ser el secretario de Hacienda. Por ello, en una perspectiva histórica larga (dos siglos), se puede preguntar si su aseveración era buena o mala noticia para el país en 2017.[24] ¿Tenían ese dinero los gobernadores, los presidentes municipales? Por supuesto que no. ¿Quién lo tenía entonces? Se hablará de ello más adelante.

La postura del secretario de Hacienda en turno ayuda a fundamentar el argumento sobre los términos del nuevo arreglo político que hizo posible el ascenso de las haciendas estatales y el descenso federal. En esa misma ocasión, el secretario Meade apuntó que 30% del presupuesto federal se destinaba a los estados y municipios, vía participaciones y aportaciones.[25] No decía nada nuevo. Como se aprecia en el cuadro 4.1, tal porcentaje llevaba al menos 30 años vigente, siendo que, antes de los acuerdos de 1972-1973, no llegaba ni a 2% del presupuesto federal. Desde entonces comenzó a aumentar. Además, el dicho aquel de que "el que paga manda" distaba de ser del todo cierto en este caso. Conforme el gobierno federal se debilitó, se acentuó la autonomía de los gobiernos locales, no su obediencia o sumisión. Numerosos episodios así lo documentan, entre ellos la rebelión

[24] *La Jornada*, jueves 8 de junio de 2017, "Estados deben mejorar en recaudación predial: Meade", nota de Roberto González Amador, y mismo diario, viernes 9 de junio de 2017, "Al paso que vamos pediré apoyo económico a gobernadores: Meade", nota de Roberto González Amador. En esta última nota, acorde con su idea de responsabilizar a los gobiernos locales de la baja carga fiscal del país, se lee: "Puso como ejemplo de la forma en que se debe fortalecer la recaudación de impuesto predial el caso de Acapulco, Guerrero. 'En ese lugar, uno de los sitios turísticos más conocidos de México en el mundo, algunos condominios pagan por mantenimiento del inmueble seis veces más de lo que enteran a la autoridad local por impuesto predial', dijo".

[25] *La Jornada*, miércoles 20 de septiembre de 2017, "Descarta Meade que se hereden finanzas débiles al próximo gobierno", nota de Israel Rodríguez. El funcionario calculaba ese 30% considerando un presupuesto federal de egresos de 5.2 billones de pesos para 2018.

tabasqueña del candidato priista a la gubernatura, Roberto Madrazo, en 1994-1995; el prolongado enfrentamiento oaxaqueño de 2005-2006, o el sonorense acueducto Independencia, obra del gobierno estatal (panista) entre 2011 y 2013, el cual se construyó a pesar de airadas protestas locales y en la capital del país. Vale preguntar en igual sentido si esa misma debilidad gubernamental da contexto (y más que contexto) al aumento del quehacer de la delincuencia organizada en el país en este mismo periodo.

No sorprende que en sus primeros años las aportaciones fueran de muy poca monta, comparadas con las participaciones. En 1989, el primer año con cifras disponibles en la serie del INEGI empleada aquí, las aportaciones significaban apenas 1% de las participaciones. Sin embargo, conforme avanzó el traslado o la transferencia de la administración de los servicios federales de educación y salud a los estados, el panorama inicial se invirtió. Al final de la última década del siglo, la relación entre ambas era por completo distinta. El cuadro 4.2 estima el crecimiento quinquenal de unas y otras. En 1998, en coincidencia con los cambios mencionados en la ley de Coordinación Fiscal del año anterior, que entre otras cosas crearon el ramo 33, las aportaciones rebasaron por primera vez el monto de las participaciones (19% más). El nuevo ramo absorbió las partidas que antes correspondían a los ramos 12, 24 y 25 del presupuesto federal.

En 2009, la distancia entre las participaciones y las aportaciones alcanzó su punto más alto, cuando las segundas superaron por 80% el monto de las primeras. Pero desde el año siguiente se aprecia el proceso inverso, consistente en el declive de las aportaciones y el alza de las participaciones, es

CUADRO 4.2. *Crecimiento quinquenal de las participaciones y aportaciones federales, 1990-2019 (tasas de crecimiento medio)*

	Participaciones	*Aportaciones*
1990-1994	9.45	176.41
1995-1999	4.19	50.98
2000-2004	6.49	16.21
2005-2009	5.41	13.47
2010-2014	4.59	7.51
2015-2019	4.68	2.44

FUENTE: Elaborado con base en el cuadro A2.

decir, lo contrario al rumbo iniciado en 1989. ¿Influyó la crisis económica de 2008-2009 en tal viraje? Por lo visto sí, sobre todo porque desde ese año se aprecia la nueva tendencia. Puede resultar confuso aseverar, como se hace aquí, que en 2016 la disparidad entre las aportaciones a la baja y las participaciones al alza se ahondó y por ello la diferencia entre ambas continuó reduciéndose, a 53% (80% en 2009) y a 34% en 2020. En 2017, el secretario de Hacienda declaraba que mientras las participaciones habían crecido 5.3% anualmente desde 2013, las aportaciones habían registrado un incremento más modesto, de menos de la mitad (2.3% anual).[26] ¿Por qué se acrecentó el envío de las participaciones federales y se redujo el de las aportaciones? Quizá porque, luego de la crisis de 2008-2009, los estados, al menos algunos de ellos, exigieron la mayor autonomía y discrecionalidad en el uso de las participaciones, sin importar el posible deterioro de la calidad educativa y de la salud pública, financiadas por las menguantes aportaciones federales. O quizá obedecía a una decisión federal que dejaba ver su impotencia o incapacidad para sostenerlas. Sea lo que fuere, el cambio es notable y misterioso para los autores de este trabajo. En el siguiente capítulo se verá en qué tipo de estados se aprecian esas tendencias en mayor o menor medida. ¿Acaso se prefirió disminuir las asignaciones federales a los estados más necesitados?

Hay que insistir en la paradoja que encierra este arreglo político. En una primera lectura, de nuevo, el aumento inicial de las aportaciones se puede entender como indicio del poderío político-presupuestal del gobierno federal. ¿Por qué? Porque las millonarias aportaciones constituyen un fondo destinado en su mayor parte al sostenimiento de los aparatos educativo y de salud del propio gobierno federal en las entidades federativas. Con ellas, como se dijo, este gobierno se imponía e imponía el destino del dinero enviado. Por tal razón, varios expertos sostienen que en realidad las aportaciones distaban de ser una descentralización y que más bien se debía hablar de una desconcentración o de un "federalismo centralista"; respondían más a necesidades e intereses del gobierno federal que a intereses y necesidades de los estados y municipios. En esa medida, agregan, se trataba de un ejercicio autoritario, porque en ambos ramos las funciones y orientaciones esenciales continuaban en manos del gobierno federal, con

[26] *La Jornada*, miércoles 8 de junio de 2017, "Estados deben mejorar en recaudación [del] predial: Meade", nota de Roberto González Amador.

sede en la Ciudad de México. ¿Tienen razón?[27] A nuestro modo de ver, no la tienen porque observan fortaleza donde hay debilidad; al menos así se desprende de las tendencias generales expuestas en estas páginas.

La descentralización así entendida fue impugnada en varios estados, en gran medida porque el monto de las aportaciones se consideraba insuficiente. Como consecuencia, los conflictos con el personal educativo y de la salud se convirtieron en focos rojos para varios gobiernos estatales; en ocasiones, alegaban algunos de ellos, se habían visto obligados a cubrir pagos con cargo a su frágil erario, pagos que en sentido estricto no les correspondían.[28] De hecho, en la ley de coordinación fiscal, reformada en diciembre de 2013, se lee (artículo 27-A) que "el Ejecutivo Federal y los gobiernos de las entidades federativas concurrirán en el financiamiento del gasto en servicios personales para la educación pública", siguiendo lo dispuesto por el artículo 25 de la entonces vigente ley general de educación. Más aún, se señalaba que el monto de las aportaciones dependería del número de plazas autorizadas por la SH. Cualquier contratación adicional de personal educativo, así como los aumentos salariales y de prestaciones, correrían "con cargo a sus propios ingresos", es decir, de los estados.[29] Aquí se vuelve a manifestar la tensión por la distribución de los ingresos gubernamentales. ¿Acaso los gobernadores, atendiendo las demandas y movilizaciones, contrataban mayor número de personal educativo y de la salud confiando en que más tarde el gobierno federal se haría cargo de ellos? Otros consideraban que la transferencia de los servicios federales a estados y municipios (la razón de ser de las aportaciones) había sido un fracaso y que por ello el gobierno federal debía recuperar esos servicios. ¿Se anunciaba de esa manera el final de la vía más reciente de los envíos de fondos federales a los estados

[27] Por ejemplo, Tello Macías, "Convención", p. 12.

[28] Un gobernador de plano intentó zafarse de los convenios correspondientes. En enero de 2022 la SCJN desechó la controversia constitucional, promovida en 2019 por el entonces gobernador de Michoacán, Silvano Aureoles. *Reforma*, jueves 20 de enero de 2022, "Impide SCJN a estados devolver educación básica a SEP", nota de Víctor Fuentes. El michoacano no alegaba nada nuevo. Desde 1991 y luego en 1999, varios funcionarios estatales habían advertido del riesgo de insuficiencias de los recursos federales destinados a la descentralización educativa; temían quedar obligados a absorber una parte del gasto involucrado, a costa de sus propios ingresos. Citado en Colmenares Páramo, "Retos", p. 430.

[29] La ley de coordinación fiscal en *DOF*, lunes 9 de diciembre de 2013, y la ley general de educación en la edición del martes 13 de julio de 1993.

y municipios, un arreglo presupuestal, político, que a ojos de algunos no funcionó?[30]

En fin, más que fijar la atención en las características que distinguen las participaciones de las aportaciones, importa reiterar la trayectoria del monto total del dinero federal entregado a las haciendas locales, el cual se mantuvo por encima del 80% de los presupuestos estatales (poco más de 81% en 2020).[31]

En los siguientes capítulos, este texto cambia su forma de exposición. Abandona las cifras totales para dar paso a la diversidad de las haciendas estatales, tanto por su tamaño y características (capítulo 5) como en términos geográficos (capítulo 6). Se intenta ir más allá con estimaciones de otro tipo, pretendidamente más finas. Luego de advertir las principales tendencias de las haciendas estatales y de su relación con la hacienda federal, ahora se trata de hacer distinciones entre las propias haciendas estatales. Ni por asomo eran semejantes; nunca lo habían sido a lo largo de 200 años de vida del país independiente y soberano. Se verá que en 1970-2020 no era lo mismo hablar de las haciendas de estados como Nuevo León, Baja California, el Estado de México y Quintana Roo, que de las de Oaxaca, Guerrero, Michoacán, Hidalgo y Durango. Además, ninguna era como la del DF/CDMX.

[30] La jefa de gobierno de la CDMX, Claudia Sheinbaum, declaró que tal sistema, iniciado en mayo de 1992, había sido ideado para enfrentar el conflicto sindical con los maestros, organizados en el Sindicato Nacional de Trabajadores de la Educación (SNTE), asediado por los maestros afiliados a la independiente Coordinadora Nacional de Trabajadores de la Educación (CNTE). Véase *La Jornada*, martes 11 de enero de 2022, "Sheinbaum contra la descentralización en salud y educación", nota de Alejandro Cruz Flores. Meses después, el gobernador de Jalisco expresó una postura contraria a la de la mandataria capitalina. Véase mismo diario, lunes 16 de mayo de 2022, "Jalisco se opondrá a federalizar el sistema educativo: Enrique Alfaro", nota de Juan Carlos G. Partida. Nótese el uso del verbo "federalizar" en esta última nota. "Federalizar" parecía volver por sus fueros, pues de nuevo se entendía como expansión del gobierno federal. El auge del federalismo, desde la década de 1970, le había dado el significado exactamente opuesto, es decir, como fortalecimiento y ampliación de las facultades estatales y municipales.

[31] Estimaciones elaboradas con base en *INEGI 2021*. Se debe aclarar que, en el caso del DF/CDMX, el pequeño monto de las aportaciones no es comparable con el del resto de las entidades federativas porque el gobierno federal continuó a cargo de los servicios federales en los dos ramos más importantes: educación básica y salud. Las aportaciones otorgadas por la SH se dedican a otros menesteres (seguridad, infraestructura).

5. TIPOLOGÍA DE LAS ENTIDADES FEDERATIVAS

Por la geografía histórica, México es un país diverso, desigual. La mayor parte de la población se ha asentado en las partes altas, más frías y áridas (las altiplanicies), y mucho menos en las costas húmedas y cálidas, aunque tachadas de insalubres y poco habitables. Lo anterior marca diferencias con respecto a Europa, Asia y varios países del continente americano, donde el poblamiento de los litorales es el mayoritario. En ese aspecto, además, México ha cambiado poco desde 1500, según lo deja ver la trayectoria de la densidad de población. Así que, a diferencia de otros lugares del planeta, la abundancia de agua y de ríos, quizá por el pequeño tamaño de esas corrientes (que dificultaba su navegabilidad), ni por asomo ha sido decisiva. En su lugar, se ha apostado por las lluvias estacionales, en su mayor parte de verano, de unos 700 milímetros al año en promedio. No es difícil entender por qué. Tal precipitación posibilita la agricultura de temporal (milpa), que ha prevalecido en mayor medida que las de inundación y de riego, más rendidoras y seguras, pero también más exigentes de humedad y trabajo y, seguramente por eso, más pequeñas.

Diversidad mexicana

¿Cómo captar esa diversidad en una investigación de esta naturaleza? La respuesta es complicada porque la geografía histórica también se compone de la diversidad generada por la economía, por las tendencias productivas, la base de toda fiscalidad. Como resultado, hay zonas bajas y húmedas poco pobladas que sin embargo generan (o generaban hasta hace poco) gran riqueza (zonas de Veracruz, Tabasco, Campeche, Quintana Roo), y otras poco pobladas, de mayor altitud y más secas que no lo hacen (de Zacatecas); hay zonas muy pobladas y ricas (del Estado de México) junto a otras muy pobladas y pobres tanto en las altiplanicies (de Hidalgo, San Luis Potosí) como en el litoral (de Oaxaca, Guerrero) o en el árido norte (zonas de Durango); en varios lugares el crecimiento de la población se ha desplomado a lo largo del siglo XX, mientras que en otros se aprecia exactamente lo contrario.

La situación se hace más diversa con el tiempo, por el declive de ciertas actividades económicas. Durante siglos, la minería de la plata fue la base de la riqueza del país y de sus vínculos con la economía mundial; animó el poblamiento mediante la apertura y apropiación de tierras para la explotación económica (agricultura, ganadería, bosques), y el nacimiento de numerosas localidades y rutas, una de ellas el llamado "Camino Tierra Adentro" (Ciudad de México-Santa Fe). Pero a inicios del siglo XX dejó de ser así. Ni la nueva minería industrial, como la de cobre de Cananea o la de carbón del norte de Coahuila, remedió la debacle extractiva así entendida, salvo el petróleo, singularísima materia prima de gran valor mercantil, sobre todo después del conflicto con la Organización de Países Exportadores de Petróleo, de 1973. Pero en México el petróleo ha venido a menos desde 2005.

Algo muy parecido a lo ocurrido con la minería sucedió con la agricultura, con el campo en general. Durante siglos, quizá hasta los años de 1950, la economía rural fue uno de los principales motores de la economía nacional. La mayoría de los mexicanos obtenía la subsistencia de ella, formaba grandes fortunas y, por consiguiente, generaba algunos de los principales debates políticos sobre la naturaleza del país y su devenir, en particular sobre la tenencia de la tierra, el agua y los bosques. Pero durante el siglo XX, en especial durante la segunda mitad, el campo se vio arrasado, incluidas las viejas y las nuevas zonas de agricultura de riego (el Bajío y La Laguna, de un lado, y los valles costeros situados entre Culiacán y la Costa de Hermosillo, de otro), por el mayor dinamismo de las ciudades, la industria y los servicios.

Minería y agricultura, criaturas predilectas del modelo agroexportador y luego del modelo de sustitución de importaciones, quedaron como cosas del pasado, entendidas como base de la riqueza económica nacional. De ello habla su declinante aportación al PIB, como se aprecia en las cuentas nacionales mexicanas, por lo demás un fenómeno mundial. Lo mismo se puede decir de los principales movimientos de inconformidad, resistencia y protesta social. La inconformidad rural empezó a quedar atrás; en cambio, la urbana, cada vez menos obrera y cada vez más de colonos, estudiantes y mujeres, ganó preponderancia. En todo ello, México siguió las tendencias dominantes en el mundo. De nuevo, la indiferencia emparentada con la ignorancia, en este caso con respecto a la historia mundial, es cada vez más insostenible.

Además, gracias a las nuevas fuentes de energía (la electricidad y la proveniente del petróleo), generalizadas en el mundo entero desde 1870, la población mexicana se movió con mayor intensidad, conforme se extendieron los ferrocarriles, que no tardaron en abandonar el vapor y adoptar el diésel, y más tarde las carreteras, que posibilitaron la circulación de vehículos impulsados por gasolina y diésel. Los principales movimientos de la migración interna comprueban dicha diversidad. A lo largo del siglo XX prevaleció el patrón, común en buena parte del mundo, basado en la migración del campo a la ciudad, el modelo rural urbano. Esa migración levantó a la Ciudad de México, Guadalajara, Monterrey y varias localidades de la frontera norte. Sin embargo, en las últimas décadas se vio superada por otro patrón, el de ciudad-ciudad, cada vez más frecuente y de mayor cuantía en el mundo conforme avanzó la urbanización.[1]

El periodo de este trabajo corresponde al último tercio del siglo XX y primeras dos décadas del siglo XXI. Entre 1970 y 2020, México se consolidó como país urbano; la población de ese tipo, asentada en localidades de más de 15 000 habitantes, pasó de 56 a 74% del total.[2] El grueso de la población, cada vez más longeva, educada y con menos hijos, sobrevivía gracias a las actividades económicas de las ciudades. En 2020, México distaba de ser el de 1900 y aun el de 1970. En este último año, su población superaba por poco los 48 millones de habitantes, mientras que en 2020 registró 126 millones, una vez y media más. La economía de 1970 era entre cinco y seis veces más pequeña que la de 2020. Por la diferencia entre el crecimiento de la población (una vez y media) y el de la economía (cinco veces), el ingreso per cápita (la división del PIB entre el número de habitantes) aumentó considerablemente en estos años. De nuevo, tal ascenso no reviste ninguna singularidad, pues lo mismo ocurrió, y a mayor escala, en el mundo.

[1] Sobrino, *Historia*, cuadros 10 y 20.

[2] Este avance urbano significa que aún en 2020 una cuarta parte de la población mexicana (33 millones de habitantes) continúa viviendo en el campo, una proporción mayor que la de otros países ricos y no tan ricos, como Estados Unidos, Argentina, Venezuela, Uruguay, Brasil y aun Chile. La proporción es casi similar a la de Francia y España, pero inferior a la más abundante de Alemania y Rusia.

Qué de sorprendente tiene entonces que las haciendas de las entidades federativas mexicanas sean diversas si viven de una sociedad igualmente diversa. Hay entidades más boyantes que otras, más pobladas que otras, más productivas que otras. Además, varias de ellas se han empobrecido al compás del vaivén económico que dejó atrás las viejas glorias, esto es, la minería y la agricultura. En Zacatecas se habla de suprimir numerosos municipios, mientras que en Baja California se acaban de formar dos. Las glorias de antaño han sido sustituidas por entidades más urbanas, dedicadas sobre todo a actividades industriales y de servicios, en particular el comercio y el turismo. En 1900, Durango, Veracruz y Yucatán eran entidades ricas, pero en 2020 se hallaban entre las pobres. Y a la inversa, las entidades costeras de Quintana Roo y las de la península de Baja California, casi invisibles en 1900, sobresalen hoy día por su prosperidad.

Cabe preguntar de nuevo cómo captar esa diversidad en una investigación sobre las haciendas estatales. A nuestro modo de ver, el índice más útil es el ingreso per cápita, un método común en esta clase de indagaciones, calculado con base en el PIB y el monto de los ingresos gubernamentales. Se le denomina ingreso gubernamental (IG, en adelante). El IG combina población y economía, dos de los tres aspectos considerados en los párrafos anteriores. Como se verá, la geografía se cuece aparte. El IG recoge la conexión sociedad-Estado señalada en el primer capítulo. No se olvide que este indicador se estima con base en los ingresos gubernamentales, una pequeña, aunque creciente, porción del PIB, según se expuso antes (gráfica 2.1).

Conviene destacar el componente poblacional del IG. A diferencia de la fiscalidad, el monto de población de cada entidad federativa no obedece al quehacer gubernamental sino a movimientos demográficos, entre ellos las características del mercado laboral. Éste ayuda a explicar en gran medida la trayectoria de la población, en particular el llamado crecimiento social, formado por el monto de la migración interna, ya sea que reciba o expulse habitantes (saldo entre inmigración y emigración). En las últimas décadas, el crecimiento social es importante conforme ha disminuido la tasa del crecimiento natural, resultante a su vez del saldo entre nacimientos y defunciones. En el siglo XX, este vaivén migratorio se aprecia en varios lugares, como en el Estado de México y Veracruz. Al inicio del siglo, el Estado de México era uno de los principales expulsores de población, pero al final se había convertido en lo opuesto, es decir, uno de los principales destinos de la inmigración interna. Veracruz vivió lo contrario, esto es, una elevada inmigración en 1900 y elevada emigración en 2000. El extinto Distrito Federal sigue de cerca el rumbo del estado de Veracruz.

Se debe insistir en que este conjunto de cambios obedece poco a medidas de los gobiernos, sean federales o estatales, al Estado, en una palabra, y más en México, cuya hacienda pública es muy pequeña; de cualquier modo, la influencia del Estado no se debe pasar por alto, así sea más débil de lo que en general suponíamos o seguimos suponiendo. Los cambios tienen que ver más con la sociedad, con los movimientos de la población y con la economía. La industria, de elevada productividad económica, ha sido decisiva. Nuevo León, Jalisco y el Estado de México se industrializaron, la capital nacional se desindustrializó y Veracruz no se industrializó del todo. En los últimos años, varias entidades federativas del centro del país (San Luis Potosí, Aguascalientes y sobre todo Guanajuato y Querétaro) han ganado plantas industriales. En contraste, en numerosas entidades no existe ni ha existido una industria significativa. Además, las fábricas y en general las empresas se mueven, en el mundo y en México, siguiendo cálculos de costo-beneficio. En 1950 no había plantas maquiladoras en el país; el auge de la segunda posguerra las hacía innecesarias. Pocos años después, sin embargo, el declive general las volvió indispensables para la economía mundial y para la de países como México.

El IG se presenta de dos maneras. La primera considera el total de los ingresos brutos y la segunda el de los ingresos propios. En ambos casos, se elabora mediante la división del monto de los ingresos gubernamentales, sean brutos o propios (en pesos de 2020), entre el número de habitantes, según los censos decenales. Las limitaciones del IG son casi obvias (como la escasa desagregación), pero es difícil hallar otro modo de acercamiento a la trayectoria general a lo largo de estos 50 años. El IG permite distinguir las tendencias de las haciendas estatales y su ubicación en el tiempo y en el espacio, virtudes cruciales para este trabajo. Desde ahora se ruega no perder de vista el cuadro 3.3, que presenta la trayectoria general de los ingresos estatales, distinguiendo los tipos y ramos de mayor peso.

En cuanto a la geografía, como se verá en el próximo capítulo, se puede decir que el escenario no ha variado gran cosa, lo que constituye un dato significativo por sí mismo. Ayuda a entender el papel de la fiscalidad, así como el carácter de la relación sociedad-Estado en México.

Ingresos brutos estatales totales (IBET)

Conviene explicar por qué es necesario distinguir los ingresos brutos estatales totales (IBET) de los ingresos propios estatales totales (IPET). El principal motivo es que los ingresos brutos permiten considerar el peso de los dineros federales en la configuración de cada una de las 32 haciendas estatales. Ignorar esa participación federal llevaría a un acercamiento en gran medida infructuoso. ¿Cómo pensar en un ámbito tributario propio, libre y soberano, de cada entidad federativa, si difícilmente existe como tal, en virtud del peso de sus relaciones económicas y políticas con el resto del país, aun desde su nacimiento en 1824, cuando se creó el contingente? Quizá la hacienda estatal exista en muy elevados términos abstractos o formales, de derecho fiscal, como expresión de la soberanía de cada entidad federativa. Pero ese tipo de análisis corre el riesgo de acabar hablando de haciendas estatales de otro planeta.

Según se ha expuesto, el monto de las participaciones y aportaciones federales ganó creciente importancia en el tamaño de los ingresos brutos estatales. Además, el monto de esos fondos federales depende de fórmulas generales (nacionales) en las que no intervienen gobernantes y gobernados de las distintas entidades federativas sino sus representantes en el Congreso de la Unión. Son los diputados federales y los senadores quienes participan en la elaboración de las leyes que las contienen. Así ocurre cada vez que las fórmulas se establecen o modifican (en 1972-1973, 1978, 1990, 1996, 2007, 2012, 2016, al menos). Es una manifestación de la naturaleza de la república federal, una forma de organización política ratificada a lo largo de la historia del país independiente.

En 1980, como se dijo, entró en vigor la primera ley de coordinación fiscal de carácter general. En ese momento, la fórmula para determinar el monto de las participaciones daba mayor peso a la recaudación de impuestos federales alcanzada en cada entidad federativa, lo que se denomina criterio resarcitorio. El razonamiento que subyacía a la fórmula premiaba a los más eficientes, según ese punto de vista, o a los más boyantes, según otro punto de vista. Este último, más crítico, a la postre se impuso, porque la fórmula inicial, vigente durante la década de 1980, se traducía en el otorgamiento de cantidades más elevadas de dinero federal vía participaciones a los estados más ricos, es decir, a los que recaudaban mayores montos de impuestos federales, en especial de ISR e IVA.

Ante el carácter regresivo del federalismo fiscal, que hacía que las transferencias de fondos federales reforzaran la desigualdad entre las entidades federativas, en diciembre de 1990 la fórmula general agregó el criterio demográfico, es decir, el monto de población de cada entidad como forma de moderar el efecto regresivo y dejar de dar más dinero federal a los estados más ricos. Surgió así el llamado criterio redistributivo. Por supuesto, las entidades federativas afectadas protestaron airadamente: el nuevo criterio las afectaba. Eran las más ricas y, por consiguiente, las de mayor recaudación y, por tanto, aquellas que hasta entonces recibían los mayores montos de participaciones federales, en particular el Distrito Federal y Nuevo León. Por así decir, la equidad, medida por índices per cápita, ganó terreno a la prosperidad, medida a su vez por la recaudación absoluta de impuestos federales en cada entidad federativa. Desde 1991 y hasta 2007, prevaleció el criterio redistributivo, que buscaba remediar en parte, al menos mediante las participaciones, la situación de las entidades más pobladas y rezagadas. Pero en 2007 el gobierno federal, como también se dijo, abandonó el énfasis redistributivo y recuperó el denominado criterio resarcitorio con el que había nacido la coordinación fiscal en 1980.[3]

Llama la atención que en la última etapa (2000-2020), la de baja moderada de los envíos federales a las haciendas estatales, participaron por igual gobiernos del PAN, PRI y Morena. Por consiguiente, la filiación partidista no parece tener influencia en el rumbo de las tendencias que resultan de las decisiones y medidas tributarias tomadas. ¿Acaso se trata de una peculiaridad de las historias fiscales? Por así decir, se trata de tendencias de largo plazo, de difícil modificación, ya que dependen de negociaciones y arreglos —muchos de ellos coyunturales (de corto plazo, ante un entorno económico y fiscal generalmente adverso), en el Congreso de la Unión de manera preponderante—, aunque también de la participación de los gobernadores y de sus funcionarios del ramo, ya sea de forma individual o en grupo, como la Conago. Quizá la excepción sean las decisiones de la década de 1990. En este caso, vale insistir, la determinación de acrecentar los envíos federales a las provincias se tomó en las alturas del propio gobierno federal, interesado

[3] Detalles de los cambios de 1990 se exponen en Castañeda Ortega, *Nuevas fórmulas*, pp. 109-115. En particular —se lee en p. 110—, se adoptó "un criterio de equidad o igualación, con el 45.17% del fondo general, en proporción directa al número de habitantes que tuviera cada entidad en el periodo de que se trate". Al respecto, véase Colmenares Páramo, "Retos", p. 422, y Arechederra Mustre y Urzúa, "La ley", pp. 6-8.

en descentralizarse y abandonar responsabilidades nacionales directas, si bien a costa de su presupuesto. Sea como fuere, se sostiene el parteaguas de 1990, porque marca el aumento insospechado del peso federal en las haciendas de las entidades federativas.

Con esta periodización en mente, es oportuno exponer ahora algunos resultados que intentan detallar la diversidad de las haciendas estatales. Empecemos con las buenas noticias.

Al ordenar la lista de mayor a menor monto de IBET per cápita a precios constantes de 2020, resaltan tres cambios que son buenas noticias (cuadro 5.1). El primero es que la división entre el monto más alto y el más bajo del IBET per cápita disminuyó de manera sostenida, de casi 11 veces en 1970 y 1980, a siete en 1990, a casi cuatro en 2000 y a dos en 2010 y 2020.[4] En segundo lugar, el movimiento anterior se tradujo en el aumento moderado de entidades federativas ubicadas por encima del promedio nacional, a pesar de la caída de 1990. De 11 en 1970 y 1980 se redujeron a ocho en 1990, y luego aumentaron a 13 entre 2000 y 2020. El tercero y último cambio es que el DF/CDMX abandonó su lugar preponderante de 1970, coherente con la época que llegaba su fin. Acorde con el nuevo modelo de distribución de los ingresos gubernamentales, descendió de manera sostenida, lo que confirmó su declive prolongado. Así, de ocupar el segundo lugar en 1970, pasó al tercero en 1980 y 1990, al quinto en 2000, cayó al séptimo en 2010, aunque volvió al sexto en 2020. Como resultado, aún en 1970 (y en 1973) el dinero federal se destinaba en gran medida a la capital del país; en 2020, ni por asomo.[5] Se debe decir, sin embargo, que el declive capitalino genera dudas y preocupaciones que se discutirán más adelante.

Estos movimientos exhiben una mejor distribución de los envíos de fondos federales en el periodo de estudio, algo que nos debe alegrar. La bue-

[4] En 1970, el monto del IBET per cápita más alto correspondía a Baja California Sur y el más bajo a Oaxaca; en 1980, el más alto correspondía a Baja California y el más bajo a Hidalgo; en 1990, el más alto otra vez a Baja California y el más bajo a Michoacán; en 2000, Campeche ascendía al primer lugar y Yucatán descendía al último; en 2010, el más alto era Coahuila y el más bajo Guanajuato, y en 2020, el más alto era Quintana Roo y el más bajo Puebla. Los montos de población parecían decisivos.

[5] Se debe advertir que en *INEGI 1984* no se consignan participaciones federales para el Distrito Federal para los años 1970-1973. No significa que no las recibiera. Por ello, se emplean las cifras de otra fuente, correspondientes a 1973. Véase Farías Hernández, "Aspectos financieros", anexo 2.

na noticia se puede confirmar por otra vía. A semejanza de lo que hacen los demógrafos con respecto a la llamada jerarquía urbana (dividen el número de habitantes de la localidad urbana más poblada entre los habitantes de la siguiente localidad, en distintas fechas), consideramos aquí el primero y el segundo lugares en cuanto al monto de los IBET. El resultado es claro, pues la proporción entre ellos ha disminuido de manera drástica, de seis veces en 1970 a una y media en 2020. Lo anterior refuerza la certeza de que la distribución del dinero federal ganó equidad en el periodo considerado, en vista de la reducción de la distancia entre entidades entre un año y otro. Lástima que su monto sea tan pequeño con respecto al PIB, según se dijo.[6]

Ahora bien, el cuadro 5.1 presenta los resultados más llamativos, ordenados por el monto decreciente del IBET per cápita. Conviene recordar que éste se refiere a los ingresos brutos estatales, por lo que incluye los envíos federales, tanto por la vía de las participaciones como de las aportaciones.

Para tratar de hacer menos pesada la exposición, en el cuadro 5.1 sólo se incluyeron las primeras y las últimas seis entidades federativas. Cabe hacer varios comentarios. El primero es que se evidencia el cambio de épocas, es decir, entre 1970 y los años siguientes. En 1970 los primeros seis lugares los ocupaban cuatro de las entidades más ricas (según el PIB per cápita), así como aquellas de menor población; no por casualidad se contaba entre ellas uno de los dos últimos territorios federales que en 1974 se convirtieron en estados libres y soberanos (en este caso Baja California Sur; el otro era Quintana Roo). En contraste, las últimas seis entidades correspondían al centro y el sur del país, varias de ellas de discreta economía y elevada población, este último un rasgo muy antiguo. El segundo comentario es que, aun con su pequeño monto, el dinero gubernamental respaldaba la desigualdad regional del país, aspecto que se tratará en el siguiente capítulo; por ahora sólo conviene mencionar la frecuencia con que aparecen estados como Baja California y Nuevo León en los primeros lugares. Sin embargo, en las décadas siguientes dos entidades federativas petroleras, ambas de

[6] No es difícil estimar el peso económico de los fondos federales. Según la gráfica 2.1, el monto total del ingreso tributario federal en 2020 ascendió a 15% del PIB. Si se consideran como ciertas las declaraciones de 2017 del entonces secretario de Hacienda, acerca de que 30% del presupuesto federal se destinaba a los gobiernos locales, el monto ascendería a poco menos de un tercio del 15% de la carga fiscal, es decir, 4.95% del PIB. El porcentaje declarado por el funcionario se confirma con las cifras empleadas en este texto (cuadro 3.3).

Cuadro 5.1. *Primeras y últimas seis entidades federativas por monto de los ingresos brutos estatales totales (IBET) per cápita, 1970-2020*

1970	*1980*	*1990*	*2000*	*2010*	*2020*
Primeras seis entidades					
BCS	B. California	B. California	Campeche	Coahuila	Q. Roo
DF/CDMX	N. León	N. León	B. California	Campeche	Colima
Q. Roo	DF/CDMX	DF/CDMX	BCS	Q. Roo	Campeche
Nuevo León	Tabasco	Tabasco	Tabasco	Zacatecas	Tabasco
Sonora	BCS	Jalisco	DF/CDMX	Tabasco	Sonora
B. California	Q. Roo	Sonora	Colima	BCS	DF/CDMX
Últimas seis entidades					
Michoacán	Michoacán	Guerrero	Jalisco	S. L. Potosí	Hidalgo
Chiapas	S. L. Potosí	S. L. Potosí	Michoacán	Hidalgo	Querétaro
Puebla	Guerrero	Guanajuato	Puebla	B. California	Jalisco
Querétaro	Puebla	Hidalgo	Guanajuato	Jalisco	Morelos
Hidalgo	Zacatecas	Puebla	México	Puebla	Guanajuato
Oaxaca	Hidalgo	Michoacán	Yucatán	Guanajuato	Puebla

Fuente: Elaborado con base en *INEGI 2021*.

escasa población (Tabasco y sobre todo Campeche) y elevadas participaciones federales, se sumaron a entidades de muy baja población y creciente actividad turística (de nuevo, Baja California Sur y, sobre todo, Quintana Roo). El DF/CDMX, como se dijo, desapareció de la lista de punteros al caer al séptimo lugar en 2010 y al sexto en 2020.

Otro comentario es que, al fijar la atención en las últimas seis entidades federativas en los años seleccionados, se advierte que el carácter regresivo de los envíos de fondos federales se mantuvo, pese a todo. Lo anterior se desprende del hecho de que en este grupo de entidades (las seis últimas) no figura ningún estado norteño y sí, en cambio, destaca la frecuencia de entidades situadas en el centro del país, de mayor población, como Guanajuato y Puebla, a veces acompañadas por Hidalgo, Michoacán y San Luis Potosí. Hay que subrayar la aparición, entre los últimos lugares, de estados como Jalisco, Guanajuato y Querétaro, más boyantes en cuanto a economía, pero de población más elevada, en especial los dos primeros.

El cuadro 5.1 también permite formar dos grupos de entidades federativas muy distintos entre sí en términos fiscales. El primero corresponde a las primeras seis entidades, que exhiben los siguientes rasgos: *a*) mayor recaudación de impuestos, *b*) mayor endeudamiento, *c*) menor peso de los envíos federales en sus ingresos brutos y *d*) después de 2000, montos de participaciones y aportaciones que tienden a igualarse. En contraste, el segundo grupo, conformado por las últimas seis entidades, se caracteriza por los rasgos opuestos: *a*) baja recaudación de impuestos, *b*) menor endeudamiento, *c*) elevado peso de los envíos federales y *d*) después de 2000, elevadas aportaciones frente a participaciones más pequeñas y en declive. Las entidades federativas restantes se hallan entre ambos grupos, como Chihuahua y Veracruz, cuyas particularidades se revisarán más adelante. Situación peculiar registra la hacienda del DF/CDMX, según se explicará. Otra fuente confirma que las entidades con mayores ingresos brutos se endeudaban en mayor medida.[7]

[7] Al cierre de 2020, las entidades más endeudadas en términos absolutos eran aquellas que registraban los mayores ingresos brutos, mayores montos del PIB y de participaciones federales, a saber, la Ciudad de México, Nuevo León y el Estado de México. Según esta fuente, las que menos se endeudaban eran Tlaxcala (en realidad sus municipios porque, como se verá, el gobierno estatal dejó de contratar deuda), Querétaro y Baja California Sur. Véase *CEFP 2021*, p. 7.

CUADRO 5.2. *Principales diferencias entre las primeras y las últimas seis entidades federativas según el peso porcentual de varios ramos de los ingresos brutos estatales totales (IBET), 1990*

	IBET *per cápita (pesos de 2020)*	I/IBET	D/IBET	P/IBET	A/IBET	SF/IBET	IP/IBET
Promedio nacional	4632	2.77	7.24	59.89	1.02	60.91	39.09
Primeras seis entidades							
BC	13018	1.79	24.62	33.27	2.55	35.82	64.18
N. León	12164	3.11	0.00	22.71	0.87	23.59	76.41
DF/CDMX	10609	18.49	1.32	50.76	0.06	50.83	49.17
Tabasco	9479	0.34	0.00	91.42	0.00	91.42	8.58
Jalisco	6362	3.97	0.00	36.44	2.10	38.54	61.46
Sonora	6098	4.94	0.00	74.54	0.00	74.54	25.46
Promedios	9998	5.44	4.32	51.52	0.93	52.46	47.54
Seis últimas entidades							
Guerrero	2604	3.79	9.91	57.29	4.35	61.64	38.36
SLP	2079	1.00	1.63	85.07	0.00	85.07	14.93
Guanajuato	2044	1.13	0.00	74.23	0.20	74.42	25.58
Hidalgo	1919	2.25	0.00	91.67	0.00	91.67	8.38
Puebla	1844	2.23	0.00	83.42	0.00	83.42	16.58
Michoacán	1784	1.98	0.00	73.87	4.13	78.00	22.00
Promedios	2046	2.06	1.92	77.59	1.45	79.04	20.96

IBET = ingresos brutos estatales totales, I = impuestos, D = deuda, P = participaciones, A = aportaciones, SF = suma federal (participaciones más aportaciones), IP = ingresos propios.

FUENTE: estimado con base en *INEGI 2021*.

Es importante señalar que después de 2000 las aportaciones, en comparación con las participaciones, se convirtieron en nuevo indicador en virtud de sus trayectorias y destinos tan diferentes. No se olvide además que, mientras las aportaciones fueron a la baja después de 2010, las participaciones aumentaron. Por ello, con base en ese indicador, se puede proponer una especie de ley del federalismo fiscal: a mejor situación hacendaria, menor peso de las aportaciones; y a la inversa: a peor situación hacendaria, mayor peso de las aportaciones. En ambos casos, por "situación hacendaria" se entiende la importancia de la recaudación de impuestos en el monto de los ingresos brutos. Los impuestos son un indicador poderoso, aunque no infalible, como se verá. Ayuda a dar sentido a este auténtico mar de información. La mayor o menor recaudación de impuestos puede fungir incluso como criterio de ordenación de las haciendas estatales y aclarar su trayectoria. Así se hará en el próximo capítulo.

Una manera de mostrar la heterogeneidad de las haciendas estatales es seguir de cerca el comportamiento de los cuatro rasgos empleados para formar los dos grupos, de acuerdo con el IBET/per cápita (cuadro 5.1). Para ello se recurre a los porcentajes, según se aprecia en el cuadro 5.2, correspondiente al año de 1990.

De nuevo, el cuadro 5.2, relativo al año de 1990, deja constancia de por lo menos dos mundos hacendarios muy distintos. En el grupo de las primeras seis entidades federativas, definido con base en el cuadro 5.1, se aprecia una mayor recaudación de impuestos como porcentaje de los ingresos brutos totales y una mayor proporción de la deuda. Como ambos son ramos de los ingresos propios, su mayor tamaño implica por consecuencia un menor peso de los envíos federales. Se podrá alegar que la presencia del DF/CDMX da lugar a sobreestimaciones, pero, si se elimina, las diferencias entre los dos grupos se sostienen.

En contraste, el segundo grupo de seis entidades del cuadro 5.2 exhibe una menor recaudación de ingresos propios (menores impuestos y deuda como proporción de los ingresos brutos totales) y, en consecuencia, mayor peso del dinero federal. Pero hay excepciones, como Tabasco, ubicado en el primer grupo, con una muy baja recaudación de impuestos, sin deuda y con un elevado ingreso gubernamental per cápita. Sin duda, el alto monto de las transferencias federales, dada la condición petrolera de la entidad, explica la combinación tan rara. No en balde es uno de los estados en los que el dinero federal es más notable. El caso tabasqueño exhibe la distorsión

Cuadro 5.3. *Principales diferencias entre las primeras y las últimas seis entidades federativas según el peso porcentual de varios ramos de los ingresos brutos estatales totales (IBET), 2010*

	IBET per cápita (pesos de 2020)	*I/IBET*	*D/IBET*	*P/IBET*	*A/IBET*	*SF/IBET*	*IP/IBET*
Promedio nacional	18691	2.76	6.90	30.97	48.84	79.82	20.18
			Primeras seis entidades				
Coahuila	26654	1.37	42.26	21.17	29.03	50.19	49.81
Campeche	26292	5.55	3.04	36.85	50.49	87.34	12.66
Q. Roo	25320	4.05	29.78	24.56	36.50	61.06	38.94
Zacatecas	23025	1.13	14.43	25.64	55.70	81.34	18.66
Tabasco	22845	2.10	0.00	47.05	48.22	95.28	4.72
DF	21506	18.57	4.13	40.29	16.24	56.53	43.47
Promedios	24274	5.46	15.61	32.59	39.36	71.96	28.04
			Seis últimas entidades				
SLP	15657	2.20	0.63	29.91	59.60	89.51	10.49
Hidalgo	14990	2.99	0.00	30.17	59.19	89.35	10.65
BC	14724	4.33	4.51	38.61	47.55	86.16	13.84
Jalisco	14513	2.97	2.45	37.84	47.30	85.14	14.86
Puebla	13747	2.13	4.59	33.45	56.29	89.75	10.25
Guanajuato	12881	3.47	3.23	34.76	51.96	86.72	13.28
Promedios	14419	3.01	2.57	34.12	53.65	87.77	12.23

IBET = ingresos brutos estatales totales, I = impuestos, D = deuda, P = participaciones, A = aportaciones, SF = suma federal (participaciones más aportaciones), IP = ingresos propios.

Fuente: estimado con base en *INEGI 2021*.

provocada por el envío, monto muy considerable en este caso, de dineros federales. Otra excepción, más complicada, es Guerrero, con alta recaudación de impuestos, elevado endeudamiento y malas cuentas en otros indicadores, según se verá. Habrá que revisar si las localidades turísticas (en particular Acapulco) explican la alta recaudación tributaria. Pero es un enigma que amerita una investigación detallada.

Estas tendencias se consolidaron en los años siguientes. Para facilitar la lectura del texto, sólo se incluye otro cuadro (el número 5.3), con las mismas cifras, pero ahora correspondientes a 2010. Este año es importante porque, si bien refleja el impacto de la crisis mundial de 2008-2009, con reducciones de montos e indicadores a la baja, también exhibe la maduración de una tendencia general de las haciendas estatales, iniciada apenas en 1990, a raíz de la aparición y el crecimiento explosivo de las aportaciones federales, según se dijo. Unas por otras.

El lugar preponderante de Coahuila llama la atención en el cuadro 5.3. Obedece a un hecho excepcional, extraordinario, que obliga a irse con cuidado en este tipo de indicadores. Se trata del elevado monto de la deuda contratada ese año de 2010 (21 000 millones de pesos, una cuarta parte de los 85 000 millones del monto del endeudamiento de todos los estados ese mismo año). Fue obra, según se mencionó, del gobierno del primer Moreira (porque luego hubo un segundo, su hermano Rubén, continuidad familiar que se repite en el vecino Zacatecas con los hermanos Monreal; quizá sea rasgo o riesgo de la soberanía estatal). Quintana Roo también se endeudó de manera notable, aunque en menor medida. Sea como fuere, el ejemplo coahuilense sirve para confrontar la validez de estos indicadores, pues el panorama de un año puede variar a causa de la contratación de deudas de gran tamaño que explican el monto tan bajo de los impuestos con respecto a los ingresos brutos, como se aprecia en el cuadro 5.3 en los casos de Coahuila, Quintana Roo y Zacatecas. En 2010 aparece de nuevo Tabasco, con elevados montos de envíos federales que la hacen la entidad, si bien ubicada en el grupo de mayores ingresos per cápita, de mayor dependencia hacendaria (95 de cada 100 pesos de su hacienda provienen del envío federal). No contrató deuda ese año. También se mencionó que el cuadro 5.3 refleja bien el incremento del endeudamiento de los estados entre 2000 y 2010, aunque se haya prescindido muy a nuestro pesar del cuadro correspondiente al año 2000, que consignaría las muy bajas cifras del endeudamiento, casi insignificante ese año, y más por el contraste con su elevado monto de 1990. Lamentamos esa decisión que se explica por nuestra intención de facilitar la exposición del argumento. Como se vio, a lo largo de las primeras dos décadas del nuevo siglo, en particular después de la crisis de 2008-2009, se percibe el retorno del endeudamiento elevado.

Los dos cuadros anteriores registran otros movimientos. Por un lado, el aumento notable del peso federal en las haciendas estatales (SF/IBET), de 60.9% en 1990 (cuadro 5.2) a 79.8% en 2010 (cuadro 5.3); por otro, como eslabón del aumento federal, se aprecia el gran incremento de las aportaciones y el declive de las participaciones. Ambos fenómenos fueron comentados con anterioridad. El peso federal es particularmente significativo en las entidades petroleras (Tabasco y Campeche), en las que rebasa 87% del total de los ingresos brutos estatales totales. Y a la inversa, para decirlo de nuevo, el dinero federal es menos evidente en las entidades con mayores índices de recaudación propia vía impuestos y endeudamiento, como Baja California. Se ruega atender las diferencias entre ambos grupos en las respectivas filas de promedios. También se nota el intento de combatir la desigualdad regional mediante las transferencias federales. Que Jalisco, Guanajuato y Baja California se hallen en los últimos lugares expresa esa intención; lo mismo la incorporación de Zacatecas entre las primeras seis entidades, incluso por encima del DF/CDMX. Habrá que revisar las inconformidades que generó este movimiento entre los estados perjudicados.

Como sea, es clara la relación entre el mayor monto de ingresos propios y el menor peso de los envíos federales, en particular el declive de las aportaciones, según se verá más adelante.

Ingresos propios estatales totales (IPET)[8]

Ahora corresponde exponer la segunda modalidad del IG, que considera los ingresos propios de las haciendas estatales. Como se dijo, además de la federal, sólo existe la soberanía tributaria de los estados. En contraste con los ingresos brutos, los ingresos propios sí dependen del gobierno de cada entidad federativa; son manifestación del ejercicio cotidiano de la soberanía tributaria estatal. Es así porque los legisladores locales son los que elaboran

[8] Se debe recordar que los ingresos propios estatales totales (IPET) se estiman restando la cantidad que arroja la suma de las participaciones y las aportaciones federales al monto de los ingresos brutos estatales totales (IBET) de cada entidad federativa y de cada año.

las leyes tributarias (sin contravenir la Constitución general, a menos que se arriesguen a la intervención administrativa y legal de la SH y la ASF y, sobre todo, la constitucional de la SCJN) y porque los montos de sus haciendas varían según las características de la economía estatal y las virtudes y defectos de su administración tributaria. En este caso, no hay escapatoria.

El ejemplo de uno de los principales ramos tributarios estatales en el siglo XXI, el impuesto a las nóminas, presupone la existencia de numerosas empresas.[9] ¿Qué sucede si no las hay en la cantidad y tamaño deseables? ¿A quién culpar de la mala situación? ¿A la geografía, a la población, a la economía, a la sociedad, en suma? ¿Pero cómo pelearse con semejantes enemigos? Mejor señalar a villanos más a la mano. ¿No acaso por ese tipo de razonamientos se prefiere responsabilizar a los antecesores al frente del gobierno o al centralismo autoritario del gobierno federal en turno, o a la corrupción? ¿O es que un gobierno estatal culpará al de otro estado de su mala situación (como una escasa recaudación propia) durante largos periodos? No es remoto que Durango haya protestado contra Nuevo León por la explotación del rico mineral del Cerro del Mercado, la fuente de material ferroso de la fundidora de Monterrey desde 1920. Pero es difícil sostener que el envío de esa materia prima sea la única explicación de la situación declinante de la población y la economía del estado durangueño entero (y no sólo de sus finanzas públicas) a lo largo del siglo XX. ¿O por ventura Chiapas ha protestado desde 1965 por el destino nacional de la electricidad generada por las aguas del río Grijalva? Ya se mencionó que Veracruz fracasó en su intento por obtener una porción del ingreso petrolero en las primeras décadas del siglo XX. A fines de 2021 el gobierno de la CDMX peleaba con los gobiernos de los vecinos estados de México y Morelos por los derechos vehiculares. Los automóviles se adquirían en la capital nacional, pero las placas y la tenencia se pagaban en las otras entidades, a causa de las menores tarifas.[10] Este pleito es una manifestación del mundo de los

[9] Sobre ventajas y desventajas de este impuesto, columna vertebral de los ingresos tributarios de las haciendas estatales, véase Ruelas Ávila e Izquierdo Reyes, "Fatiga", pp. 37-39.

[10] Según un periódico, la CDMX perdía cada año entre 7000 y 15000 millones de pesos, esto es, entre 3 y 8% de los ingresos brutos del gobierno local en 2020. Véase *Reforma*, sábado 4 de diciembre de 2021, "Pierde CDMX millonada porque burlan tenencia", nota de Fernando Merino; mismo diario, domingo 5 de diciembre de 2021, "Evade 52.5% de autos emplacar en la CDMX", nota de Iván Sosa y Fernando Merino; *Excélsior*, sábado 4 de diciembre de 2021, "El 47.5% de los vehículos que circulan en la CDMX porta placas

contribuyentes, en este caso de los más pudientes o al menos de aquellos con capacidad para adquirir un automóvil. El menor costo fiscal daba razones para hacer trámites y pagos en una entidad federativa distinta a la de su residencia y a aquella en que se compraba el propio vehículo. También es reflejo de la renaciente anarquía tributaria, incluida la competencia entre entidades federativas, tan combatida por la SH durante la primera mitad del siglo XX.[11]

Antes se vio la trayectoria de la aportación federal a los ingresos brutos de las haciendas estatales. ¿Qué decir ahora de esas mismas haciendas en relación con sus ingresos propios, con sus fuentes propias? ¿Cómo se comportan en el tiempo? Del recorrido realizado en el apartado anterior resultó un perfil hacendario que conviene retomar ahora. Por un lado, se nota la importancia creciente del dinero federal (vía participaciones y aportaciones), pero por otro se advierte el alza de dos ramos de los ingresos propios, los impuestos y el endeudamiento. El tamaño de las haciendas estatales no se entiende sin esos tres componentes: el dinero federal, los impuestos y la deuda.

Este tramo del trabajo considera solamente dos ramos de los ingresos propios, precisamente los impuestos y la deuda. En general, son los más importantes, mucho más que las entradas por contribuciones, derechos, productos y aprovechamientos. El único ramo más o menos significativo que queda fuera de este acercamiento es el de la seguridad social, un ingreso que vino a mucho menos sobre todo después de 2001. En 1990 era 6.7 veces mayor que el total de la recaudación de impuestos de todos los estados, pero en 2020 el monto alcanzado (24 000 millones) representaba apenas una cuarta parte de ese mismo ingreso (105 000 millones). Se desechó además porque en la fuente no aparece con la regularidad deseable; se registra entre 1989 y 2009, pero desaparece entre 2010 y 2013. Reaparece entre 2014 y 2020, con cifras muy discretas, como se acaba de decir.

---

locales", nota de Wendy Roa. Aquí se lee que un porcentaje similar poseía placas del Estado de México y el resto de Morelos. El monto de los ingresos brutos del gobierno de la CDMX en 2020, en *INEGI 2021*.

[11] El número de contribuyentes relacionados con la SH por entidad federativa, desglosados por 20 ramos de actividad económica, se halla en *AEGEF 2014* y *AEGEF 2019*, cuadro 17.2, en ambos casos. Contiene información correspondiente a los años 2012, 2013, 2017 y 2018. Sin duda, esta dimensión merece una investigación concienzuda, empezando por su geografía.

Considerando esa inconsistencia, se procede ahora a mostrar la importancia de los impuestos y la deuda en la configuración de los ingresos propios de las haciendas estatales. Para ello nos servimos del cuadro 5.4.

Cabe aclarar que en este cuadro la ordenación de las entidades federativas es distinta a la empleada en los anteriores (cuadros 5.1, 5.2 y 5.3), ya que obedece al criterio del mayor o menor peso de la sola recaudación de impuestos. Usar este indicador es una apuesta arriesgada; se confía en la importancia crucial de la cobranza de los impuestos y de la capacidad de las haciendas locales para llevarla a cabo. Aunque, según se vio, no es infalible, se insiste en él considerando que la recaudación de impuestos viene siendo algo así como la madre de todo ámbito hacendario.

Se dijo antes que el monto de la recaudación por concepto de impuestos puede variar por razones no tributarias, como la contratación de una deuda elevada o por el monto de los envíos federales. Tal es la limitación de este indicador. La contratación de una deuda cuantiosa en el mismo periodo reduce el porcentaje de la recaudación de impuestos. También ocurre a la inversa: el peso de dicha recaudación puede agrandarse si no se contratan préstamos o si se contratan por un bajo monto en el año considerado. Igual ocurre con el tamaño de las transferencias federales. Así que estos cuadros se deben revisar con pinzas.

El cuadro 5.4 confirma la existencia de dos mundos hacendarios muy distintos, aunque no de manera clara. Así lo indica la presencia, en 2020, de entidades como Campeche, Zacatecas y Tlaxcala encabezando la lista, mientras que Sonora se halla en el grupo de las seis entidades de indicador más bajo. Ello refleja bien el riesgo de tomar la recaudación de impuestos como criterio de ordenación, según se dijo antes. Pero, aun así, habrá que imaginar lo que significaba el hecho de que en 1990 en el mismo país existiera una entidad federativa que obtenía vía impuestos casi 38% de sus ingresos propios junto a otra que recaudaba menos de 0.5%. Sin embargo, con el paso de los años, la diferencia entre los extremos tendió a reducirse de manera sustancial, como resultado de un alza generalizada de los ingresos propios vía la recaudación de impuestos. La trayectoria de la entidad peor posicionada en este indicador (Oaxaca) parece resumir el rumbo de la tendencia general: pasó de apenas 0.32 en 1990 a 8.18% en 2020. ¿En verdad resume tal tendencia? ¿Habla acaso de un empeñoso esfuerzo estatal que debe congratularnos?

Cuadro 5.4. *Primeras y últimas seis haciendas estatales según el porcentaje de la recaudación de impuestos con respecto a los ingresos propios estatales totales (IPET), 1990-2020*

1990		*2000*		*2010*		*2020*	
Promedio nacional	7.09		20.18		13.66		25.88
			Primeras seis entidades				
DF/CDMX	37.55	Guerrero	59.47	Colima	62.33	Campeche	62.21
Tamaulipas	31.52	México	54.22	Querétaro	53.09	DF/CDMX	55.92
Hidalgo	27.06	Tamaulipas	53.10	Tabasco	44.50	Puebla	51.36
México	26.45	Baja California Sur	47.95	Aguascalientes	44.15	Zacatecas	46.91
Morelos	24.82	Sonora	45.27	Campeche	43.80	Tlaxcala	46.52
Chihuahua	22.46	DF/CDMX	38.23	DF/CDMX	42.72	Querétaro	44.67
Promedios	31.55		49.71		52.81		59.00
			Últimas seis entidades				
Veracruz	3.69	Tlaxcala	8.79	Michoacán	9.39	Colima	23.86
Durango	3.36	Campeche	8.60	Zacatecas	6.07	Tabasco	21.47
Baja California	2.78	Zacatecas	8.46	Oaxaca	5.80	Sonora	16.24
Coahuila	1.59	Baja California	5.57	Tlaxcala	5.24	Veracruz	16.18
Campeche	0.61	Oaxaca	5.32	Veracruz	3.34	Quintana Roo	10.50
Oaxaca	0.32	Veracruz	3.79	Coahuila	2.74	Oaxaca	8.18
Promedios	2.19		6.76		5.43		15.99

Fuente: Elaborado con base en *INEGI 2021*.

Fijar la atención en la recaudación de impuestos es importante porque en torno a ella se concreta la soberanía tributaria. Los demás ramos de los ingresos estatales (contribuciones, derechos, productos y aprovechamientos) tienden a ser más pequeños, regulares y constantes, salvo que se registre un acontecimiento extraordinario, como la venta de bienes gubernamentales. Estos ramos tienen que ver con la existencia propia del aparato gubernamental. En contraste, los impuestos responden a la relación con la población y la economía, mediante ramos tributarios específicos, con tasas, rangos y mecanismos de recaudación y control.

Por su parte, la contratación de deuda pública obedece a una decisión legal del gobierno estatal. Debe cumplir, al menos en términos formales, con las previsiones de la ley de ingresos vigente, aprobada cada año por el Poder Legislativo local.[12] En dicha ley se establece un tope del endeudamiento anual que, se supone, debe ser acatado con todo rigor. Es así porque las deudas cuestan y exigen erogaciones presupuestales, algo que no se debe olvidar. Por tal razón, el monto de la deuda es otra expresión de la soberanía local, resultado del acuerdo entre dos poderes locales, el Legislativo y el Ejecutivo, como ocurre con las demás leyes fiscales; un gobernador no puede, en principio, contratar préstamos más allá del mandato de la ley de ingresos. También deja ver el dominio, más o menos amplio o más o menos precario, del Ejecutivo estatal sobre el Congreso local. Éste es otro tema de investigación que espera a las nuevas generaciones.[13] Como se dijo, las participaciones federales, cada vez más abundantes, a pesar de sus vaivenes se emplean como garantía para la contratación de empréstitos.

Para terminar, cabe resaltar dos aspectos que resultan de este ejercicio. Por una parte, se constata la mayor equidad en la distribución de los dineros federales entre las 32 entidades federativas. Al compás del ascenso estatal, la equidad ganó terreno. Como se ha intentado documentar, lo anterior se hizo a costa de las entregas federales al DF/CDMX, cuya magnitud vino a menos de manera consistente a lo largo de las cinco décadas del periodo que abarca este estudio. Sin duda, hubo un esfuerzo deliberado y explícito

[12] Recuérdese que en México el Poder Legislativo local siempre ha sido unicameral. No existe, como en el vecino país del norte, Cámara de Senadores en las entidades federativas.

[13] Desde el año 2000, Tlaxcala no contrató deuda sino hasta 2005, y luego en 2006 y 2007. Desde 2008 no ha vuelto al mercado de crédito. Es un caso por demás singular. ¿Puede un gobierno estatal gobernar sin endeudarse durante 12 años? Parece exagerado, como lo es el otro extremo, el de Coahuila, mencionado antes.

por equilibrar la distribución interna de esos fondos, reduciendo el peso federal en la capital del país y otorgando esos mismos fondos a los estados en su mayor parte y, en menor medida, a los municipios.

Por otra parte, queda clara la desigualdad entre entidades, la cual se nota de diversas maneras. Dos grupos de entidades sobresalen, según este modo de hacer las estimaciones. De un lado, el de aquellas con mayores ingresos propios vía recaudación de impuestos, mayor endeudamiento y, por consecuencia, menor peso federal en sus haciendas públicas; y, de otro, el de aquellas con menores ingresos en vista de la baja recaudación de impuestos, menor endeudamiento y, por consiguiente, mayor peso de los fondos federales en los ingresos de sus haciendas públicas. Tales son los componentes de nuestra propuesta de tipología de las haciendas estatales. Como se dijo, la relación entre participaciones y aportaciones federales se convirtió en otro indicador que refleja bien la diferencia entre ambos grupos, como se verá.

Los rasgos que distinguen a uno y otro grupos de entidades federativas tienen una clara expresión geográfica, según se expondrá en el siguiente capítulo. En él, se hará énfasis en tres aspectos. El primero tiene que ver con la trayectoria de las dos vías principales del envío de fondos federales, las participaciones y las aportaciones. El segundo se refiere a la hacienda del DF/CDMX, distinta a todas las demás, en gran medida por la decisión de suprimir los municipios en 1928, pero también porque su lugar en el escenario nacional cambió radicalmente a partir de 1973, con base en el arreglo que impuso un nuevo modo de distribución de los ingresos gubernamentales. Y el tercero compara las haciendas públicas de dos entidades federativas de las que se ha hablado poco, principalmente porque se hallan en la medianía, aunque no en la misma medianía, por así decir. Se trata de Chihuahua y Veracruz.

6. SOBRE GEOGRAFÍA TRIBUTARIA

Destacan varios aspectos geográficos. El más importante es que, por el pequeño tamaño de la hacienda mexicana, el impacto geográfico del ingreso gubernamental (IG) per cápita no alcanza a modificar la situación general derivada del PIB per cápita, indicador que capta la geografía económica en términos más amplios. Puede decirse, en consecuencia, que el ingreso per cápita, que resulta de la división del PIB entre la población, no requiere de mayores precisiones a partir del IG per cápita. Las diferencias que se aprecian entre las entidades federativas según el PIB per cápita se conservan o mantienen si se les mira con base en las estimaciones del IG per cápita. De nuevo, no podía ser de otro modo si, como se vio, la hacienda pública mexicana es pequeña. Por tal razón, los fondos federales que se transfieren a las entidades federativas (y a los municipios), a pesar de su aumento y mayor equidad, palpables entre 1970 y 2020, no son significativos en términos de la geografía económica. Así que la pregunta de si México es un país más igualitario en 2020 que en 1970, crucial entre los expertos de la denominada convergencia regional, no se puede responder con la información disponible, salvo afirmando que la situación de 1970 es prácticamente idéntica a la de 2020.[1] Esos fondos gubernamentales son como una gota

[1] El meollo en este sentido es en qué periodos y en qué entidades el PIB per cápita crece a mayor o menor ritmo. Por ejemplo, Arroyo García ("Dinámica", p. 596) afirma que entre 1980 y 1985 las entidades con el ingreso per cápita más bajo, casi todas ubicadas en el sureste, crecieron a mayor ritmo que aquellas de per cápita más elevado (algunas del centro y del norte). Pero en los siguientes 15 años la situación se invirtió, favoreciendo con mayores tasas de crecimiento a las entidades de per cápita más elevado. Como resultado, la convergencia regional se redujo, es decir, el país era más desigual en 1999 que en 1980. Sobre el escaso impacto de la asignación de fondos gubernamentales a los municipios, véase Hernández Trillo y Jarillo Rabling, "Transferencias", pp. 144-145.

MAPA 6.1. *PIB e IBET per cápita, 1970*

Número de estados

	Por encima de la media	Por debajo de la media
PIB	12	20
IBET	11	21

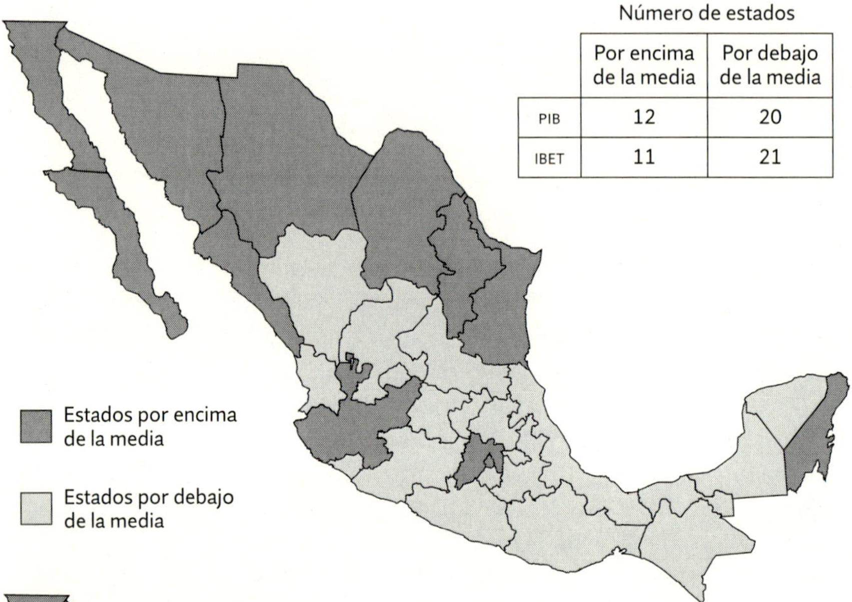

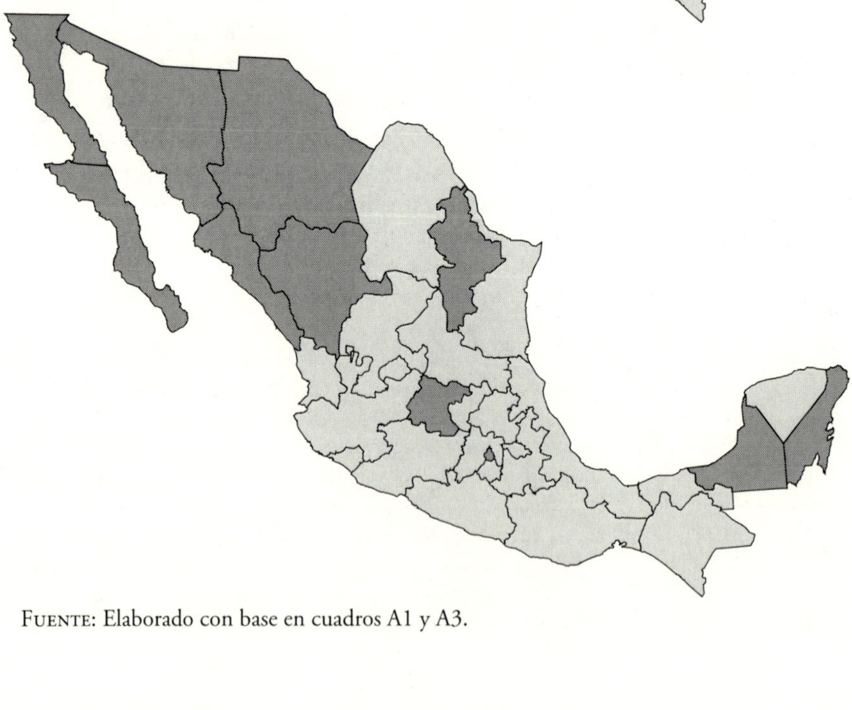

FUENTE: Elaborado con base en cuadros A1 y A3.

MAPA 6.2. *PIB e IBET per cápita, 2020*

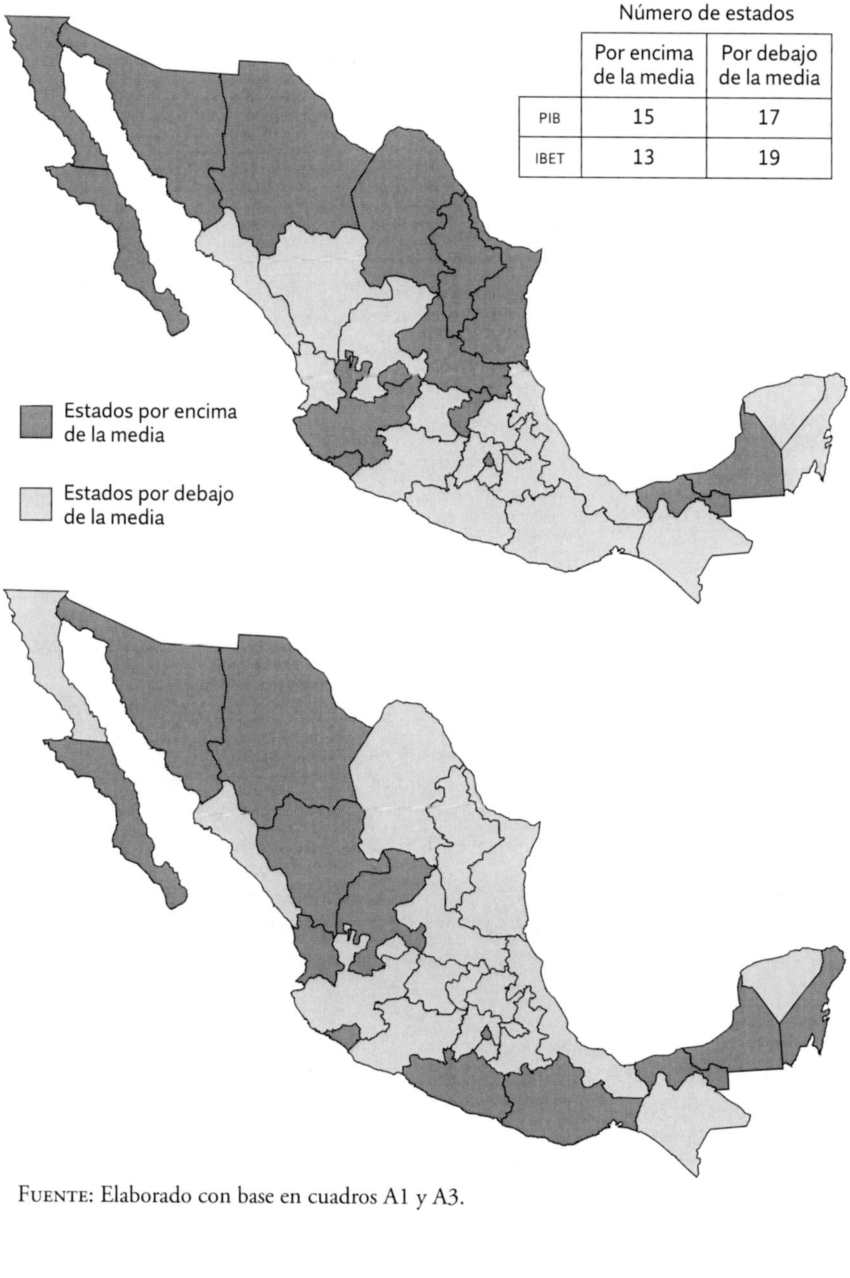

Número de estados

	Por encima de la media	Por debajo de la media
PIB	15	17
IBET	13	19

FUENTE: Elaborado con base en cuadros A1 y A3.

de agua en el océano de la desigualdad nacional; muestran de otro modo el costo de contar con una hacienda pública tan pequeña.[2]

Lo que llama la atención de esta cartografía es el número y la localización de las entidades federativas según el indicador del IBET per cápita entre 1970 y 2020. De manera general, lo anterior se nota, en primer lugar, en el aumento de las entidades por encima del promedio general. En segundo lugar, se advierte en la dispersión de los beneficios del gasto gubernamental, como reflejo del intento del Estado mexicano por moderar la desigualdad económica, según se anotó en el capítulo anterior. Pero es significativo el hecho de que el aumento del número de entidades federativas por encima del promedio nacional se aprecie más por efecto de decisiones gubernamentales que por efecto de cambios económicos, es decir, del PIB per cápita. Revela, sí, la mayor eficacia de la acción gubernamental, pero al mismo tiempo exhibe sus límites más claros. Muy moderado es su impacto ante una economía que en general ha preservado sus rasgos desiguales.

La conclusión anterior se fundamentará en el primer tramo de este último capítulo, referido a las diferencias regionales en cuanto a la trayectoria de las participaciones y las aportaciones federales.

[2] El panorama es más grave si se toma en cuenta que en los últimos 30 años las haciendas estatales redujeron el gasto destinado a la inversión pública. Y es difícil imaginar el combate a fondo de la desigualdad social y de la pobreza sin la inversión productiva, uno de los fundamentos más seguros del crecimiento de la economía. Con base en *INEGI 2021*, se puede decir que el gasto en nóminas y servicios generales disminuyó de casi 32 a 25% del gasto total de los estados entre 1990 y 2020; los rubros que más aumentaron fueron el pago de la deuda, que pasó de casi 5 a casi 7%, y sobre todo el de transferencias y subsidios, de 13 a 47% del total. Las asignaciones a municipios variaron entre 14 y 17%. La que de plano se desplomó fue precisamente la inversión pública: de casi 15 a 3% en el mismo lapso. Mayor pago de deuda y mayores transferencias y subsidios, por un lado, y, por otro, disminuciones en el gasto corriente y en la inversión pública resumen la trayectoria del gasto estatal total entre 1990 y 2020. También véase *ASF 2018* (pp. 48-49), sobre el destino del gasto en las haciendas estatales de los fondos provenientes de las participaciones federales de 2018. Respecto de la relación entre competencia político-electoral y crecimiento económico en las entidades federativas entre 1993 y 2015, véase Velázquez Guadarrama, "Competencia política", p. 105. Aquí se lee que el gasto en transferencias y subsidios tiene poco impacto en el crecimiento económico porque se destina "generalmente [...] a políticas clientelares".

¿Dos países?

Conviene retomar una asignatura pendiente apuntada en páginas anteriores acerca de la orientación geográfica, continua y sostenida, de las participaciones y las aportaciones federales. Éstas no sólo son las principales vías del envío de fondos federales a los gobiernos provinciales a lo largo del siglo XX y del periodo de estudio; no sólo se distinguen por su antigüedad y por sus propósitos, y tampoco por su manejo, uno discrecional y el otro condicionado o etiquetado. Además de esas diferencias, así como de sus vaivenes entre 1970 y 2020, según se ha expuesto, se intentará mostrar ahora que también son distintas si se les mira en términos de geografía histórica. Para decirlo en pocas palabras, aun antes de los cambios introducidos en 2007, las participaciones federales siguieron de cerca la contribución económica de las entidades más prósperas, mientras que las aportaciones se destinaron sobre todo a las entidades de economía más pequeña, quizá por esa razón las de mayores requerimientos de mayor apoyo federal. En este ámbito, México tampoco exhibe singularidad alguna. Abundan los países con zonas más prósperas que otras; por ejemplo, el norte y el sur de Italia, el sur y el norte de Brasil, la zona del litoral con respecto al interior en China, o California y Wyoming en el vecino país del norte. Lo distinto es la magnitud de las diferencias y la manera de enfrentarlas. En Canadá, por ejemplo, todavía existen tres territorios federales.[3]

El cuadro 6.1 es elocuente. Presenta dos grupos formados por seis entidades federativas cada uno, de acuerdo con el resultado de la simple división entre el monto de las aportaciones y el de las participaciones (A/P). En primer término, se enlistan las seis entidades con el indicador más elevado, es decir, aquellas en que las aportaciones superan en mayor medida a las participaciones; en segundo término, se presentan las seis con el indicador más bajo. Se consideran únicamente los montos de tres años (2000, 2010 y 2020), puesto que al principio de la serie disponible (los años de 1989 y 1990) las aportaciones no eran significativas; apenas daban sus primeros pasos. Pero recuérdese que para el año 2000 el monto de las aportaciones superaba al de las participaciones.[4]

[3] Sobre las diferencias en las formas de transferencias federales en Brasil, Venezuela y México, véase Díaz-Cayeros, "El federalismo".

[4] Vale insistir en esta forma de estimación. Un indicador más elevado (igual o mayor que 1) significa que las aportaciones son cada vez mayores que las participaciones; en con-

Cuadro 6.1. *Primeras y últimas seis entidades federativas según la división entre aportaciones y participaciones federales, 2000-2020*

2000		*2010*		*2020*	
		Primeras seis entidades			
Guerrero	2.625	Oaxaca	3.091	Guerrero	2.481
Oaxaca	2.249	Guerrero	2.780	Oaxaca	2.430
Michoacán	1.743	Zacatecas	2.172	Hidalgo	1.940
Hidalgo	1.723	Michoacán	2.055	Zacatecas	1.875
San Luis Potosí	1.643	Nayarit	1.999	Michoacán	1.824
Nayarit	1.577	San Luis Potosí	1.993	Durango	1.742
Promedios 1	2.453		2.348		2.049
		Últimas seis entidades			
Querétaro	1.193	Jalisco	1.250	Baja California	1.063
Guanajuato	1.174	Baja California	1.231	Sonora	1.013
Nuevo León	0.979	México	1.172	Nuevo León	0.971
Tabasco	0.602	Nuevo León	1.083	México	0.936
DF/CDMX	0.133	Tabasco	1.025	Jalisco	0.816
Yucatán	0.000*	DF/CDMX	0.403	DF/CDMX	0.365
Promedios 2	1.272**		1.027		0.861
División de promedios 1 y 2	1.928		2.286		2.380

*En este año, Yucatán fue el único estado que no recibió aportaciones federales, sólo participaciones.

**En este caso, sólo se consideraron cinco entidades.

Fuente: Elaborado con base en *INEGI 2021*.

El cuadro 6.1 intenta documentar el destino tan diferente de las participaciones y las aportaciones federales, diferencia que se ha profundizado entre 2000 y 2020, sin importar el cambio introducido en 2007, según se describió en el capítulo anterior. Tal distancia se aprecia en la última fila del cuadro 6.1, que estima la desemejanza creciente entre los promedios de

traste, un indicador más bajo (igual o menor que 1) significa que las participaciones tienden a ser mayores que las aportaciones. Conforme el indicador supera y se aleja del 1, las aportaciones tienden a ser mayores; significa que se ensancha la diferencia entre las aportaciones y las participaciones. La división entre ambas determina el indicador.

ambos grupos. Además, pese a los vaivenes, hay entidades que se mantienen en uno y otro grupos a lo largo de esos 20 años. De un lado, entidades como Guerrero, Oaxaca y Michoacán, y del otro, Nuevo León y el DF/CDMX, junto con Jalisco, el Estado de México y Baja California. Nada nuevo. Más bien, como se dijo, estas cifras de las finanzas públicas confirman la desigualdad de la geografía histórica mexicana. Al mapear esa distribución, como hace la cartografía que se incluye, no se hallará sorpresa alguna. Del cuadro 6.1 llama la atención la desaparición de Tabasco en 2020. ¿Acaso sus participaciones disminuyeron al compás del declive petrolero?

Otro modo de expresar esta desigualdad geográfica surge de relacionar los resultados del cuadro 6.1 con los del cuadro A4. Éste contiene la diferencia que resulta de dividir el monto de los fondos federales enviados (vía participaciones y aportaciones) a cada una de las entidades federativas, entre el monto de la recaudación federal de ISR e IVA lograda en cada una de ellas en los años 2000, 2012 y 2018, los únicos con información comparable. El resultado es que en 2018 había ocho entidades que recibían menos de lo que recaudaban, es decir, que el monto recibido del gobierno federal era inferior al monto de la recaudación de los dos impuestos federales mencionados. Esas entidades, *superavitarias* se podrían llamar, se hallaban con mayor frecuencia entre aquellas con menor índice en cuanto a la división entre aportaciones y participaciones. Dicho de otra forma, el índice del cuadro 6.1 tiende a ser consistente con el resultado de la estimación de la diferencia entre el envío de fondos federales y el monto de la recaudación federal en cada una de las 32 entidades federativas (cuadro A4). Con esos resultados se puede afirmar que en 2018 ocho de esos estados financiaban los envíos federales destinados a los 24 restantes.

En apariencia, entre esas ocho entidades superavitarias según la lista del cuadro A4 (aquellas que recaudaron más de lo que recibieron) hay algunas sorpresas, pero no lo son tanto si se toma en cuenta el tipo de impuesto federal considerado. La preponderancia del IVA como resultado de la actividad aduanera marca la diferencia. Las entidades superavitarias en 2018 eran la Ciudad de México, Colima (aduana de Manzanillo), Tamaulipas (aduana de Nuevo Laredo), Nuevo León, Veracruz (aduana del puerto), Baja California, Quintana Roo y Querétaro. Se trata de la diferencia entre un impuesto directo (ISR) y uno indirecto (IVA), ambos federales. Es más que significativo el hecho de que, si se eliminan las tres entidades con grandes aduanas, en las cinco restantes con índice inferior a 100 (aquellas que recaudaron más de lo que recibieron de la SH) la mayor parte de la recaudación federal provenía del ISR, signo de mayor potencia económica y mejor capacidad recaudatoria. Un caso que merece análisis detallado es Baja California, donde la recaudación del ISR superaba por poco a la del IVA en los tres años revisados. Se menciona lo anterior por la existencia de las importantes aduanas de Tijuana y Mexicali.

Entre 1990 y 2010, conviene recordarlo, tuvo lugar un elevado crecimiento de las aportaciones, cuyo monto pronto rebasó al de las participaciones (cuadro 4.2). Pero también se apuntó que, desde 2010, las autoridades gubernamentales, sin distingos político-partidistas, impulsaron la tendencia opuesta, es decir, favorecieron el crecimiento de las participaciones y redujeron el de las aportaciones. Se consignó el misterio que provocaba tan evidente cambio de tendencia a ojos de estos autores.

Por lo pronto, genera dudas y preguntas, todas preocupantes. Conviene formular algunas de ellas. ¿Acaso fue tan influyente la ruptura de 2007 con respecto al cambio de 1990 que intentó modificar la marcada preferencia otorgada a la mayor prosperidad económica en el cálculo de las participaciones según el diseño original de 1980? No lo parece, según se dijo, porque la tendencia se aprecia desde años antes. ¿Acaso el destino geográfico tan diferente de las participaciones y las aportaciones sugiere que se dio forma por la vía fiscal a dos maneras de gobernar el país? Dicho en términos burdos, ¿una manera para los estados ricos y otra para los estados pobres? Por lo visto, sí, dado el destino de una y otra vías. ¿Acaso el crecimiento de las participaciones se acrecentará en el futuro y serán cada vez mayores a tal grado que pronto igualarán y volverán a superar, como ocurría en los primeros años de 1990, a las aportaciones? ¿Acaso a fin de cuentas la salida al escenario nacional que se está dando y consolidando en la última década es la de privilegiar la economía y conceder por ello mayor peso a las participaciones, calculadas desde 2007 con base en el llamado criterio resarcitorio, es decir, el más regresivo? No es que se deseen mayores montos de aportaciones, pero preocupa que la nueva tendencia acabe reforzando los rasgos más regresivos y por ello más favorables a la desigualdad económica regional que, pese a los esfuerzos en contrario realizados entre 1990 y 2007, entrañaban las participaciones federales. No se olvide además que el manejo de los dineros de las participaciones siguió siendo discrecional, mientras que el de las aportaciones era condicionado o etiquetado.

¿Acaso en entidades como Guerrero, Oaxaca, Hidalgo, San Luis Potosí, Zacatecas y Durango se configuró, por medio de mayores aportaciones, una forma de gobierno cada vez más autoritaria, centralizada y dependiente del gobierno federal, con haciendas estatales mucho menos libres y soberanas? ¿Acaso ya se rindió el gobierno federal en sus esfuerzos por combatir la desigualdad social y geográfica?

Una estimación señala que la Ciudad de México y los estados de México, Nuevo León, Jalisco, Baja California y Sonora, los mismos que aparecen entre las entidades de mayores participaciones y menores aportaciones (cuadro 6.1), producían más de 47% del PIB en 2020; en otras palabras, casi la mitad de la economía nacional provenía de apenas seis entidades (si bien su aportación en 1970 era todavía mayor, pues ascendía a 55%).[5] En 2020, ese mismo grupo atraía una proporción muy semejante de las participaciones (46%). En contraste, el segundo grupo de seis entidades federativas, cuya aportación conjunta al PIB se mantuvo constante entre 1970 y 2020 (pasó de 9.3 a 9.5%), significaba en el mismo año de 2020 poco menos de 14% de las participaciones y 22% de las aportaciones.[6] Con respecto al IBET (ingresos brutos estatales totales), las participaciones disminuyeron drásticamente, del 56 al 47% en la década de 1990, al compás del gran incremento de las aportaciones (cuadro 4.2). Pero se han mantenido en torno al 46-47% desde entonces, con una ligerísima tendencia a la baja respecto al total de los ingresos brutos, debido al aumento de la recauda-

[5] Estimación basada en cifras de INEGI, "Comunicado de prensa núm. 727/21, 9 de diciembre de 2021", en https://www.inegi.org.mx/contenidos/saladeprensa/boletines/2021/pibe/PIBEntFed2020.pdf (consultado el 17 de enero de 2022).

[6] En 2020, el primer grupo de entidades atrajo 46% de las participaciones y 27% de las aportaciones; en contraste y a la inversa, el segundo grupo atrajo 13.9% de las participaciones y 21.7% de las aportaciones. En cuanto el primer grupo, se realizó el ejercicio de hacer la misma estimación sin considerar al DF/CDMX, lo que dio resultados menos abultados, pero igualmente significativos: 34.9% de las participaciones y 24.2% de las aportaciones. Que la fórmula empleada para la asignación de las participaciones a las entidades federativas sigue de cerca al PIB de cada una de ellas se muestra como sigue. Al eliminar la contribución de la Ciudad de México al PIB nacional, el porcentaje total del grupo se reduce a 31.6%, es decir, casi en la misma proporción que al hacerlo con las participaciones. Por ello, como se dijo antes, la inclusión de la principal zona económica del país en estas cuentas no lleva a sobreestimar el resultado. La división del país ocurre entre cierto tipo de entidades federativas y otro, y no entre la provincia y la Ciudad de México. Quizá tenía más sentido pensar en esta última contienda en la década de 1960, pero no en 2020, ni de lejos.

ción de ingresos propios; según se vio, tal aumento obedeció a una mayor recaudación de impuestos y al endeudamiento.

Como se ha expuesto, en los estados más prósperos el peso federal era sustancialmente menor de lo que ocurría en la mayoría de las entidades. ¿Acaso su situación más desahogada indicaba el reforzamiento de una tendencia que llevaba a hacerlos cada vez menos dependientes de los envíos federales y, por tanto, cada vez más independientes, organizados en torno a sus ingresos propios, en especial a los mayores ingresos provenientes de la cobranza de impuestos y del endeudamiento? ¿Una especie de retorno a la situación de las haciendas estatales de 1970-1971 pero con mayores deudas? ¿Era buena noticia para el país? ¿No se acentuaba la división entre dos grandes grupos de entidades federativas? Por lo visto, sí. Recuérdese que el propósito de los cambios de la ley de coordinación fiscal de 2007 era precisamente volver a dar más dinero a los estados que más recaudaban, es decir, a los más prósperos. Así que no había sorpresas, salvo la disminución del monto de las aportaciones, la cual sigue provocando interrogantes. ¿Acaso una vía disminuía simplemente porque la otra ascendía? No se olvide que lo fiscal es implacable. Era ésta quizá otra manera de mostrar la secuela de la baja carga fiscal; en este caso se piensa en ello porque impedía preservar o aun acrecentar los montos de las transferencias de fondos federales a estados y municipios.

De un lado, entidades federativas como Guerrero, Michoacán y sobre todo Oaxaca; de otro, la Ciudad de México, el Estado de México, Nuevo León, Baja California y, en menor medida, Sonora. Se trata de una antigua desigualdad regional, originada a partir del último tercio del siglo XIX, cuando se comenzó a formar el moderno norte mexicano y cuando el Estado nacional ganó fuerza, en buena medida por la conexión mexicana con la expansión estadounidense. Al mismo tiempo, en este periodo parecía ganar consenso una postura política que consistía en dejar pasar y dejar hacer, lo que significaba, entre otras cosas, dejar y hacer que el México profundo profundizara su profundidad.

El declive del DF/CDMX

Si algo distingue a las primeras décadas del siglo XX es la decisión del gobierno federal de asegurar su dominio nacional apuntalando a la capital del país, propósito nada novedoso con respecto al siglo XIX. No era muy distinto del proyecto de convertir a la capital en la "ciudad de los palacios", tan en boga en las últimas décadas de aquel siglo. Fortalecer a la capital significaba fortalecer a los gobernantes del país entero, se lee en uno de los escasos trabajos sobre la vida política del siglo XX de la localidad que ha fungido como capital nacional.[7] Además, no se debe olvidar que el modelo económico de la sustitución de importaciones, basado en el proteccionismo arancelario, dominante después de la crisis de 1929, hizo del valle de México una de sus zonas predilectas. Así que riqueza económica y poder político iban de la mano, como pareja bien avenida. Esa situación urbana se vio apuntalada por la migración interna que favoreció su poblamiento, al menos entre 1870 y 1970. Urge una historia detallada de esta localidad; seguramente mostrará lo que se propone aquí, a saber, que la preponderancia de la ciudad capital, en su etapa contemporánea, se originó en la década de 1870 y no fue resultado de la Revolución de 1910.

Coherente con el movimiento económico-político predominante durante décadas en el Distrito Federal, después de 1928 y sobre todo después de 1955, el monto de los ingresos capitalinos ganó peso en el escenario nacional (cuadro 3.2). Además, las cuantiosas inversiones federales, en particular en el abasto de agua (el proyecto del Alto Lerma en la década de 1940, el del valle de Ixtlahuaca y el Drenaje Profundo en la de 1960, así como la construcción del Anillo Periférico) y en el transporte colectivo (Metro), ayudaban a la buena marcha de la metrópoli. Según la información empleada en este trabajo, el momento culminante fue 1965, cuando la capital registró casi 62% de la suma de los ingresos brutos de las haciendas locales, es decir, del total que resulta de sumar los ingresos estatales, municipales y del propio Distrito Federal. De nuevo, revísense el cuadro 3.2 y la gráfica 3.1. En ese tiempo, el presidente de la República en turno señalaba que

> Es indispensable que el Gobierno Federal conserve su capacidad económica, para emprender las grandes obras que están totalmente fuera del alcance de los Gobiernos de los Estados y de los Municipios y no podrá hacerlo si, como sistema, dispersa su acción en la ejecución de pequeñas obras municipales o estatales; en subsidios, cooperaciones, ayudas, etcétera.[8]

[7] Davis, *El leviatán urbano*, p. 45.

[8] *Informe presidencial 1966*, p. 73 (mayúsculas del original). En *Informe presidencial 1970* (p. 412) se lee que Pemex, del 1 de diciembre de 1964 al 31 de agosto de 1970,

Al dar respuesta al informe presidencial de 1968, el diputado coahuilense José de las Fuentes Rodríguez apuntaba que "no podríamos pasar inadvertidas las cuantiosas erogaciones que se hacen en las obras de beneficio colectivo en el Distrito Federal, que modernizan la ciudad y dotan a las colonias más humildes de todos los servicios públicos a que tienen derecho".[9] El lugar de la capital del país aparecía como prioridad indiscutida, aunque la intervención del coahuilense parecía contener un reclamo provinciano contra la primacía presupuestal dada a la capital del país.

En el último informe de gobierno, el presidente Díaz Ordaz explicó el papel fiscal del Distrito Federal:

> El Distrito Federal es una pequeña porción de territorio nacional en el que radica una gran concentración de mexicanos que, así como contribuyen con su esfuerzo y solidaridad a dar alivio a las necesidades de otras zonas del país, quieren y necesitan la solidaridad y la ayuda de los demás. Quienes vivimos en el Distrito Federal no somos ni ajenos ni indiferentes a los problemas del resto de la República. Somos parte de la Nación y contribuimos, en muy apreciable proporción, a las obras de interés colectivo que se realizan en el resto del territorio, contra la equivocada aunque generalizada creencia de que es la provincia la que contribuye a las obras de la capital. El gobierno del Distrito Federal atiende sus necesidades con recursos propios y no de carácter federal, al grado de que su Tesorería funciona por separado.[10]

Pero los dichos y posturas del presidente Díaz Ordaz no se sostuvieron en las décadas siguientes. Considerar aquí la mitad de la década de 1960 como inicio más que probable de la tendencia general es importante porque ayuda a situar el alza de las finanzas estatales a partir de 1972-1973 y sobre todo durante la década de 1990. Por lo pronto, en 1979 se aseguraba que "modernizar al país es descentralizar la Federación y fortalecer el federalismo", algo muy distinto de lo que se afirmaba un decenio

pagó 8 338 millones de pesos a la federación por concepto de impuestos, amortizaciones e intereses, y a los estados otros 662 millones "por concepto de aportaciones y obligaciones". Sin saber qué porcentaje representaba ese monto con respecto al total de las participaciones federales a los estados y municipios, los 662 millones constituían 7.95% de la primera cantidad.

[9] *Informe presidencial 1969*, p. 311.

[10] *Informe presidencial 1970*, p. 420.

antes.[11] En el argumento de Díaz Ordaz se aprecia algo así como que el enriquecimiento de la capital se redistribuiría más tarde en el resto del país, punto de vista muy semejante al de aquellos que aun en nuestros días sostienen que lo esencial en toda nación es la generación de la riqueza, así sea entre una minoría, pues luego se repartirá entre los demás grupos. ¿Qué sucede, sin embargo, si la minoría no deja de enriquecerse ni da visos de sentirse satisfecha o completa? En agudo contraste, los cambios en la distribución de los ingresos gubernamentales del país entre 1970 y 2020 dejan ver una creciente equidad y una mayor efectividad de la política que de la economía en el combate a la desigualdad nacional, según se apuntó.

Según las cifras de los cuadros 3.1 y 3.2, desde 1965 se inició el declive del Distrito Federal, al parejo de otras dos reducciones comentadas antes. Se trata, por un lado, de la baja en la población y, por otro, en la economía. En el primer caso, el Distrito Federal no sólo disminuyó su tasa de crecimiento después de 1970, sino que también cambió de manera radical su papel en la migración interna de la república. Entre 1970 y 1990 dejó de ser el principal polo de atracción de población (vía la migración rural-urbana) y se convirtió en lo opuesto, esto es, en la principal fuente de expulsión de migrantes (vía la migración ciudad-ciudad, dada su elevada aportación a varias localidades del vecino Estado de México). En el segundo caso, su aportación al PIB nacional, cercana a 40% en 1960, disminuyó a casi 28% en 1970 y a 16% en 2020.[12] En gran medida esa baja obedeció a la grave desindustrialización, en especial en la década de 1980 y al crecimiento alcanzado en otras latitudes, como el Bajío y la frontera norte.[13]

[11] *Informe presidencial 1979*, p. 159 (mayúsculas del original).

[12] En la estimación de Appendini, a precios constantes de 1950, la aportación del Distrito Federal al PIB en 1960 alcanzaba 37.3% del total. Véase su texto "El producto".

[13] Sobrino ha puesto atención en ambos procesos. Véase *Migración*, sobre el asunto demográfico, y "Urban demographic growth" y "Fases", sobre la desindustrialización en México y otros países y ciudades. La caída económica capitalina también la argumenta Arroyo García, "Dinámica", en relación con el periodo 1980-1999. En la estimación de 2020 anotada antes, la Ciudad de México aportó 15.8% del PIB nacional. En un libro más reciente, el mismo Sobrino calcula el peso poblacional declinante no de la Ciudad de México sino de la zona metropolitana de la Ciudad de México, a partir de 1980, cuando representó 21.6% de la población del país; desde entonces, del mismo modo que esta historia fiscal, vino en declive. En 2020 significaba 17.3% (inferior al porcentaje de 19.2% en 1970, según comunicación personal suya). Véase su *Migración interna y desarrollo*, cuadro 10. Si se hacen estas mismas cuentas considerando la sola entidad federativa del DF/CDMX, el declive es

Recuérdese que el cuadro 3.2 revela otros cambios que se deben tomar en consideración. Si después del punto más alto de 1965 el DF/CDMX perdió peso en cuanto al tamaño de sus ingresos gubernamentales, cabe preguntarse quién lo ganó. A estas alturas del texto la respuesta no debe ser difícil. Lo ganó la provincia, es decir, las haciendas de los estados y más tarde las haciendas municipales. No parece correcto, por tanto, relacionar ese crecimiento con la reforma constitucional de 1983 ni con el advenimiento del neoliberalismo, cualquier cosa que éste sea, ni tampoco con la aparición y el asombroso crecimiento de las aportaciones federales de la década de 1990. Al menos los datos duros no dan para ello, simplemente porque el ascenso de las finanzas estatales venía verificándose desde 18 años antes de 1983. Con respecto a 1965, se aprecia ya en 1970 y 1973; como contraparte, pero en el mismo sentido, la caída más clara del entonces Distrito Federal también se advierte a partir de 1965 y ocurrió justamente entre este año y 1989. En 1974 el presidente de la República en turno alardeó del cambio que empujaba el ascenso de las entidades federativas:

> Se ha elevado la participación de los fiscos estatales y municipales en la recaudación. Los convenios fiscales del Gobierno Federal con los Estados muestran logros positivos. La providencia [*sic*; debió decir "provincia"] contribuye al financiamiento total del presupuesto con cerca del 50%; y recibe, en cambio, más de 80%. En esta forma hacemos efectiva nuestra política redistributiva, destinando al interior del país un porcentaje mayor y creciente del presupuesto.[14]

En cuanto a la distribución de ingresos gubernamentales, llegaba a su fin el periodo de ascenso federal y de descenso provinciano, iniciado quizá con la creación, en 1875, del impuesto del timbre, ratificado en 1903 con la supresión de las funciones fiscales de los municipios del Distrito Federal y más tarde, en 1928, con la extinción de esos mismos municipios.[15] Desde 1910, según la información empleada aquí, la capital subió de manera soste-

---

más acentuado: va de 14.5% en 1970 a 7.3% en 2020, la mitad en 50 años, y casi similar al peso de sus finanzas públicas, como se aprecia en el cuadro 3.2.

[14] *Informe presidencial 1974*, p. 209 (mayúsculas del original).

[15] La decisión de 1928 no fue precipitada ni accidental; tenía antecedentes. Desde 1903 los municipios del Distrito Federal habían sido despojados de sus funciones tributarias. Rodríguez Kuri, *La experiencia*, p. 73.

nida como expresión del auge de un modelo económico-político que incluía su propia prosperidad económica. Parecía lógico. Si la economía nacional crecía a elevadas tasas, también lo hacía la localidad urbana donde se hallaba no sólo la capital mexicana sino la principal zona poblacional, industrial y de servicios del país. El milagro económico en todo su esplendor. Pero luego, como se ha visto, vino la caída. En su inicio, esa caída llevó bandera priista (a cargo del gobierno del presidente Echeverría), pero luego se hizo panista. ¿Acaso Morena y la 4T intentan recuperar el antiguo poderío del centro político?

Sin embargo, a la luz del ascenso estatal (y municipal), surge un problema grave para el país en su conjunto. Tiene que ver con la geografía tributaria de la recaudación federal, aspecto que no se ha considerado hasta ahora. Se refiere a que en todo este tiempo la capital del país preservó su antiguo papel como principal espacio tributario nacional, definido por el monto de su recaudación de impuestos federales (al menos de ISR e IVA, las dos principales ramas tributarias de la propia hacienda federal contemporánea).[16] Por ello, ha conservado su función como la gran caja tributaria de la nación entera en un entorno cada vez más hostil.

Se puede alegar, con toda razón, la cuestión del domicilio fiscal, que hace que la recaudación federal de la capital se eleve de manera desmesurada por simples razones administrativas y no por efectos de la geografía económica, del PIB. Considera los pagos que hacen los grandes contribuyentes al erario federal, entre ellos la empresa gubernamental Pemex. Pero, aun así,

[16] La trayectoria de la recaudación de impuestos federales en la capital nacional entre 1788 y 2005 se halla en Aboites Aguilar, *Estudio*, pp. 59-80. Información sobre recaudación federal por entidades federativas para los años 2000, 2012, 2013, 2017 y 2018 se encuentra en *AEGEF 2014* y *AEGEF 2019*, cuadro 17.3. Fundamenta la noción de la continuidad de la capital del país como el gran tesoro hacendario de la nación. En los tres años revisados (2000, 2012 y 2018), por ejemplo, el DF/CDMX aportaba más de 52% de la recaudación total del ISR y un porcentaje variable, entre 27 y 46%, del IVA. En 2018, muy lejos se hallaba Nuevo León de la capital del país, con 6 y 5% del total de la recaudación del ISR y del IVA, respectivamente. Aunque continuaba siendo la entidad que más contribuía a los fondos destinados a las participaciones y las aportaciones federales, en 2018 la Ciudad de México recibía por esas dos vías apenas 5% del total de la recaudación federal entregada por ella. A diferencia de lo que sostienen el gobernador García y similares, no había otra entidad (localidad) tan rica, disciplinada, generosa y solidaria con la nación entera. Véase el cuadro A4, con las listas de las entidades federativas en orden decreciente según el saldo entre el monto de la recaudación federal y el monto recibido de fondos federales en cada una de ellas en 2000, 2012 y 2018.

salvo que se demuestre lo contrario, aquí se sostiene la preponderancia fiscal capitalina, cuya explicación reside en la combinación de su peso económico, cada vez menos industrial y cada vez más de servicios, y su singular historia tributaria. El domicilio fiscal apuntalaría, en esa perspectiva, lo que la economía hacía de por sí. O, si no, cómo explicar la aportación tributaria de la ciudad capital a pesar de la caída tan notable en el PIB registrada en el mismo periodo. Sin duda, sería indispensable trazar la geografía de los grandes contribuyentes, para situar no tanto su domicilio fiscal sino los lugares donde realizan sus actividades productivas. ¿Dónde pagan empresas como OXXO, las de Carlos Slim, las mineras mexicanas y canadienses? Después, convendría averiguar el domicilio fiscal para mostrar el grado de correspondencia entre la geografía económica y el arreglo administrativo específico en materia fiscal. La pregunta que quizá puede servir de guía para esa pesquisa es la siguiente: ¿cuántos de los contribuyentes de las cinco o seis entidades federativas que producían casi la mitad del PIB en 2018 declaraban sus impuestos en la Ciudad de México? En la medida de lo posible, se trataría de identificar bien a bien cuál ha sido la trayectoria de la aportación a la recaudación federal derivada del mero domicilio fiscal y cuánto obedece al PIB y al arreglo fiscal propio. Problema importante es que no hay información disponible sobre el grupo de grandes contribuyentes, y menos de carácter histórico. Se ignora si existe en otros países.

La continuidad tributaria del DF/CDMX lleva a preguntar qué sucedería si con el tiempo el castigo, entre otras vías por la competencia con los estados vecinos y por el otorgamiento de menores montos de participaciones y aportaciones federales, acabara por ahogar la economía de la principal localidad donde ha tenido lugar desde hace siglos el grueso de la recaudación federal del país. He allí un límite o tope estructural, dirían algunos. Frente a ese límite, los partidos y las ideologías se hacen pequeños y hasta intrascendentes. El pragmatismo y el sentido común terminan imponiéndose. ¿O no?[17] Ningún partido o grupo político, a pesar de sus diferencias, puede sacar agua de un pozo seco o leche de una vaca muerta. Por esa clase de razones se insiste aquí en que el énfasis en las posturas políticas e ideológicas no sirve de mucho para organizar una investigación de estas características. Es cuestión de método. Primero las tendencias fiscales y luego, si es nece-

[17] Otro investigador que plantea el problema de la capital del país casi en los mismos términos que aquí es Arroyo García, "Dinámica", pp. 586-587 y 599.

sario, las distintas posturas político-ideológicas y los debates entre ellas.[18] ¿Acaso eran neoliberales los gobernantes de los países de la OCDE que en los últimos años de la década de 1990 desecharon las reducciones tributarias establecidas por sus antecesores durante el decenio anterior? ¿Nos sirve considerar de entrada un componente político-ideológico semejante? En este trabajo se privilegia la tendencia ascendente de las haciendas estatales, no tanto la orientación ideológica de los grupos políticos involucrados en su construcción.[19]

Hay que unir la historia general con la fiscal. En estos años, ninguna otra hacienda perdió tanto como la capitalina, seguramente porque ninguna otra llegó a atraer tales montos federales. Pero, con todo, así hay que insistir en que la hacienda del DF/CDMX era distinta de las demás, al menos por tres rasgos. El primero es que, debido a la extinción de los municipios en 1928 (y antes, en 1903, de las facultades tributarias municipales), la labor recaudatoria fue labor del gobierno de la entidad, primero del gobierno del Distrito Federal, luego del Departamento del Distrito Federal (como dependencia del Ejecutivo federal) y más tarde, desde 1997, de nuevo por el gobierno de la Ciudad de México, no de las delegaciones, ahora denominadas *alcaldías*. La nueva constitución local de 2016, que creó las alcaldías, no alteró el diseño fiscal de 1928 (de 1903, en realidad). En segundo lugar, era distinta por el menor peso federal a lo largo del periodo, el menor entre todas las demás entidades federativas. Si bien tal peso se acrecentó desde 1931, no llegó a ser tan significativo (no superó 57% de sus ingresos brutos) en comparación con el peso federal en las haciendas estatales (alcanzó casi 89%). En tercer lugar, la hacienda del DF/CDMX era distinta de las estatales por la mayor cobranza de impuestos a lo largo de los años 1989-2020,

[18] Otra expresión de ese sentido común, que obliga a desestimar de entrada la orientación político-ideológica de los gobernantes, tiene que ver con la recaudación del predial en los municipios del país. Según cifras de 1990-2013, los municipios en manos panistas recaudaban mucho más del doble de este impuesto que los municipios en poder de priistas y perredistas. Al respecto, la investigadora Mónica Unda expresa su asombro. ¿Cómo que los panistas recaudaban un impuesto directo en mayor medida que aquellos que por ideología se supondría que deberían hacerlo, es decir, priistas y perredistas? Véase Unda, "Una hacienda", p. 70.

[19] Quizá a ello mismo se refería un experto en la materia cuando escribía que "Una reforma fiscal debe aislarse, en ocasiones, de aspectos normativos y de posiciones ideológicas. Es necesario reconocer el ambiente, las restricciones y, más generalmente, el comportamiento de la economía antes de proponer alguna medida". Hernández Trillo, "Sistema", p. 315.

un promedio cercano al 22% de los ingresos brutos, contra el promedio de las entidades federativas, apenas superior al 3%. ¿Esos resultados tan dispares se explicaban como resultado de la inexistencia de los municipios? Quizá sí, considerando la mala reputación de esos gobiernos locales como recaudadores de impuestos. Otro tema de investigación para las nuevas generaciones.[20]

También el monto del endeudamiento de la hacienda capitalina era menor que el de las haciendas de las entidades federativas, y muy bajo con respecto al monto de la recaudación de impuestos, al menos durante el periodo 1989-2020 (0.19% en promedio). No en balde la hacienda capitalina recibía las mejores calificaciones de las casas especializadas. En cambio, en los estados los préstamos superaron ampliamente el monto de esa misma recaudación (1.82 veces en promedio). En 2010, vale recordarlo, la deuda contratada por el gobierno de Coahuila superó 31 veces el monto de la recaudación tributaria correspondiente. Fue el caso extremo. En cambio, en la hacienda del DF/CDMX la deuda fue bastante inferior al monto de la recaudación de impuestos (el promedio mencionado de 0.19%). Hay que aclarar que los porcentajes expuestos en los dos últimos párrafos se refieren al periodo 1989-2020.

En suma, por las razones descritas la hacienda del DF/CDMX era singular, como lo es la localidad que la sostenía. Nos urge elaborar una historia detallada de esa ciudad. Al hacerlo, no se debe perder de vista su singularidad. Seguía siendo, como en el siglo XIX y desde antes, la localidad de mayor número de habitantes y la capital del país; además, poseía un ámbito hacendario distinto al del resto de estados y al de los municipios.

Chihuahua y Veracruz

Veamos ahora con algún detalle la situación de la hacienda pública de estas dos entidades federativas. De ninguna de ellas se ha hablado hasta ahora. Ambas se situaban en lugar intermedio entre los dos grupos que se enlistan en el cuadro 6.2, que registra el índice resultante de la división entre aportaciones y participaciones federales. Además de compartir la medianía,

[20] Unda, "Los límites". Un antiguo secretario de Finanzas del gobierno de la ciudad y luego a cargo de la SH señalaba estas diferencias de la cobranza tributaria en la capital del país. Véase Urzúa, "Los ingresos".

su selección obedece a la subjetividad. Chihuahua es el terruño de uno de los coautores de este trabajo y Veracruz es el tema de las investigaciones en marcha de ambos autores. Pese a criterios tan discutibles, se intentará mostrar que el ejercicio es útil para exponer de otro modo el argumento del texto y dar cuenta de las modalidades que asumen las tendencias generales apuntadas en las páginas anteriores. Conviene decir que el ejercicio se limita al periodo 1990-2020, pues se basa en las cifras de *INEGI 2021*, la fuente de información más importante de esta obra.

Por geografía, se trata de entidades federativas muy distintas. Chihuahua se halla en el norte árido mientras que Veracruz se localiza en la más húmeda costa del golfo de México, en el centro del país. Ambos son fiel reflejo del poblamiento general. Chihuahua tiene mucho menos habitantes que Veracruz, aunque la diferencia se ha acortado en los últimos siglos. Como resultado del más rápido crecimiento de la población chihuahuense, desde 1900 dicha diferencia se redujo de casi tres a poco más de dos veces, todavía a favor de los veracruzanos. En el siglo XX, a pesar de sus numerosas ciudades, el estado costero fue más rural que Chihuahua. Además, Veracruz fue pieza clave desde el siglo XVI y, aun en 1900, de la conexión marítima con Europa, y desde ese mismo año fue el principal productor nacional de petróleo; también destacó por el radicalismo político de las décadas de 1920 y 1930. A mediados del siglo XX, Miguel Alemán y Adolfo Ruiz Cortines, los dos veracruzanos y de ideología muy distinta al radicalismo anterior, ocuparon la presidencia de la República de manera consecutiva. Otros dos personajes del siglo XIX, Santa Anna y Lerdo de Tejada, ambos nativos de Xalapa, también fueron presidentes de la República. Ni por asomo Chihuahua registra nada ni nadie equivalente.

Veracruz podía considerarse un estado rico en 1900 y pobre en 2020, trayectoria distinta a la más constante de Chihuahua. A fines del siglo XX ambas entidades se hallaban en la medianía, distantes tanto de la pobreza como de la riqueza de otros estados. Pero también distantes entre sí, como se intentará mostrar. Parte de la explicación reside en la propia geografía histórica. Acorde con el trazo ferrocarrilero que permitió la vinculación con la economía del país vecino, a Chihuahua le cayó de perlas el acceso al mercado estadounidense desde fines del siglo XIX y hasta mediados del siglo XX. El mercado del vecino país afectó la conexión europea que se hacía principalmente vía Veracruz. De igual modo, a la entidad norteña le vino bien la crisis del modelo de sustitución de importaciones y del presidencialismo priista. Después de 1970, se benefició del nuevo rumbo de la economía, basado en las exportaciones manufactureras y el libre comercio. A Veracruz, en cambio, este mismo cambio lo perjudicó gravemente; para colmo ocurrió cuando su petróleo se había agotado. Con timidez en la década de 1960, y de forma declarada en los siguientes 30 años, Chihuahua se convirtió en gran potencia exportadora, gracias a las maquiladoras y a una planta automotriz instalada en 1986. No lo hizo al grado de otras entidades federativas y por eso no aparecía entre los primeros lugares, según los indicadores empleados aquí. Veracruz tampoco figuraba en el grupo de los más pobres, aunque su declive sostenido durante el siglo XX haya sido tan sobresaliente. No por otra razón en 2020 se encaminaba hacia ese conjunto de entidades, sin llegar a situarse, al menos de momento, entre ellas. Si Chihuahua no era Nuevo León o el Estado de México, el estado de Veracruz no era Durango, Guerrero o Oaxaca. Tampoco era lo mismo colindar con California, como Baja California, que con el seco y despoblado oriente de Texas y con Nuevo México, como hace Chihuahua.

Con base en esas generalidades, a continuación se examina la situación hacendaria de las dos entidades federativas. Nos servimos del cuadro 6.2, el último de este capítulo y del texto. Resume las principales características de ambas haciendas públicas, según los indicadores empleados.

Además de mostrar de otro modo las tendencias nacionales, como el distinto peso federal (según se aprecia en la primera columna, que estima el porcentaje de los ingresos propios con respecto a los ingresos brutos), el cuadro 6.2 expone indicios de las grandes diferencias entre ambas entidades. Salvo en 2010, por el elevado endeudamiento veracruzano, en los demás años considerados la hacienda chihuahuense exhibe una mayor aportación de ingresos propios. En consecuencia, en todos estos años su hacienda pública fue más libre y soberana que la de Veracruz. En Chihuahua los ingresos propios dependían en mayor grado de la recaudación de impuestos y menos del endeudamiento, lo contrario a lo que ocurría en Veracruz durante el periodo. Debería ser al revés, como ya se indicó, pues las haciendas estatales más prósperas se distinguieron también por la contratación de mayores montos de deuda. En ese sentido, Veracruz constituye otra excepción, como la de Tabasco, según se dijo antes. Simplemente nótese el monto del endeudamiento veracruzano y la muy baja recaudación por concepto de impuestos, un claro mentís al perfil mencionado en el capítulo anterior. ¿Reflejo de la economía estatal o acaso del desinterés político-burocrático por su

Cuadro 6.2. *Indicadores de las haciendas públicas de Chihuahua y Veracruz, 1990-2020*

	Porcentaje IPET	I/IPET	D/IPET	A/P
		1990		
México	39.1	7.1	18.5	0.0017
Chihuahua	33.5	22.6	16.8	*0.0000
Veracruz	26.7	3.7	38.4	*0.0000
		2000		
México	11.3	20.2	6.9	1.273
Chihuahua	20.3	34.0	2.0	1.233
Veracruz	6.6	3.8	23.8	1.477
		2010		
México	20.2	13.7	34.2	1.577
Chihuahua	21.6	19.4	24.3	1.559
Veracruz	31.1	5.2	39.5	1.611
		2020		
México	18.5	25.9	41.0	1.355
Chihuahua	28.0	24.0	40.6	1.140
Veracruz	19.2	16.2	66.7	1.511

IPET = ingresos propios estatales totales, I = impuestos, D = deuda, P = participaciones y A = aportaciones.

*En 1990 ninguno de los dos estados recibió aportaciones federales.

Fuente: Cuadro A3.

recaudación? Este rasgo llama la atención porque Veracruz cuenta con varias localidades urbanas de primer orden, y es sabido que las ciudades facilitan la cobranza de impuestos. Así se ha comprobado en México y en el mundo.[21]

Por otro lado, el cuadro 6.2 incluye la estimación de la relación entre los montos de las aportaciones y las participaciones federales, siguiendo el propósito del cuadro 6.1 (que divide los montos de unas y otras). Una vez eliminado 1990, en vista de que en ese año ninguno de los dos estados

[21] Unikel *et al.*, *El desarrollo urbano*, p. 276.

recibió fondos federales vía aportaciones, queda claro que Veracruz superaba a Chihuahua en el indicador correspondiente (mayor distancia entre aportaciones y participaciones), lo que confirma la idoneidad de éste para captar el destino de una y otra vías del otorgamiento de los fondos federales a las haciendas estatales. No hay escapatoria. La ley del federalismo fiscal se cumplía a cabalidad. En este caso, se puede formular del siguiente modo: a menor recaudación de impuestos, mayores montos de aportaciones que de participaciones y, en consecuencia, elevación del índice entre ambas (Veracruz); y a la inversa: a mayor recaudación de impuestos, aportaciones cada vez más pequeñas y, en consecuencia, disminución del índice con respecto a las participaciones (Chihuahua). Es otra manera de fundamentar la interrogante planteada antes sobre los dos países que se desprenden de las variaciones de ese índice, uno con altas aportaciones para entidades federativas como Veracruz, y otro con bajas aportaciones y mayores montos de participaciones para estados como Chihuahua.

Como se intentó mostrar, detrás de la mayor o menor cobranza de impuestos subyace un conjunto de aspectos de la geografía histórica (población y economía) y, por supuesto, de la política y de la fiscalidad. Queda en manos de las nuevas generaciones la tarea de realizar investigaciones más profundas acerca de las haciendas públicas de éstas y de otras entidades del país, tan ignoradas y desconocidas, quizá porque eran muy pequeñas.

7. CONSIDERACIONES FINALES

El estudio de la hacienda pública de las entidades federativas permite profundizar en la historia mexicana durante el periodo 1970-2020; incluso lleva a hacerla de otro modo. Insistir en 1972-1973 y en 1990 como parteaguas, más que en 1980, es uno de esos nuevos modos. En el mismo sentido, según nuestra perspectiva el neoliberalismo —cuyo inicio data, en opinión de algunos, de 1982— no tiene mayor protagonismo en esta historia. Aquí se da más importancia al convenio con el FMI, suscrito a fines de 1982, derivado de la quiebra petrolera y la presión por el pago de la deuda externa.

Destaca una negociación política de altos vuelos entre los gobiernos de los estados y el gobierno federal. Los estados renunciaron a la mayor parte de su soberanía hacendaria a cambio de crecientes montos de fondos federales, transacción que constituye la base de la historia contada en este trabajo, centrada en el cambio de la distribución (que no de la recaudación) de los dineros gubernamentales. Tal cambio produjo las tendencias principales, a saber, el ascenso provinciano y el descenso federal, componentes ambos del nuevo rumbo del país. Destaca asimismo el problema de fondo de las haciendas estatales, referente al escaso crecimiento de sus ingresos propios. Si bien la recaudación de impuestos registró aumentos, el empeño estatal fue insuficiente, al menos para reducir la dependencia con respecto a los dineros federales. No por otra razón se hacía necesario el endeudamiento, cuyos vaivenes reflejaban el rumbo general.

Por lo visto, los gastos estatales, ámbito no considerado en este trabajo, crecieron en mayor proporción que los ingresos; constituyen otro tema de investigación que queda como asignatura pendiente. De cualquier modo, cabe preguntar si el aumento del gasto estatal, cada vez menos destinado a la inversión pública, según se vio, se explicaba por la mayor y mejor atención a las demandas sociales, es decir, por razones que involucraban a la mayoría de la población, o si por el contrario obedecía a razones vinculadas a minorías, grupos políticos y de interés, cuyas demandas se prefería atender. Si en una entidad federativa se construía un puente vehicular a un costo diez veces mayor que el monto destinado al transporte colectivo, se tiene una pista acerca del rumbo del gasto local. De acuerdo con el gobierno federal en turno, como se dijo, los "moches" (las cuotas ilegales exigidas para el otorgamiento de proyectos de la menguante obra pública) y los altos sueldos de los funcionarios públicos daban cuenta de la mala situación hacendaria de la mayoría de los estados.[1] Como se afirma en la introducción, tal explicación es insuficiente y lleva a cuestionarse si se sabía a ciencia cierta a cuánto ascendía la corrupción fiscal en las haciendas de los estados. Por lo pronto cabe preguntar si se sabía si era mayor o menor que la federal y la municipal.

No se olvide que los municipios, otro componente de las haciendas locales, quedaron fuera de este trabajo. Su situación se vio reforzada en 1983 por una reforma constitucional que, entre otras cosas, obligó a los estados a otorgarles el impuesto predial, una de las principales fuentes de las haciendas provincianas desde 1824. Sin embargo, por varios de los problemas que aquejan a otros ramos hacendarios, la recaudación de este impuesto ha distado de mejorar su situación.[2] No es dato menor que en los últimos años numerosos municipios devolvieron la cobranza del predial a los gobiernos estatales, mediante convenios específicos. Por medio de diversos estímulos, las reformas a la ley de coordinación fiscal de 2012 buscaban elevar la recaudación tributaria local, que se seguía considerando muy baja. ¿Acaso esos convenios mostraban el rumbo del país desde la perspectiva municipal? ¿También por los municipios hacía agua el arreglo fiscal del país? ¿Por ventura los convenios obedecían a una tendencia de recentralización (tributaria) dentro de los propios estados?[3]

[1] *La Jornada*, viernes 24 de diciembre de 2021, "Por corrupción, varios estados no tienen ni para pagar la nómina: AMLO", nota de Fabiola Martínez y Enrique Méndez. Dada la reiteración, Acapulco es fuente inagotable de ejemplos de los problemas tributarios del país. Amerita una investigación detallada.

[2] Unda y Moreno Jaimes, "La recaudación", y Sobarzo, "Federalismo", p. 110. Indicio de la precaria situación de los municipios es la reducción del peso de sus finanzas con respecto a las estatales. Por ello, vale preguntar hasta qué punto el trato autoritario y centralista del que los gobiernos estatales acusaban de manera reiterada al gobierno federal se repetía en el trato de los gobiernos estatales a los municipios. Según el cuadro 3.2, la proporción de los ingresos municipales en relación con los estatales pasó de 3.65 en 1970 (el total de los ingresos estatales de todo el país superaba 3.65 veces al de los municipios) a 4.78 en 2020.

[3] Hasta 2020, 104 de los 125 municipios del Estado de México habían suscrito convenios con el gobierno estatal para la cobranza del predial. La suscripción de esos convenios

Siguiendo la corrección política y alardeando de la democracia local, se puede lamentar la pobreza municipal, y se tendrá razón, sin la menor duda. Sin embargo, al mismo tiempo no se puede omitir la baja eficiencia recaudatoria de los municipios. Este tipo de problemas resultan ineludibles en una historia fiscal. Una investigadora repara en lo contraproducente que ha resultado la alternancia electoral de las últimas décadas en la trayectoria de la recaudación municipal. El riesgo de perder las elecciones la había inhibido. Seguramente ese efecto pernicioso de la competencia electoral, por lo demás expresión de la democratización creciente de la vida pública del país (al menos en cuanto a elecciones con resultados más inciertos), se repetía en las haciendas estatales y en la misma hacienda federal.[4] Pero cabe preguntar si acaso no ocurría lo mismo en otros países que contaban con elecciones competidas y a la vez con una carga fiscal mucho más elevada. Esas experiencias revelan que no se trataba de rasgos excluyentes, como parece colegirse del quehacer gubernamental de la mayoría de los gobernantes en México.

Con base en las conclusiones de Castañeda Zavala sobre el periodo 1824-1861, se intentó armar una visión de largo plazo de la situación de las haciendas estatales entre 1970 y 2020. Se dio especial énfasis al peso cambiante de la distribución de los fondos federales. En esa trayectoria destacan dos vías principales, las más longevas participaciones y las aportaciones, de origen más reciente, ambas como expresión del desenlace del sostenido esfuerzo decimonónico y del siglo XX por extender el brazo tributario del gobierno federal sobre la población y el territorio nacionales. Del mismo modo se entendía el carácter del ISR y del IVA, principalmente. Se trata de una historia mexicana que siguió muy de cerca las tendencias mundiales predominantes en esos mismos años.

Pero lo que no se previó en todo ese tiempo, dijéramos entre 1824 y 1990, es que podría llegar el momento en que el gobierno federal aumentara a tal grado los envíos de fondos a las haciendas estatales que viera amenazada su propia viabilidad. ¿O cómo explicar la caída, si bien modesta, de los en-

se inició en 2012 y el año con mayor número fue 2016, con 23, entre ellos el del municipio de la capital Toluca. Véase Convenios de municipios | Transparencia Fiscal (edomex.gob.mx) (consultado el 18 de febrero de 2022). Sobre el propósito de las reformas legislativas de 2013, véanse Meléndez Aguilar, "Beneficios", y de manera general Hernández Trillo, "Sistema", pp. 214-216.

[4] Unda, "Los límites", p. 619.

víos federales a la provincia después de 2000? ¿O a qué se refería el secretario de Hacienda Meade en 2017, cuando afirmaba que de seguir así acabaría pidiendo dinero a los gobernadores? No es difícil imaginar la reacción de éstos ante una petición semejante. ¿Cuál dinero?, replicarían seguramente. Por ello, cabe preguntar si acaso el arreglo tributario de la nación se devoró a sí mismo al dejar en las solas manos federales, cada vez más a lo largo del siglo XX, la ingrata e impopular tarea de recaudar impuestos. Vale preguntar, sin embargo, si había otras opciones viables a la mano. Nos guste o no, el desempeño fiscal es imprescindible e inevitable. Es un problema para este país, como para cualquier otro. Si no se cobra lo suficiente, no se gasta lo suficiente, a menos que el país se endeude. Pero conviene cuestionarse si con deudas al alza se abría paso a otra manera de retornar al siglo XIX, en este caso a la preeminencia de los agiotistas. ¿Acaso el modelo hacendario del siglo XIX aparecía como una especie de luz al final de este túnel del siglo XXI? Ojalá que no.

Las haciendas estatales exhibían insuficiencias crónicas que se han agravado en los últimos años, pero distaban de ser víctimas pasivas. Junto al trato dado a los municipios, recuérdese que algunos de ellos renunciaron a generosas fuentes de ingresos tributarios propios, como la tenencia vehicular, atendiendo razones políticas y de popularidad en vista de las elecciones cada vez más competidas. Además, el endeudamiento enfrentaba límites, como lo mostraron el caso de Coahuila y la reforma constitucional de 2015 y la expedición de la respectiva ley reglamentaria de 2016. Los préstamos eran negocio de los banqueros. Bien sabemos que ellos viven de la recuperación del préstamo y, sobre todo, de los intereses devengados. Están en su derecho, siempre y cuando se alejen del agio. Ojalá las nuevas generaciones, además de los economistas, lleven a cabo investigaciones al respecto.

Por su lado, la apuesta por acrecentar la cobranza estatal de impuestos ha enfrentado obstáculos, debido al peso de las excepciones y privilegios, y a la impopularidad que implica cualquier alza o exigencia tributaria. Tal impopularidad, por cierto, se observa bien en este tiempo.[5] ¿Era ilusorio

[5] Véase *El Heraldo de Chihuahua*, lunes 6 de diciembre de 2021, "Evidencía [*sic*] Hacienda déficit de 3 800 millones de pesos para cierre de año", nota de Karina Rodríguez; se lee que se crearán nuevos impuestos sobre casinos, casas de empeño y ventas finales de bebidas alcohólicas. *La Jornada*, jueves 9 de diciembre de 2021, "Morenistas y sindicatos protestan por tercera vez contra aumento al predial", nota de Yolanda Chio; mismo diario,

apostar por duplicar el monto de la recaudación mexicana, provinciana incluida, para alcanzar los promedios de la OCDE (cuadro 2.1)? No se olvide el esfuerzo del gobierno mexicano de la década de 1990 por formar parte de esa agrupación.

Se preguntará cómo es posible que se plantee el alza fiscal como cosa obligada si grandes franjas de población se hallaban en condiciones de creciente pobreza. La respuesta a ese tipo de cuestionamientos es doble. Primero: era y es erróneo pensar que la pobreza generalizada depende del pago de impuestos y no de la economía, del empleo, de los montos salariales; resulta casi obvio afirmar además que no existe hacienda pública en el mundo capaz de remediar la pobreza de raíz, pues no están diseñadas para tal propósito. Y segundo, y más importante: el escaso o nulo pago de impuestos en realidad beneficiaba a un pequeño grupo de contribuyentes de gran poderío económico. A fin de cuentas, la continua posición de privilegio tributario de esa minoría, muy relacionada con la baja carga fiscal prevaleciente en México, era la dimensión que daba sentido al conjunto de tendencias fiscales revisadas en este trabajo.

Así que, cuando se plantea que países como México tienen en el futuro inmediato la tarea de elevar sustancialmente su carga fiscal, en realidad se está proponiendo cobrar más a una pequeña minoría de empresarios y propietarios. Se exige un nuevo arreglo político con esa minoría, no tanto con las grandes mayorías. La minoría insistirá, por supuesto, en "ampliar el universo de contribuyentes", eufemismo empleado para gravar la economía informal, cada vez más grande. Desventaja de esta postura, además de la injusticia que entraña, es que la recaudación resultante sería muy pequeña. Así se mostró con la intentona del gobierno federal de 2001 cuando pre-

miércoles 8 de diciembre de 2021, "Dueños de casinos presentarán propuesta ante alza de impuestos en NL", nota de Raúl Robledo. *El Universal*, domingo 5 de diciembre de 2021, "Los cuatro nuevos impuestos que el gobierno del Edomex propone crear en 2022. El gobierno mexiquense busca recaudar 260 millones de pesos en el 2022 con el pago de estos nuevos impuestos", nota de la redacción; se lee que también se solicitará la venia legislativa para contratar deuda por 9 500 millones de pesos. *Excélsior*, sábado 4 de diciembre de 2021, "Asociaciones expresan 'preocupación y rechazo' ante nuevo impuesto a plataformas [en la CDMX]", nota de Wendy Roa. En Sinaloa se acusaba al Congreso local de populista por haber impedido a los municipios la actualización de las tarifas del impuesto predial, según la inflación de 2021. Véase *El Universal*, viernes 24 de diciembre de 2021, "Pobres municipios", artículo de Manuel Clouthier.

tendió eliminar la desgravación del IVA a alimentos y medicinas y reducir las tasas del ISR.

Por otro lado, el ingreso proveniente de las arcas federales no constituía una fuente estable para las haciendas estatales: no sólo la economía general lo afectaba, sino también la población, o al menos las estimaciones del INEGI sobre ella. Ejemplo reciente era el Estado de México. Según el gobierno de esa entidad, el censo de 2020 registró cifras modestas en cuanto al crecimiento poblacional.[6] La trayectoria demográfica tenía una secuela fiscal inmediata, pues el resultado censal se traduciría en una baja de 4 500 millones de pesos por concepto de participaciones federales, según argumentaba el Ejecutivo local en su iniciativa de ley de ingresos para 2022. El 12 enero de 2022 la SCJN rechazó la controversia constitucional del gobierno mexiquense contra los resultados del censo de 2020 y dio la razón al INEGI.[7]

También es importante fijar la atención en el hecho de que a finales de 2021 tres de los estados más ricos del país, en manos de tres partidos políticos distintos (PRI, PAN y Movimiento Ciudadano), buscaban mayores ingresos mediante el aumento de tasas y la creación de nuevos ramos tributarios.[8] Igual ocurría en la Ciudad de México, a cargo de Morena. Pero este esfuerzo, loable sin duda, resultaba modesto considerando el tamaño del

[6] En 2015, el conteo del INEGI registró un total de 16 187 608 habitantes en el Estado de México, mientras que el censo de 2020 arrojó 16 992 418 (casi 5% más). Entre 2010 (el censo de ese año dio 15 175 862) y 2015 el incremento fue de casi 7%. Más que a una baja en la cifra absoluta, la queja del gobierno local se refería a una baja en el ritmo de crecimiento. Por lo visto, en 2020 se esperaba un crecimiento más elevado, de alrededor de 1 100 000 habitantes más que la cifra dada por el INEGI. Pero la trayectoria demográfica estatal no parece apoyar al mandatario local. El censo de 1990 contabilizó 9 815 795 habitantes, y el de 2000, un total de 13 096 686 (33.4% más); entre 2000 y 2010, el crecimiento vino a menos, pues aumentó apenas la mitad del de la década anterior (casi 16%), y entre 2010 y 2020 el crecimiento se redujo a 12%. Se trataba entonces de una tendencia descendente, iniciada al menos desde 1990. La época del acelerado crecimiento poblacional mexiquense había quedado atrás.

[7] *El Universal*, viernes 14 de enero de 2022, "Edomex va contra baja presupuestal", nota de Claudia González. *La Jornada*, jueves 13 de enero de 2022, "Mal conteo del INEGI afectará recursos para Edomex, dice Del Mazo", nota de Israel Dávila.

[8] *La Jornada*, jueves 9 de diciembre de 2021, "Incrementarán o crearán impuestos en Edomex, Chihuahua y Nuevo León", nota de Israel Dávila, Jesús Estrada y Yolanda Chio. En realidad, estados de todo tipo, ricos o pobres, crearon nuevos impuestos, a saber, la Ciudad de México, Nuevo León, Veracruz, Yucatán, Chihuahua y Querétaro. Véase *El Economista*,

problema. En el Estado de México se estimaba que los nuevos impuestos producirían un ingreso adicional de 260 millones de pesos en 2022, una bicoca comparada no tanto con el tamaño de la hacienda estatal (después de la federal, la más grande del país, no se olvide), sino con la misma petición del Ejecutivo local al Poder Legislativo de contratar una deuda por 9 500 millones de pesos también para 2022, o sea casi 37 veces más que la suma que se esperaba recaudar con los nuevos gravámenes.

Por otro lado, ¿cuándo se había visto que los estados vecinos acosaran de ese modo a la hacienda pública de la Ciudad de México, como se desprende del conflicto en torno al emplacamiento vehicular? El estado de Morelos se consideraba como auténtico "paraíso fiscal" para los autos de lujo de la capital del país.[9] ¿Tenían razón las autoridades federales de la década de 1920 (entre ellos Manuel Gómez Morin, 15 años antes de fundar el PAN) cuando buscaban combatir, mediante el reforzamiento del poder federal y la centralización tributaria, el caos o la anarquía, incluida la temida concurrencia fiscal, provocada por la existencia de las dos soberanías tributarias? De nuevo, debe preguntarse si se trataba de una nueva vía del retorno al modelo hacendario predominante en México y otros países en el siglo XIX.

Todo lo anterior lleva de manera ineludible a reflexionar en torno a la baja carga fiscal, cuya resolución resultaba cada vez más urgente para el conjunto de fuerzas políticas y, sobre todo, para la mayoría de los diversos grupos sociales. ¿O qué indicaba el hecho de que los gobiernos de cuatro partidos distintos de otras tantas entidades federativas ricas coincidieran en el esfuerzo por obtener mayores ingresos de fuentes locales? Se puede pensar que el arreglo político que permitió el ascenso de las haciendas estatales después de 1970 hacía agua por varios flancos. Dicho arreglo no se logró con base en un crecimiento de la carga fiscal, sino mediante la redistribución de los fondos de la hacienda federal. Por ello se entiende la reducción de la capacidad de gasto e inversión del presupuesto federal, atributos que tanto enorgullecían a personajes como el presidente Díaz Ordaz. Tal apuesta por las entidades federativas exhibía sus límites, como se advierte en nuestros días. Frente a ese escenario, la corrupción, sin descalificar su combate, era un problema menor. Sea lo que fuere, era claro que la opción

viernes 14 de enero de 2022, "Los valientes de la recaudación: estados que crean nuevos impuestos para 2022", columna invitada de Liliana Alvarado.

[9] Unda, El impuesto, p. 15.

de la distribución estaba agotada y la recaudación, en su tamaño de 2020, también.

El reforzamiento de la soberanía tributaria de los estados, uno de los reiterados reclamos provincianos y de grupos de la derecha política, enfrentaba el dilema de la recaudación. Recuérdese de nuevo la suerte del impuesto a la tenencia vehicular en manos de los gobiernos estatales; no se olvide que 16 de ellos lo derogaron "en una carrera hacia el abismo", como describen dos expertos.[10] ¿Mayor soberanía tributaria para lucrar políticamente con ella, confiando además en que el gobierno federal aportaría los recursos faltantes? Lo fiscal es implacable, quizá porque es previsible. Si no se recauda o se recauda poco, ello se reflejará directamente en el gasto público. ¿Cómo dispensar pagos tributarios o favorecer a ciertos grupos de contribuyentes mediante exenciones o subsidios, si no había con qué hacerlo? La capacidad gubernamental se veía mermada. ¿No deberíamos entender así el auge de la delincuencia organizada que tanto nos ha lastimado a muchos en los últimos años? Francamente era pésima noticia, así haya sido comunicada desde una banqueta (como la descalifica uno de los dictaminadores), que en 2017 el secretario de Hacienda hubiera pensado en recurrir a los estados para completar la hacienda federal.

Vale insistir en que el ascenso provinciano se hizo en buena medida a costa de las finanzas de la capital del país, cada vez más pequeñas y exprimidas, y a pesar de que la Ciudad de México siguió siendo la principal fuente de la recaudación de impuestos federales del país entero, al menos del ISR y del IVA. Por ello, cabe preguntar hasta cuándo continuará esa localidad cumpliendo dicha función nacional tan importante. Para colmo, subsistían las ideas, ojalá cada vez más anacrónicas, sobre que la provincia sostenía a la capital del país, cuando ha sido exactamente al revés. ¿Cómo se generalizó una noción tan equivocada, muy semejante a la expresada por el hoy gobernador de Nuevo León a principios de 2021?[11]

Habrá que esperar a 2024 para que el siguiente gobierno, sea del color partidista que sea, como resultado de un acuerdo nacional lo más mayori-

[10] Urzúa y Velázquez, "Errores", p. 45.

[11] El gobernador García tiene la virtud de expresar de manera fiel muchas de las ideas predominantes entre ciertos grupos sociales y políticos de las provincias mexicanas. Véase el video a propósito del federalismo fiscal y la voracidad federal en una intervención suya de octubre de 2020, en el Senado de la República. En https://www.youtube.com/watch?v=jOADiqeA3UE.

tario posible, tome el toro por los cuernos y, aun a costa de su popularidad, decida poner fin a la baja tributaria y acabe no tanto con la mala fama mundial sino con esta manifestación de la debilidad del Estado mexicano.[12] En este caso, la debilidad se refería a la incapacidad del Estado para cumplir su misión de buscar el retorno a la prosperidad económica y, con base en ella, combatir a fondo la desigualdad social. La carga fiscal tan baja, como se ha reiterado, expresaba el carácter singular de la historia fiscal a lo largo de distintas etapas. Sin duda, el aumento de la recaudación tributaria de manera progresiva era imprescindible, para cobrar más a los más ricos, como se hacía en mayor medida en otros países. Obviamente se trataba de un asunto político que imponía la necesidad de llegar a un nuevo arreglo entre las partes de la nación. ¿Podía hacerse? Si lo llevaron a cabo en otras latitudes, ¿por qué no en México? De nuevo, no se trataba tanto de un asunto político-ideológico sino de sensatez, de sentido común. Por ese tipo de problemas los políticos se hacían necesarios, no para otros menesteres.

En una tesis de 1978, un experto estadounidense llegó a la conclusión, en relación con el campo mexicano, de que los nuevos terratenientes y empresarios agrícolas ganaron fuerza a lo largo del siglo XX, mientras que el Estado vino a menos.[13] ¿Es posible extender tal aseveración al conjunto del país y confirmar el creciente debilitamiento del Estado mexicano conforme transcurrió el siglo XX? Aquí se propone que sí, y que la baja carga fiscal era y es indicio de ello. Por tal razón, el enfrentamiento con los beneficiarios de la carga fiscal tan reducida resultaba inevitable. Acostumbrados a no pagar impuestos o muy pocos, se resistirían a hacerlo por todos los medios a su alcance. Desde los tiempos más remotos se han opuesto y lo seguirán haciendo. Rechazarán cualquier medida encaminada a imponer la tributación a la manera moderna, entendida en este caso como los promedios de recaudación de la OCDE (cuadro 2.1). Se han opuesto a lo largo de la historia de México y de muchos otros países.

¿Estaba el país en condiciones de recorrer un camino tan conflictivo? Más le valía. No es que fuera lo deseable, pero también hay que preguntar si era deseable y aun posible que México se siguiera devorando a sí mismo

[12] Un grupo de expertos propuso en 2018 la celebración de una nueva convención hacendaria para acabar con las perversiones del federalismo fiscal. Aunque no se menciona la baja carga fiscal, creemos que la convención podría ir más allá y dar paso a una reforma fiscal profunda. Véase Mendoza Velázquez, coord., *Los incentivos*, pp. 16 y 85.

[13] Sanderson, "Agrarian Populism".

de manera indefinida, infinita. Las ideas que quizá sin saberlo proponían el retorno al siglo XIX (que los gobiernos estatales aporten al sostenimiento del gobierno nacional, que se acuda a un mayor endeudamiento y que se vuelva a la anarquía y a la competencia interestatal) son síntomas de esa especie de devoración nacional. Hace 70 años se creía que el agua subterránea era infinita. ¿Alguien lo sigue creyendo en nuestros días? En ese sentido, se antoja proponer como lema la frase de que "Por el arsénico hablará el espíritu del agua subterránea". ¿Cuál será el arsénico de esta historia fiscal en los años siguientes? ¿Acaso algo así como "Por el retorno al siglo XIX hablará mi espíritu"?

Había razones para pensar, además, que la división del país al menos en dos partes se había agrandado en los últimos años. Dicho de manera gruesa, sugerida por el destino geográfico de las participaciones y las aportaciones federales (cuadro 6.1), tal división establecía una parte que iba del centro hacia el norte, y otra del centro hacia el sur; la primera más vinculada y parecida a Estados Unidos, mientras que la segunda se asemejaba (que no se vinculaba) a Centroamérica.

En términos de esta misma historia (y del pretendido sentido común que la acompaña), cabe preguntarse cómo se iban a cubrir los mexicanos con una cobija tan pequeña, para usar la metáfora del presidente Zedillo. La empleaba en 1999 para enfrentar la exigencia de mayores transferencias de fondos federales de parte de las entidades federativas más ricas, entre ellas el entonces Distrito Federal y Nuevo León.

Asimismo, hay que preguntar por el rumbo del trabajo historiográfico que se desprende de una argumentación de este tipo. ¿Qué sucedería si al investigar distintos temas y épocas se da mayor peso a empresarios y propietarios, y menos, mucho menos, al poder gubernamental? Es una ruta compleja, porque es más difícil investigar sobre esos grupos sociales que sobre el Estado, gran productor de fuentes documentales. Otra vez surge la imagen de un mundo al revés, puesto que la presunta fortaleza estatal aparece cada vez más como una invención o una poderosa fantasía. Los historiadores no podemos eludir nuestra responsabilidad en la construcción de esa imagen. Tal vez la construimos porque la necesitábamos y quizá subsiste porque la seguimos necesitando, aunque los datos duros vayan por otro rumbo; a lo mejor la construimos aprovechando que los adversarios del Estado eran aún más débiles, al menos en los años inmediatos al final de la Revolución de 1910.

Pero hace tiempo que ese escenario se extinguió y dio paso al que campea en nuestros días. Éste nos impone la urgencia de cuestionar nuestros modos de hacer la historia. De igual manera, se antoja necesaria una reflexión cuidadosa acerca de las tradiciones intelectuales y académicas en torno a las capacidades y posibilidades del leviatán estatal, en particular las políticas públicas como solución de los llamados "grandes problemas nacionales", ello como parte del esfuerzo por cambiar a fondo nuestra manera de investigar, reflexionar y escribir. No se trata, casi sobra decirlo, de eliminar responsabilidades y obligaciones gubernamentales, ni de excusar o justificar su inoperancia y el corto alcance de sus herramientas apelando al argumento del pequeño tamaño de sus finanzas públicas, resultado por supuesto de nuestra manera nacional de organizar el quehacer general. Lejos de eso, se trata de evitar a toda costa la fuerza de la tradición o la convención de otorgar al Estado un lugar prioritario y de gran protagonismo en la historia del país. No se lo merece, así las fuentes documentales generadas por los propios gobiernos nos hayan conducido a afirmar lo contrario. Qué duda cabe de que nosotros los historiadores hemos hecho gala de inocencia y escasa perspicacia. Afirmar lo anterior obedece no sólo a la crítica y la autocrítica intelectual, teórica y académica en general, sino también, de nuevo, al sentido común.

Para terminar, hay que recurrir al mundo en busca de iluminación. Esta historia mexicana ocurrió en un periodo que contiene la desintegración de varios países, como la Unión Soviética, Checoslovaquia, Yugoslavia y Sudán, y la aparición de otros más pequeños. Una de las preguntas que cabe hacer es si la población vivía mejor en países pequeños que cuando formaba parte de países más grandes. Por ello, la preservación de la unidad nacional no era asunto anacrónico o baladí. Es un problema que en nuestros tiempos enfrenta por ejemplo Bolivia, ante las exigencias del rico departamento de Santa Cruz. ¿Qué sucedería si buena parte de los grandes contribuyentes prefirieran separarse de México, pensando que lo fiscal une o desune a los países, según sea el caso? Así lo mostró Castañeda Zavala en su valioso texto. Quizá decidan abandonar el país con sus familias, de manera individual, repitiendo lo que hicieron en 2010 cuando arreció la violencia y dieron forma a la llamada "migración dorada". Pero qué escenario resultaría si, por el contrario, decidieran impulsar el surgimiento de un nuevo país. México tiene experiencia al respecto, como nos lo recuerdan los episodios de Texas y la pérdida territorial de 1848-1853. Poco consuela la certeza de que en ese hipotético nuevo país también se tendría que encarar y resolver el problema fiscal. ¿A quiénes cobrar más, a quiénes menos?[14]

En Chile, en las elecciones presidenciales de fines de 2021 apareció la cuestión hacendaria. Según un reportaje periodístico, en ese país, donde la cobija fiscal es un poco más grande que en México, el triunfo del candidato de izquierda (Gabriel Boric) se explica en parte porque abandonó varias promesas de campaña, entre ellas impulsar una reforma fiscal a fondo. ¿Qué entender de tal abandono, ocurrido entre la primera y la segunda vuelta electoral? ¿Simple ardid electoral o reconocimiento obligado de la impotencia del gobierno en general o quizá la del nuevo gobierno? Aun así, el nuevo secretario de Hacienda anunció la intención gubernamental de agrandar la cobija tributaria, al menos en cinco puntos porcentuales del PIB. ¿Lo logrará?[15]

Por último, España. A la muerte de Francisco Franco, a fines de 1975, los grupos políticos pactaron un nuevo arreglo general para garantizar la continuidad nacional. Preocupaba sobremanera que el deceso del llamado generalísimo fortaleciera las tendencias separatistas de varias provincias (País Vasco, Cataluña). Además de la forma monárquica de gobierno, el ingrediente tributario fue decisivo en el nuevo arreglo. En pocos años, la carga tributaria española, muy rezagada durante la llamada "autarquía" del largo mandato de Franco, aumentó hasta alcanzar los promedios de la OCDE. De otro modo, puede pensarse, difícilmente el país habría ingresado a la Comunidad Económica Europea, antecesora de la actual Unión Europea. Por tales razones, el caso español es tan relevante en la literatura especializada.[16]

[14] El experto Hernández Trillo también alude a ese riesgo. Mediante un ingenioso procedimiento, llega a la conclusión de que sólo 9 de las 32 entidades serían viables fuera del sistema de coordinación fiscal y aun como países independientes (aunque esto último no resulta del todo claro, puesto que en su análisis mantiene la crecida aportación federal). No se necesita mucha ciencia para saber cuáles estados son. Véase "¿Cómo disciplinar a los estados y municipios?", pp. 66-72.

[15] *El Imparcial*, lunes 20 de diciembre de 2021, "Gabriel Boric: tres cosas que cambiaron entre la primera y la segunda vuelta en las elecciones de Chile (y cómo contribuyeron al triunfo de Boric)", nota de Guillermo D. Olmo (BBC News). *Expansión*, viernes 11 de marzo de 2022, "Boric presentará una reforma tributaria para Chile en el primer semestre de 2022", entrevista de la agencia Reuters con el nuevo secretario de Hacienda, Mario Marcel.

[16] Comín Comín, "La hacienda", y Pan-Montojo, "Entre la reforma y las contrarreformas". En 1965, según la OCDE, la carga fiscal española se estimaba en 14.3%; ascendió

¿Acaso los españoles eran singularísimos y por tanto sólo ellos pudieron lograr un cambio de ese calibre en tan poco tiempo? Claro que no, pues serían como de otro mundo. Por lo pronto, la intentona del teniente coronel Antonio Tejero de febrero de 1981 desmiente cualquier pretensión de tratar a los españoles como excepcionales. Si estamos de acuerdo en que distan de serlo, y que Tejero está allí para recordárnoslo, ¿cómo pensar en una transición equivalente en México y de paso ilusionarnos con un cambio tributario similar?

¿Alcanzar una carga fiscal "normal" o moderna resolverá la situación mexicana contemporánea? Por supuesto que no, por sí solo no. No es varita mágica, como lo exhiben varios países con mayor carga fiscal que enfrentan graves problemas internos (Brasil, Argentina). Sin embargo, es difícil imaginar cualquier otra solución que no incluya el aumento de la carga fiscal de manera considerable y permanente. No es que España sea un modelo de país (véase el alza reciente del costo de la energía eléctrica, y antes la extinción de la pequeña producción lechera), pero habrá que imaginar cuál sería su situación en caso de haber mantenido la fiscalidad al modo franquista. En ese tiempo, un torero era el principal contribuyente al ISR, no un gran empresario, banquero, industrial o propietario. Nada sorprendente o singular, ni en España ni en México ni en otros lugares del planeta a lo largo de la historia.

a 17.9% en 1975, año de la muerte de Franco. Desde entonces creció de manera sostenida. Llegó a 21.9% en 1980, a 26.8% en 1985 y a 31.5% en 1990, donde ha permanecido más o menos constante, aunque alcanzó 36.6% en 2020, por la caída del PIB provocada por la pandemia, según se dijo. Hablamos de un aumento de más del doble entre 1965 y 1990, apenas una generación. Véase *Revenue Statistics - OCED countries: Comparative tables* (consultado el 6 de marzo de 2022).

ANEXO ESTADÍSTICO

Cuadro A1. *PIB per cápita por entidad federativa, 1970-2020. Miles de pesos (precios de 2020)*

Entidades federativas	*1970*	*1980*	*1990*	*2000*	*2010*	*2020*
Aguascalientes	62.95	86.43	69.92	147.74	170.24	195.02
Baja California	115.74	140.56	105.40	164.51	181.95	194.63
Baja California Sur	110.97	138.78	101.04	143.83	230.71	195.49
Campeche	66.96	83.26	286.26	194.71	1100.19	452.40
Chiapas	39.42	95.60	41.70	46.84	73.11	55.52
Chihuahua	80.70	103.40	91.59	169.32	163.61	192.28
Coahuila	95.67	125.51	104.26	153.16	230.25	229.71
Colima	68.46	99.82	85.82	113.68	163.40	174.74
DF/Ciudad de México	153.56	209.28	178.47	294.87	367.25	344.29
Durango	57.23	79.15	67.18	93.57	131.06	133.76
Guanajuato	56.82	71.10	57.08	82.87	122.22	140.89
Guerrero	41.18	58.08	49.46	62.95	80.19	78.31
Hidalgo	42.85	71.79	62.05	65.68	100.93	104.76
Jalisco	82.85	110.36	87.99	114.91	162.92	174.41
México	86.12	106.25	79.95	86.89	104.32	107.38
Michoacán	41.82	60.68	48.65	62.94	97.25	107.33

Morelos	67.18	83.86	73.54	96.72	128.21	109.36
Nayarit	60.33	77.75	60.77	64.84	118.29	109.40
Nuevo León	132.97	172.56	140.65	208.16	295.61	275.98
Oaxaca	28.09	43.60	39.06	48.54	80.08	77.99
Puebla	49.54	71.18	51.79	83.50	105.06	98.71
Querétaro	62.73	94.03	85.94	139.00	204.31	192.48
Quintana Roo	79.70	131.08	100.63	180.35	198.86	143.70
San Luis Potosí	46.57	63.84	63.53	84.37	138.05	165.34
Sinaloa	74.65	82.92	70.10	86.11	145.99	152.97
Sonora	110.58	118.78	103.90	135.97	211.27	243.73
Tabasco	57.81	274.53	85.12	71.90	292.74	192.63
Tamaulipas	83.69	112.57	83.89	126.62	181.52	175.04
Tlaxcala	36.32	60.35	51.66	62.29	97.78	84.04
Veracruz	64.85	79.29	62.80	64.83	121.95	112.25
Yucatán	55.00	78.44	58.87	94.24	131.06	130.95
Zacatecas	41.07	51.55	55.39	59.90	127.35	119.96
Promedio	70.45	101.14	84.51	112.68	189.31	164.55

NOTA: El PIB per cápita de 1990 consideró el PIB real de 1988 y la población de 1990.

FUENTES: Elaborado con base en *INEGI 1996*, *INEGI 2004*, *INEGI 2012* y https://www.inegi.org.mx/siscon/ (consultado el 10 de enero de 2022).

Cuadro A2. *Ingresos brutos estatales totales (ibet) por ramo, 1970-2020. Miles de pesos (precios de 2020)*

Años	*Ingresos brutos estatales totales (ibet)*	*Impuestos*	*Deuda*
1970	66 543 145 083	28 308 786 438	2 081 271 816
1971	73 240 274 377	31 531 981 936	5 535 594 493
1972	90 096 753 103	36 006 042 086	11 286 822 718
1973	100 938 307 586	35 587 206 116	6 276 167 117
1974	110 717 902 451	30 768 290 180	4 589 089 397
1975	132 160 852 806	34 677 017 533	8 345 232 967
1976	133 651 193 629	33 750 124 001	7 148 118 563
1977	157 800 474 250	38 299 767 230	9 399 926 751
1978	187 235 982 534	46 777 017 433	20 649 999 577
1979	224 924 485 605	56 991 517 930	26 866 807 638
1980	293 474 028 593	26 559 968 256	26 301 552 070
1981	344 655 033 852	19 063 638 153	45 950 169 266
1982	246 486 352 924	13 757 683 852	21 903 864 368
1983	266 747 937 627	11 459 137 300	14 694 479 188
1984	308 217 645 537	6 045 181 610	26 553 926 572
1985	288 176 101 073	4 926 439 374	66 466 796 310
1989	330 795 597	6 515 331	26 935 774
1990	297 364 013	8 239 539	21 421 491
1991	331 320 110	10 976 202	41 675 078
1992	442 325 331	13 505 841	49 419 779
1993	537 830 569	14 298 146	57 172 611
1994	665 572 065	14 958 735	67 101 740
1995	538 735 854	11 575 473	58 419 959
1996	545 831 538	12 308 606	43 826 133
1997	623 233 473	14 171 652	17 389 587
1998	705 131 363	15 339 008	5 031 456
1999	797 007 624	17 510 305	7 878 373
2000	892 492 355	20 336 437	6 928 993

Participaciones (P)	*Aportaciones* (A)	*Suma federal* (SF = P + A)	*Ingresos propios* (IPET = SF – IBET)
6 331 869 191		6 331 869 191	60 211 275 892
9 205 645 954		9 205 645 954	64 034 628 423
10 234 224 016		10 234 224 016	79 862 529 088
19 839 207 602		19 839 207 602	81 099 099 984
22 977 704 727		22 977 704 727	87 740 197 724
29 203 744 655		29 203 744 655	102 957 108 151
33 750 124 001		33 750 124 001	99 901 069 628
42 680 381 632		42 680 381 632	115 120 092 619
46 105 751 119		46 105 751 119	141 130 231 415
55 838 658 497		55 838 658 497	169 085 827 108
126 573 218 343		126 573 218 343	166 900 810 250
164 649 712 002		164 649 712 002	180 005 321 850
113 878 075 654		113 878 075 654	132 608 277 270
141 034 078 267		141 034 078 267	125 713 859 360
160 941 024 314		160 941 024 314	147 276 621 223
141 460 654 224		141 460 654 224	146 715 446 848
162 014 395	2 278 579	164 292 974	166 502 623
178 105 725	3 028 175	181 133 900	116 230 112
195 975 560	9 267 404	205 242 964	126 077 146
215 364 624	24 651 701	240 016 325	202 309 006
235 729 574	73 961 924	309 691 497	228 139 071
254 447 868	154 775 716	409 223 584	256 348 480
202 151 909	186 535 852	388 687 762	150 048 092
234 737 801	173 397 950	408 135 751	137 695 787
259 325 810	245 599 809	504 925 619	118 307 855
273 630 082	326 336 419	599 966 501	105 164 862
299 295 142	382 217 361	681 512 503	115 495 121
348 360 544	443 359 642	791 720 186	100 772 169

(Continúa)

CUADRO A2. *Ingresos brutos estatales totales (IBET) por ramo, 1970-2020. Miles de pesos (precios de 2020) (continuación)*

Años	*Ingresos brutos estatales totales (IBET)*	*Impuestos*	*Deuda*
2001	979 030 286	23 484 703	15 475 958
2002	1 012 999 124	25 939 236	29 362 050
2003	1 105 889 218	27 045 843	30 175 254
2004	1 155 013 403	28 061 745	31 659 706
2005	1 264 920 639	32 680 147	23 645 339
2006	1 403 278 252	37 576 024	27 490 231
2007	1 501 844 446	43 637 990	39 081 357
2008	1 666 782 970	45 506 777	20 834 495
2009	1 751 283 502	45 340 740	70 021 627
2010	1 801 737 217	49 672 482	124 391 220
2011	1 930 466 355	61 132 551	165 392 001
2012	1 946 740 736	73 761 720	93 829 149
2013	2 065 566 548	81 582 738	123 956 128
2014	2 131 578 420	90 420 892	92 229 130
2015	2 140 967 231	92 640 689	67 128 203
2016	2 171 660 189	97 499 614	64 034 962
2017	2 244 276 303	100 214 644	166 473 825
2018	2 288 285 331	101 331 892	173 868 416
2019	2 211 669 931	108 255 308	110 033 825
2020	2 195 502 435	105 188 410	166 761 283

FUENTE: Elaborado con base en *INEGI 2021*.

Participaciones (P)	Aportaciones (A)	Suma federal (SF = P + A)	Ingresos propios (IPET = SF − IBET)
370 306 455	505 267 749	875 574 204	103 456 082
370 487 574	519 540 856	890 028 429	122 970 694
401 764 551	572 914 022	974 678 573	131 210 645
406 858 758	611 709 892	1 018 568 650	136 444 753
444 764 279	663 108 722	1 107 873 001	157 047 638
492 763 771	710 413 301	1 203 177 073	200 101 179
491 060 925	739 739 080	1 230 800 006	271 044 440
581 678 244	834 498 279	1 416 176 523	250 606 447
516 859 910	931 840 292	1 448 700 202	302 583 301
558 007 509	880 053 712	1 438 061 220	363 675 997
596 328 918	925 452 099	1 521 781 017	408 685 338
602 732 203	981 341 954	1 584 074 156	362 666 580
622 216 547	1 048 177 006	1 670 393 553	395 172 995
645 987 389	1 096 909 812	1 742 897 201	388 681 219
672 598 339	1 126 421 782	1 799 020 122	341 947 109
721 682 171	1 107 408 683	1 829 090 854	342 569 335
752 219 163	1 042 152 569	1 794 371 733	449 904 570
793 230 299	1 047 613 152	1 840 843 451	447 441 880
811 471 838	1 017 343 195	1 828 815 033	382 854 898
766 069 960	1 023 042 476	1 789 112 436	406 389 999

Cuadro A3. *Ingresos brutos estatales totales (IBET) por ramo y por entidad federativa, 1970-2020. Miles de pesos (precios de 2020)*

	1970			
Entidades federativas	*Ingresos brutos estatales totales reales (IBET)*	*IBET per cápita*	*Impuestos*	*Deuda*
Aguascalientes	387 948 276	1 147	167 887 931	137 931
Baja California	2 908 603 448	3 342	1 297 887 931	0
Baja California Sur	764 948 276	5 975	113 206 897	0
Campeche	547 793 103	2 178	219 836 207	25 474 138
Chiapas	1 288 879 310	821	658 577 586	0
Chihuahua	3 246 732 759	2 013	1 623 620 690	0
Coahuila	1 192 853 448	1 070	432 043 103	41 922 414
Colima	429 172 414	1 780	213 224 138	0
Distrito Federal	36 567 413 793	5 320	21 843 215 517	2 291 275 862
Durango	2 105 405 172	2 242	356 965 517	571 034 483
Guanajuato	7 023 008 621	3 093	1 103 620 690	0
Guerrero	1 572 172 414	984	1 088 456 897	0
Hidalgo	687 767 241	576	153 051 724	0
Jalisco	4 834 551 724	1 467	2 221 775 862	1 594 828
México	6 636 655 172	1 731	3 946 612 069	0
Michoacán	2 004 594 828	862	1 076 706 897	83 310 345
Morelos	1 081 017 241	1 755	572 543 103	10 775 862
Nayarit	550 525 862	1 012	360 060 345	0
Nuevo León	6 781 370 690	4 002	2 872 689 655	795 715 517
Oaxaca	1 127 508 621	559	477 370 690	0
Puebla	2 050 396 552	817	1 245 129 310	116 206 897
Querétaro	301 112 069	620	74 853 448	0
Quintana Roo	449 551 724	5 100	45 698 276	0
San Luis Potosí	1 306 905 172	1 019	542 568 966	0
Sinaloa	3 331 931 034	2 631	1 456 853 448	0
Sonora	4 358 112 069	3 967	1 581 232 759	241 379

1970			
Participaciones (P)	*Suma federal* (SF)	*Ingresos propios estatales totales* (IPET = SF – IBET)	*Porcentaje* IPET/IBET
50 965 517	50 965 517	336 982 759	86.86
0	0	2 908 603 448	100.00
123 956 897	123 956 897	640 991 379	83.80
43 189 655	43 189 655	504 603 448	92.12
108 431 034	108 431 034	1 180 448 276	91.59
481 146 552	481 146 552	2 765 586 207	85.18
318 137 931	318 137 931	874 715 517	73.33
49 068 966	49 068 966	380 103 448	88.57
0	0	36 567 413 793	
181 336 207	181 336 207	1 924 068 966	91.39
197 767 241	197 767 241	6 825 241 379	97.18
256 810 345	256 810 345	1 315 362 069	83.67
227 750 000	227 750 000	460 017 241	66.89
414 043 103	414 043 103	4 420 508 621	91.44
489 474 138	489 474 138	6 147 181 034	92.62
225 543 103	225 543 103	1 779 051 724	88.75
81 250 000	81 250 000	999 767 241	92.48
82 232 759	82 232 759	468 293 103	85.06
535 267 241	535 267 241	6 246 103 448	92.11
97 974 138	97 974 138	1 029 534 483	91.31
237 413 793	237 413 793	1 812 982 759	88.42
0	0	301 112 069	100.00
10 603 448	10 603 448	438 948 276	97.64
225 474 138	225 474 138	1 081 431 034	82.75
235 974 138	235 974 138	3 095 956 897	92.92
468 991 379	468 991 379	3 889 120 690	89.24

(Continúa)

Cuadro A3. *Ingresos brutos estatales totales (IBET) por ramo y por entidad federativa, 1970-2020. Miles de pesos (precios de 2020) (continuación)*

	1970			
Entidades federativas	*Ingresos brutos estatales totales reales (IBET)*	*IBET per cápita*	*Impuestos*	*Deuda*
Tabasco	878 068 966	1 143	465 318 966	68 966
Tamaulipas	2 343 508 621	1 609	903 387 931	184 620 690
Tlaxcala	367 612 069	874	95 741 379	0
Veracruz	4 016 681 034	1 053	2 046 336 207	0
Yucatán	1 053 767 241	1 390	588 724 138	250 000 000
Zacatecas	912 465 517	959	306 146 552	0
Sumatoria	103 109 034 483		50 151 344 828	4 372 379 310
Promedio	3 222 157 328	1 972	1 567 229 526	136 636 853
Sumatoria sin DF	66 541 620 690		28 308 129 310	2 081 103 448

	1980			
Entidades federativas	*Ingresos brutos estatales totales reales (IBET)*	*IBET per cápita*	*Impuestos*	*Deuda*
Aguascalientes	2 632 891 753	5 069	985 632 302	865 757 732
Baja California	21 375 027 491	18 147	896 302 405	1 747 848 797
Baja California Sur	2 055 362 543	9 554	131 977 663	898 281 787
Campeche	2 940 381 443	6 992	241 243 986	455 326 460
Chiapas	10 765 558 419	5 164	792 068 729	0
Chihuahua	6 919 163 230	3 450	1 067 434 708	0
Coahuila	6 439 438 144	4 135	135 237 113	232 486 254
Colima	1 338 496 564	3 865	140 946 735	0
Distrito Federal	117 247 422 680	13 277	12 597 938 144	48 501 718 213
Durango	3 544 795 533	2 998	274 238 832	455 725 086
Guanajuato	7 150 441 581	2 379	1 041 716 495	0
Guerrero	3 830 512 027	1 816	732 774 914	0
Hidalgo	2 504 094 502	1 618	176 625 430	0

1970			
Participaciones (P)	*Suma federal* (SF)	*Ingresos propios estatales totales* (IPET = SF – IBET)	*Porcentaje* IPET/IBET
140 603 448	140 603 448	737 465 517	83.99
248 172 414	248 172 414	2 095 336 207	89.41
64 387 931	64 387 931	303 224 138	82.48
480 853 448	480 853 448	3 535 827 586	88.03
101 034 483	101 034 483	952 732 759	90.41
153 879 310	153 879 310	758 586 207	83.14
6 331 732 759	6 331 732 759	96 777 301 724	
197 866 649	197 866 649	3 024 290 679	88.48
6 331 732 759	6 331 732 759	60 209 887 931	

1980			
Participaciones (P)	*Suma federal* (SF)	*Ingresos propios estatales totales* (IPET = SF – IBET)	*Porcentaje* IPET/IBET
115 697 595	115 697 595	2 517 194 158	95.61
4 783 127 148	4 783 127 148	16 591 900 344	77.62
788 556 701	788 556 701	1 266 805 842	61.63
1 421 793 814	1 421 793 814	1 518 587 629	51.65
7 289 948 454	7 289 948 454	3 475 609 966	32.28
4 586 140 893	4 586 140 893	2 333 022 337	33.72
4 104 101 375	4 104 101 375	2 335 336 770	36.27
0	0	1 338 496 564	100.00
43 261 168 385	0	117 247 422 680	100.00
2 584 836 770	2 584 836 770	959 958 763	27.08
4 075 788 660	4 075 788 660	3 074 652 921	43.00
2 398 372 852	2 398 372 852	1 432 139 175	37.39
98 972 509	98 972 509	2 405 121 993	96.05

(Continúa)

Cuadro A3. *Ingresos brutos estatales totales (IBET) por ramo y por entidad federativa, 1970-2020. Miles de pesos (precios de 2020) (continuación)*

	1980			
Entidades federativas	*Ingresos brutos estatales totales reales (IBET)*	*IBET per cápita*	*Impuestos*	*Deuda*
Jalisco	29 278 139 175	6 697	3 013 503 436	0
México	49 228 101 375	6 508	4 600 695 876	12 742 274 914
Michoacán	5 614 847 079	1 957	741 859 107	0
Morelos	3 415 579 038	3 606	1 268 556 701	455 932 990
Nayarit	1 910 168 385	2 631	369 044 674	0
Nuevo León	39 260 486 254	15 623	2 074 268 041	0
Oaxaca	13 507 652 921	5 702	439 888 316	6 506 883 162
Puebla	5 982 542 955	1 787	460 013 746	51 613 402
Querétaro	1 899 314 433	2 568	284 804 124	0
Quintana Roo	1 889 685 567	8 362	146 441 581	37 013 746
San Luis Potosí	3 151 603 093	1 883	370 974 227	0
Sinaloa	9 159 108 247	4 951	1 559 029 210	1 403 348 797
Sonora	8 633 652 921	5 704	1 236 957 045	0
Tabasco	13 303 771 478	12 516	501 276 632	81 924 399
Tamaulipas	7 747 563 574	4 026	898 891 753	0
Tlaxcala	1 833 175 258	3 294	34 041 237	0
Veracruz	20 937 410 653	3 886	1 399 328 179	0
Yucatán	3 099 740 550	2 914	334 580 756	3 941 581
Zacatecas	2 017 568 729	1 775	199 862 543	56 707 904
Sumatoria	410 613 697 595		39 148 154 639	74 496 785 223
Promedio	12 831 678 050	5 464	1 223 379 832	2 328 024 538
Sumatoria sin DF	293 366 274 914		26 550 216 495	25 995 067 010

1980			
Participaciones (P)	*Suma federal* (SF)	*Ingresos propios estatales totales* (IPET = SF – IBET)	*Porcentaje* IPET/IBET
11 096 778 351	11 096 778 351	18 181 360 825	62.10
20 181 302 405	20 181 302 405	29 046 798 969	59.00
3 051 085 911	3 051 085 911	2 563 761 168	45.66
214 943 299	214 943 299	3 200 635 739	93.71
981 604 811	981 604 811	928 563 574	48.61
9 319 675 258	9 319 675 258	29 940 810 997	76.26
1 597 596 220	1 597 596 220	11 910 056 701	88.17
3 729 843 643	3 729 843 643	2 252 699 313	37.65
638 512 027	638 512 027	1 260 802 405	66.38
535 448 454	535 448 454	1 354 237 113	71.66
1 213 489 691	1 213 489 691	1 938 113 402	61.50
3 933 293 814	3 933 293 814	5 225 814 433	57.06
5 162 582 474	5 162 582 474	3 471 070 447	40.20
12 106 548 110	12 106 548 110	1 197 223 368	9.00
5 524 718 213	5 524 718 213	2 222 845 361	28.69
820 163 230	820 163 230	1 013 012 027	55.26
10 905 666 667	10 905 666 667	10 031 743 986	47.91
2 318 991 409	2 318 991 409	780 749 141	25.19
948 883 162	948 883 162	1 068 685 567	52.97
169 789 632 302	126 528 463 918	284 085 233 677	
5 305 926 009	3 954 014 497	8 877 663 552	56.85
126 528 463 918	126 528 463 918	166 837 810 997	

(Continúa)

Cuadro A3. *Ingresos brutos estatales totales (IBET) por ramo y por entidad federativa, 1970-2020. Miles de pesos (precios de 2020) (continuación)*

	1990			
Entidades federativas	*Ingresos brutos estatales totales reales (IBET)*	*IBET per cápita*	*Impuestos*	*Deuda*
Aguascalientes	3 035 044 778	4 217	43 228 098	2 324 514
Baja California	21 621 320 535	13 018	385 987 700	5 323 212 216
Baja California Sur	1 830 453 906	5 760	36 945 087	33 181 427
Campeche	3 134 476 556	5 857	1 454 598	16 497 642
Chiapas	10 704 683 036	3 334	131 504 784	1 292 341
Chihuahua	8 964 466 059	3 671	678 737 859	504 227 645
Coahuila	6 254 746 644	3 171	9 971 943	0
Colima	2 314 165 510	5 400	38 283 045	273 873 407
Distrito Federal	87 372 182 923	10 609	16 153 029 066	1 149 718 859
Durango	3 719 715 776	2 757	30 318 075	244 970 367
Guanajuato	8 142 179 737	2 044	91 908 300	0
Guerrero	6 824 180 282	2 604	258 878 622	676 369 530
Hidalgo	3 624 484 605	1 919	81 672 029	0
Jalisco	33 736 649 243	6 362	1 337 762 028	0
México	26 255 979 912	2 675	1 642 302 635	1 807 266 585
Michoacán	6 329 019 907	1 784	125 115 109	0
Morelos	4 281 163 561	3 582	296 569 628	0
Nayarit	3 083 691 085	3 739	47 140 298	450 588 945
Nuevo León	37 694 016 766	12 164	1 183 047 907	0
Oaxaca	16 947 405 410	5 613	42 468 723	9 486 282 626
Puebla	7 610 096 132	1 844	169 804 562	0
Querétaro	3 391 470 424	3 226	37 473 734	0
Quintana Roo	2 403 805 741	4 873	51 761 008	427 481 930
San Luis Potosí	4 163 934 612	2 079	41 445 608	68 017 957
Sinaloa	7 699 007 278	3 493	83 939 158	0
Sonora	11 120 987 009	6 098	549 519 374	0

1990

Participaciones (P)	*Aportaciones* (A)	*Suma federal* (SF)	*Ingresos propios estatales totales* (IPET = SF – IBET)	*Porcentaje* IPET/IBET
2 172 868 714	8 331 848	2 181 200 562	853 844 216.21	28.13
7 192 922 902	551 123 192	7 744 046 094	13 877 274 441.12	64.18
1 458 803 791	0	1 458 803 791	371 650 115.63	20.30
2 896 768 886	514 397	2 897 283 283	237 193 273.02	7.57
9 056 958 237	43 845 509	9 100 803 746	1 603 879 290.80	14.98
5 965 693 284	0	5 965 693 284	2 998 772 774.68	33.45
5 626 098 739	1 913 436	5 628 012 175	626 734 469.23	10.02
1 624 652 077	168 061	1 624 820 138	689 345 372.51	29.79
44 352 899 832	54 074 276	44 406 974 108	42 965 208 815	49.17
2 787 300 152	30 089 546	2 817 389 698	902 326 078.08	24.26
6 043 734 968	16 023 137	6 059 758 105	2 082 421 631.98	25.58
3 909 334 297	296 801 422	4 206 135 718	2 618 044 563.10	38.36
3 322 623 589	0	3 322 623 589	301 861 016.64	8.33
12 293 781 504	708 105 779	13 001 887 283	20 734 761 959.82	61.46
20 000 719 857	45 731 873	20 046 451 730	6 209 528 182.11	23.65
4 675 099 680	261 633 259	4 936 732 939	1 392 286 967.76	22.00
3 086 462 159	0	3 086 462 159	1 194 701 401.17	27.91
2 233 331 089	34 324 230	2 267 655 319	816 035 766.11	26.46
8 562 117 070	328 352 435	8 890 469 505	28 803 547 261.14	76.41
3 764 252 823	0	3 764 252 823	13 183 152 586.95	77.79
6 348 369 836	0	6 348 369 836	1 261 726 295.74	16.58
2 780 575 239	3 048 315	2 783 623 555	607 846 868.91	17.92
1 635 805 503	21 946 776	1 657 752 279	746 053 462.11	31.04
3 542 239 151	0	3 542 239 151	621 695 460.94	14.93
6 433 320 535	55 518 115	6 488 838 650	1 210 168 627.85	15.72
8 289 815 909	0	8 289 815 909	2 831 171 099.17	25.46

(Continúa)

Cuadro A3. *Ingresos brutos estatales totales (IBET) por ramo y por entidad federativa, 1970-2020. Miles de pesos (precios de 2020) (continuación)*

	1990			
Entidades federativas	*Ingresos brutos estatales totales reales (IBET)*	*IBET per cápita*	*Impuestos*	*Deuda*
Tabasco	14 234 288 680	9 479	47 996 803	0
Tamaulipas	8 681 177 164	3 859	485 806 920	0
Tlaxcala	3 314 417 925	4 354	37 479 084	108 857 944
Veracruz	18 867 614 384	3 029	185 961 094	1 934 884 143
Yucatán	3 819 136 331	2 802	49 271 267	175 522 197
Zacatecas	3 560 194 645	2 789	35 782 739	0
Sumatoria	472 108 339 478		40 545 595 951	23 834 289 133
Promedio	14 306 313 318	4 813	1 228 654 423	722 251 186
Sumatoria sin DF	384 736 156 555		24 392 566 884	22 684 570 274

	2000			
Entidades federativas	*Ingresos brutos estatales totales reales (IBET)*	*IBET per cápita*	*Impuestos*	*Deuda*
Aguascalientes	10 480 198 543	11 099	81 409 179	62 703 332
Baja California	49 405 279 479	19 862	1 386 938 595	0
Baja California Sur	7 149 020 530	16 859	161 973 822	0
Campeche	13 755 654 905	19 916	260 438 831	0
Chiapas	41 964 505 719	10 703	250 547 146	0
Chihuahua	32 837 471 885	10 756	2 256 391 539	135 203 905
Coahuila	24 577 959 021	10 695	572 592 466	0
Colima	7 521 982 994	13 862	44 402 877	56 544 839
Distrito Federal	128 189 756 563	14 897	25 997 407 306	10 806 709 384
Durango	16 572 529 665	11 440	294 687 275	339 269 034
Guanajuato	35 021 941 295	7 511	205 876 493	0
Guerrero	32 528 152 544	10 562	600 651 849	0
Hidalgo	21 087 963 250	9 433	236 505 185	271 415 227

1990				
Participaciones (P)	*Aportaciones (A)*	*Suma federal (SF)*	*Ingresos propios estatales totales (IPET = SF – IBET)*	*Porcentaje IPET/IBET*
13 012 926 155	0	13 012 926 155	1 221 362 524.37	8.58
7 124 665 578	15 224 686	7 139 890 264	1 541 286 899.74	17.75
2 615 411 917	40 490 160	2 655 902 077	658 515 848.18	19.87
13 833 038 589	0	13 833 038 589	5 034 575 794.68	26.68
3 190 862 604	16 712 567	3 207 575 171	611 561 159.48	16.01
2 625 147 134	548 275 790	3 173 422 924	386 771 720.40	10.86
266 811 501 632	3 136 323 085	269 947 824 718	202 160 514 760	
8 085 197 019	95 040 093	8 180 237 113	6 126 076 205	28
222 458 601 800	3 082 248 810	225 540 850 610	159 195 305 945	

2000				
Participaciones (P)	*Aportaciones (A)*	*Suma federal (SF = A + P)*	*Ingresos propios estatales totales (IPET = SF – IBET)*	*Porcentaje IPET/IBET*
4 627 687 789	5 225 460 759	9 853 148 548	627 049 995	5.98
11 145 584 866	13 344 634 008	24 490 218 874	24 915 060 605	50.43
2 674 215 780	4 136 974 218	6 811 189 997	337 830 533	4.73
4 704 139 315	6 023 077 770	10 727 217 085	3 028 437 820	22.02
15 322 705 297	23 913 565 261	39 236 270 558	2 728 235 161	6.50
11 731 459 884	14 462 195 338	26 193 655 221	6 643 816 664	20.23
9 754 503 731	13 262 818 378	23 017 322 109	1 560 636 912	6.35
3 089 236 376	4 075 353 559	7 164 589 935	357 393 059	4.75
53 099 688 551	7 080 075 408	60 179 763 959	68 009 992 604	53.05
5 901 600 579	9 185 534 971	15 087 135 549	1 485 394 115	8.96
15 198 100 523	17 839 684 471	33 037 784 994	1 984 156 301	5.67
8 695 275 113	22 822 844 115	31 518 119 228	1 010 033 316	3.11
7 467 205 577	12 865 390 487	20 332 596 064	755 367 186	3.58

(Continúa)

Cuadro A3. *Ingresos brutos estatales totales (IBET) por ramo y por entidad federativa, 1970-2020. Miles de pesos (precios de 2020) (continuación)*

Entidades federativas	*2000*			
	Ingresos brutos estatales totales reales (IBET)	*IBET per cápita*	*Impuestos*	*Deuda*
Jalisco	57 871 673 571	9 154	2 314 346 878	0
México	94 944 083 487	7 249	3 296 255 375	0
Michoacán	34 928 343 209	8 763	174 345 100	0
Morelos	15 363 651 953	9 878	101 482 153	384 504 905
Nayarit	12 657 680 277	13 756	177 230 330	1 017 325 298
Nuevo León	48 209 887 740	12 574	2 731 570 868	823 286 447
Oaxaca	33 323 474 303	9 691	54 991 376	0
Puebla	43 654 092 602	8 599	612 999 206	0
Querétaro	15 432 240 058	10 989	145 264 184	0
Quintana Roo	11 546 691 286	13 197	567 224 508	0
San Luis Potosí	22 077 660 944	9 602	189 395 807	1 369 642 659
Sinaloa	24 097 884 915	9 499	423 756 629	339 269 034
Sonora	26 307 004 548	11 866	1 043 222 875	405 146 033
Tabasco	31 718 136 626	16 766	181 857 041	77 558 464
Tamaulipas	30 572 781 124	11 104	1 245 757 441	0
Tlaxcala	10 902 597 620	11 326	137 800 247	646 644 451
Veracruz	63 529 696 221	9 195	159 720 386	1 000 480 964
Yucatán	8 180 749 400	4 933	355 613 430	0
Zacatecas	14 271 595 702	10 543	71 193 073	188 019 673
Sumatoria	1 020 682 341 979		46 333 849 469	17 923 723 647
Promedio	31 896 323 187	11 446	1 447 932 796	560 116 364
Sumatoria sin DF	892 492 585 416		20 336 442 163	7 117 014 263

2000				
Participaciones (P)	*Aportaciones* (A)	*Suma federal* (SF = A + P)	*Ingresos propios estatales totales* (IPET = SF − IBET)	*Porcentaje* IPET/IBET
24 509 914 948	26 538 631 251	51 048 546 198	6 823 127 373	11.79
46 228 315 167	42 636 838 058	88 865 153 225	6 078 930 262	6.40
12 077 396 578	21 515 622 762	33 593 019 341	1 335 323 868	3.82
5 982 388 637	8 427 519 233	14 409 907 870	953 744 083	6.21
4 284 445 245	6 756 991 640	11 041 436 886	1 616 243 392	12.77
18 146 941 094	17 770 496 145	35 917 437 239	12 292 450 502	25.50
9 937 899 307	22 352 771 566	32 290 670 873	1 032 803 430	3.10
16 120 269 968	22 928 197 554	39 048 467 522	4 605 625 081	10.55
6 662 882 968	7 951 597 699	14 614 480 667	817 759 390	5.30
4 095 499 741	5 625 594 465	9 721 094 206	1 825 597 080	15.81
7 617 960 450	12 512 848 118	20 130 808 569	1 946 852 375	8.82
10 034 519 242	12 005 007 376	22 039 526 618	2 058 358 298	8.54
12 315 409 373	11 692 445 836	24 007 855 209	2 299 149 339	8.74
19 189 404 836	11 560 130 729	30 749 535 566	968 601 060	3.05
11 089 517 265	17 137 085 046	28 226 602 311	2 346 178 813	7.67
4 042 747 932	5 291 940 601	9 334 688 533	1 567 909 087	14.38
23 948 071 525	35 372 289 322	59 320 360 847	4 209 335 374	6.63
6 461 301 346	0	6 461 301 346	1 719 448 055	21.02
5 304 033 965	8 126 216 619	13 430 250 584	841 345 118	5.90
401 460 322 968	450 439 832 761	851 900 155 729	168 782 186 250	
12 545 635 093	14 076 244 774	26 621 879 867	5 274 443 320	11.92
348 360 634 417	443 359 757 353	791 720 391 770	100 772 193 646	

(Continúa)

Cuadro A3. *Ingresos brutos estatales totales (IBET) por ramo y por entidad federativa, 1970-2020. Miles de pesos (precios de 2020) (continuación)*

	2010			
Entidades federativas	*Ingresos brutos estatales totales reales (IBET)*	*IBET per cápita*	*Impuestos*	*Deuda*
Aguascalientes	19 598 806 199	16 539	723 984 185	437 221 863
Baja California	46 454 307 086	14 724	2 013 578 430	2 094 390 742
Baja California Sur	13 934 708 343	21 875	529 022 139	1 547 988 565
Campeche	21 624 017 167	26 292	1 199 359 281	656 858 028
Chiapas	83 724 890 732	17 455	1 840 561 424	0
Chihuahua	59 026 730 436	17 328	2 483 681 485	3 105 897 998
Coahuila	73 255 959 030	26 654	1 001 370 216	30 955 450 049
Colima	12 870 993 031	19 785	603 863 252	0
Distrito Federal	190 351 296 311	21 506	35 348 753 558	7 864 751 266
Durango	29 449 670 435	18 035	624 452 356	0
Guanajuato	70 669 527 311	12 881	2 449 059 740	2 279 525 410
Guerrero	58 032 879 211	17 125	1 321 019 493	2 349 342 092
Hidalgo	39 948 951 004	14 990	1 192 489 360	0
Jalisco	106 681 264 137	14 513	3 167 266 170	2 617 587 111
México	250 296 146 353	16 493	8 790 656 934	7 276 344 723
Michoacán	70 460 661 979	16 194	1 081 335 543	2 709 466 996
Morelos	28 498 215 202	16 035	534 994 576	0
Nayarit	23 325 660 797	21 499	679 633 688	2 369 523 121
Nuevo León	86 532 576 873	18 595	3 899 660 110	12 887 559 450
Oaxaca	75 404 037 959	19 833	507 528 522	729 084 037
Puebla	79 457 611 346	13 747	1 693 413 017	3 645 420 186
Querétaro	30 389 448 980	16 625	2 233 226 999	850 425 038
Quintana Roo	33 564 211 662	25 320	1 360 435 817	9 996 883 667
San Luis Potosí	40 480 463 464	15 657	889 710 000	255 831 214
Sinaloa	47 313 441 627	17 094	905 527 093	1 288 015 257
Sonora	56 857 784 591	21 355	1 286 194 041	4 972 806 138

2010				
Participaciones (P)	*Aportaciones* (A)	*Suma federal* (SF = A + P)	*Ingresos propios estatales totales* (IPET = SF − IBET)	*Porcentaje* IPET/IBET
7 029 235 606	10 929 796 413	17 959 032 020	1 639 774 179	8.37
17 938 133 329	22 087 421 975	40 025 555 304	6 428 751 782	13.84
4 355 228 009	6 521 127 248	10 876 355 258	3 058 353 085	21.95
7 968 343 171	10 917 700 994	18 886 044 165	2 737 973 002	12.66
25 490 253 314	48 041 223 372	73 531 476 687	10 193 414 045	12.17
18 077 179 116	28 174 610 687	46 251 789 802	12 774 940 634	21.64
15 505 450 545	27 096 614 936	42 602 065 480	30 653 893 549	41.84
4 434 151 635	7 468 013 616	11 902 165 251	968 827 780	7.53
76 700 886 275	30 907 500 817	107 608 387 091	82 742 909 220	43.47
8 212 695 514	19 579 216 458	27 791 911 972	1 657 758 463	5.63
24 566 249 878	36 720 039 311	61 286 289 188	9 383 238 123	13.28
14 009 943 751	38 953 480 980	52 963 424 731	5 069 454 480	8.74
12 051 692 140	23 643 938 096	35 695 630 236	4 253 320 768	10.65
40 371 722 188	50 461 595 618	90 833 317 806	15 847 946 331	14.86
78 452 996 098	91 932 157 272	170 385 153 370	79 910 992 983	31.93
19 294 717 408	39 650 352 627	58 945 070 036	11 515 591 943	16.34
9 192 925 843	15 736 017 626	24 928 943 470	3 569 271 733	12.52
6 482 035 842	12 960 280 406	19 442 316 247	3 883 344 549	16.65
29 745 840 997	32 222 954 418	61 968 795 415	24 563 781 459	28.39
16 290 538 531	50 356 689 783	66 647 228 314	8 756 809 645	11.61
26 581 371 174	44 730 653 755	71 312 024 929	8 145 586 417	10.25
10 540 677 612	15 642 309 398	26 182 987 011	4 206 461 970	13.84
8 244 039 009	12 250 659 092	20 494 698 101	13 069 513 561	38.94
12 106 891 011	24 125 322 255	36 232 213 266	4 248 250 198	10.49
16 223 618 937	26 358 928 328	42 582 547 265	4 730 894 362	10.00
18 850 421 876	26 337 700 317	45 188 122 193	11 669 662 398	20.52

(Continúa)

CUADRO A3. *Ingresos brutos estatales totales (IBET) por ramo y por entidad federativa, 1970-2020. Miles de pesos (precios de 2020) (continuación)*

	2010			
Entidades federativas	*Ingresos brutos estatales totales reales (IBET)*	*IBET per cápita*	*Impuestos*	*Deuda*
Tabasco	51 141 151 428	22 845	1 074 917 236	0
Tamaulipas	58 511 321 748	17 901	1 665 373 163	6 489 972 611
Tlaxcala	24 796 935 441	21 195	214 625 623	0
Veracruz	143 370 335 886	18 758	2 338 882 706	17 643 833 699
Yucatán	31 741 679 152	16 231	977 598 628	2 277 627 657
Zacatecas	34 322 409 239	23 025	389 049 034	4 954 135 018
Sumatoria	1 992 088 094 161		85 021 223 816	132 255 941 936
Promedio	62 252 752 943	18 691	2 656 913 244	4 132 998 185
Sumatoria sin DF	1 801 736 797 850		49 672 470 258	124 391 190 670

	2020			
Entidades federativas	*Ingresos brutos estatales totales reales (IBET)*	*IBET per cápita*	*Impuestos*	*Deuda*
Aguascalientes	23 835 795 549	16 720	1 289 430 790	316 043 735
Baja California	66 942 454 685	17 761	5 174 275 507	11 462 932 810
Baja California Sur	16 411 496 615	20 554	893 580 827	549 093 538
Campeche	21 810 621 389	23 494	1 471 570 682	287 002 393
Chiapas	94 911 785 370	17 120	1 575 228 720	0
Chihuahua	76 578 251 350	20 465	5 142 497 681	8 714 285 482
Coahuila	50 348 522 604	16 000	2 526 245 243	2 436 801 505
Colima	17 446 642 082	23 854	703 200 847	1 209 638 636
CDMX	200 762 103 580	21 798	51 217 748 625	8 416 688 804
Durango	34 248 666 046	18 688	1 834 969 772	3 865 618 508
Guanajuato	84 769 803 479	13 746	4 732 038 594	3 856 732 064
Guerrero	66 247 893 486	18 710	1 000 310 521	2 242 131 947
Hidalgo	48 304 945 748	15 669	1 168 799 430	1 068 843 557

2010				
Participaciones (P)	*Aportaciones* (A)	*Suma federal* (SF = A + P)	*Ingresos propios estatales totales* (IPET = SF − IBET)	*Porcentaje* IPET/IBET
24 063 485 455	24 662 279 916	48 725 765 371	2 415 386 057	4.72
18 378 461 563	29 253 930 078	47 632 391 641	10 878 930 107	18.59
6 661 696 713	11 699 745 172	18 361 441 885	6 435 493 556	25.95
37 816 068 331	60 935 641 438	98 751 709 769	44 618 626 117	31.12
10 271 344 785	17 319 022 142	27 590 366 928	4 151 312 224	13.08
8 799 969 317	19 116 755 328	27 916 724 645	6 405 684 594	18.66
634 708 264 972	916 793 679 874	1 551 501 944 846	440 586 149 315	
19 834 633 280	28 649 802 496	48 484 435 776	13 768 317 166	17.82
558 007 378 698	885 886 179 057	1 443 893 557 755	357 843 240 095	

2020				
Participaciones (P)	*Aportaciones* (A)	*Suma federal* (SF = A + P)	*Ingresos propios estatales totales* (IPET = SF − IBET)	*Porcentaje* IPET/IBET
9 167 396 501	11 717 231 146	20 884 627 647	2 951 167 902	87.62
23 491 520 053	24 982 097 031	48 473 617 084	18 468 837 601	72.41
5 791 449 552	8 694 854 263	14 486 303 815	1 925 192 800	88.27
7 831 850 171	11 613 153 365	19 445 003 535	2 365 617 854	89.15
33 889 306 947	56 497 467 094	90 386 774 041	4 525 011 330	95.23
25 753 529 146	29 361 188 442	55 114 717 587	21 463 533 763	71.97
17 662 578 650	24 037 135 743	41 699 714 394	8 648 808 211	82.82
5 366 361 176	9 069 552 966	14 435 914 143	3 010 727 939	82.74
79 970 182 665	29 199 747 692	109 169 930 357	91 592 173 223	54.38
10 046 566 018	17 499 588 945	27 546 154 963	6 702 511 083	80.43
33 452 396 595	39 663 971 717	73 116 368 312	11 653 435 167	86.25
18 015 369 919	44 704 099 525	62 719 469 444	3 528 424 042	94.67
15 207 165 815	29 505 532 966	44 712 698 781	3 592 246 967	92.56

(Continúa)

Cuadro A3. *Ingresos brutos estatales totales (IBET) por ramo y por entidad federativa, 1970-2020. Miles de pesos (precios de 2020) (continuación)*

	2020			
Entidades federativas	*Ingresos brutos estatales totales reales (IBET)*	*IBET per cápita*	*Impuestos*	*Deuda*
Jalisco	120 177 290 739	14 396	5 108 287 502	9 400 206 825
México	286 806 391 266	16 878	19 081 648 379	19 404 962 890
Michoacán	75 690 088 172	15 939	1 912 586 922	3 742 987 618
Morelos	28 018 255 258	14 211	608 132 842	81 441 943
Nayarit	23 311 322 962	18 869	646 733 518	151 793 152
Nuevo León	101 140 519 403	17 485	9 334 111 572	12 170 653 588
Oaxaca	86 083 216 021	20 833	1 344 146 574	12 748 265 421
Puebla	88 580 292 129	13 455	4 606 228 589	0
Querétaro	35 948 133 943	15 178	2 514 847 752	1 429 494 653
Quintana Roo	49 910 551 794	26 863	2 654 893 728	21 092 198 295
San Luis Potosí	46 682 082 712	16 541	1 694 149 045	1 229 003 019
Sinaloa	54 119 854 717	17 879	2 280 454 329	140 610 520
Sonora	64 857 813 640	22 024	3 332 338 849	6 314 304 179
Tabasco	53 855 571 288	22 416	1 691 510 330	4 800 357 245
Tamaulipas	59 270 030 639	16 801	4 201 025 657	1 518 045 903
Tlaxcala	21 662 388 777	16 130	513 368 320	0
Veracruz	141 620 729 282	17 565	4 396 873 978	18 121 267 905
Yucatán	39 324 370 687	16 944	1 695 320 978	4 122 429 556
Zacatecas	30 311 218 202	18 686	1 134 986 316	135 424 517
Sumatoria	2 209 989 103 613		147 481 542 419	161 029 260 210
Promedio	69 062 159 488	18 240	4 608 798 201	5 032 164 382
Sumatoria sin CDMX	2 009 227 000 033		96 263 793 794	152 612 571 406

2020				
Participaciones (P)	*Aportaciones* (A)	*Suma federal* (SF = A + P)	*Ingresos propios estatales totales* (IPET = SF − IBET)	*Porcentaje* IPET/IBET
55 356 957 490	45 179 782 621	100 536 740 111	19 640 550 627	83.66
105 428 023 904	98 641 085 558	204 069 109 462	82 737 281 804	71.15
24 070 209 977	43 896 034 852	67 966 244 829	7 723 843 343	89.80
10 120 105 021	16 275 065 505	26 395 170 526	1 623 084 732	94.21
7 630 637 626	14 208 445 155	21 839 082 780	1 472 240 182	93.68
36 820 918 940	35 766 954 255	72 587 873 195	28 552 646 208	71.77
20 308 996 227	49 347 248 943	69 656 245 170	16 426 970 850	80.92
32 564 016 065	47 048 473 881	79 612 489 946	8 967 802 183	89.88
14 419 196 765	15 899 408 396	30 318 605 161	5 629 528 783	84.34
10 439 406 357	14 174 724 803	24 614 131 159	25 296 420 635	49.32
16 559 316 519	25 120 349 591	41 679 666 110	5 002 416 602	89.28
18 868 770 202	29 496 118 934	48 364 889 135	5 754 965 582	89.37
22 027 912 507	22 316 648 030	44 344 560 538	20 513 253 103	68.37
21 972 392 239	24 004 010 004	45 976 402 244	7 879 169 044	85.37
21 616 377 846	29 284 355 520	50 900 733 366	8 369 297 274	85.88
8 644 754 099	11 913 989 292	20 558 743 390	1 103 645 387	94.91
45 572 800 487	68 875 204 115	114 448 004 601	27 172 724 681	80.81
13 274 194 278	19 260 232 911	32 534 427 188	6 789 943 498	82.73
9 702 963 963	18 189 004 524	27 891 968 487	2 419 249 715	92.02
781 043 623 719	965 442 757 783	1 746 486 381 502	463 502 722 111	
24 407 613 241	30 170 086 181	54 577 699 422	14 484 460 066	83.00
701 073 441 054	936 243 010 091	1 637 316 451 145	371 910 548 888	

Cuadro A4. *Orden de las entidades federativas según el saldo entre el monto de recaudación federal (ISR e IVA) logrado en ellas y el monto de los envíos federales (participaciones y aportaciones), 2000, 2012 y 2018*

2000		*2012*		*2018*	
Distrito Federal	0.10	Distrito Federal	0.10	Ciudad de México	0.11
Tamaulipas	0.31	Tamaulipas	0.30	Colima	0.19
Nuevo León	0.35	Colima	0.35	Tamaulipas	0.22
Baja California	0.77	Nuevo León	0.49	Nuevo León	0.32
Colima	0.81	Baja California	1.05	Veracruz	0.77
Coahuila	0.82	Querétaro	1.21	Baja California	0.83
Yucatán	0.85	Coahuila	1.29	Quintana Roo	0.92
Querétaro	0.92	Jalisco	1.43	Querétaro	0.94
Chihuahua	0.93	Aguascalientes	1.51	Chihuahua	1.06
Jalisco	0.97	Veracruz	1.59	Coahuila	1.09
Aguascalientes	1.01	Chihuahua	1.59	Aguascalientes	1.09
México	1.15	Quintana Roo	1.92	Jalisco	1.19
Quintana Roo	1.36	Michoacán	1.92	Michoacán	1.26
Veracruz	1.56	México	1.94	Sonora	1.37
Puebla	1.78	Sonora	2.05	Sinaloa	1.42
Morelos	1.81	Sinaloa	2.14	México	1.71

Baja California Sur	1.86	Campeche	2.82	Baja California Sur	1.71
Sonora	1.97	Guanajuato	2.86	Guanajuato	1.86
Guanajuato	2.09	Morelos	3.11	San Luis Potosí	2.38
San Luis Potosí	2.24	Yucatán	3.13	Yucatán	2.65
Sinaloa	2.41	Puebla	3.67	Puebla	2.80
Campeche	3.43	Baja California Sur	3.95	Morelos	3.29
Tlaxcala	3.51	Tabasco	4.18	Zacatecas	4.29
Michoacán	3.67	San Luis Potosí	4.39	Campeche	4.34
Hidalgo	4.07	Zacatecas	4.71	Nayarit	5.08
Zacatecas	4.88	Durango	4.92	Tabasco	5.87
Durango	5.24	Hidalgo	6.33	Hidalgo	6.06
Guerrero	6.72	Nayarit	6.77	Durango	6.72
Tabasco	7.10	Tlaxcala	9.09	Tlaxcala	7.62
Nayarit	7.29	Oaxaca	10.15	Guerrero	10.25
Oaxaca	10.83	Chiapas	11.32	Chiapas	10.45
Chiapas	11.78	Guerrero	13.32	Oaxaca	10.66

FUENTE: Elaborado con base en *AEGEF 2014* y *AEGEF 2019*, cuadros 17.3; *INEGI 2021*.

Cuadro A5. *Estadística básica de Chihuahua y Veracruz, 1990-2020 (pesos corrientes)*

		1990	
	ITEB	*Impuestos*	*Deuda*
México	26 231 070 842	726 826 110	1 899 623 313
Chihuahua	790 773 480	59 872 824	44 478 929
Veracruz	1 664 350 000	16 404 000	170 680 000
		2000	
México	394 595 069 912	8 991 290 164	3 063 495 591
Chihuahua	14 518 332 932	997 611 622	59 777 297
Veracruz	20 088 194 001	70 616 695	442 339 647
		2000	
México	1 235 616 682 071	34 064 982 723	85 306 483 432
Chihuahua	40 480 059 519	1 703 288 893	2 130 000 000
Veracruz	98 322 229 388	1 603 987 049	12 100 000 000
		2010	
México	2 195 502 435 206	105 188 410 117	166 761 282 901
Chihuahua	83 677 821 033	5 619 258 641	9 522 186 889
Veracruz	154 750 387 094	4 804 508 164	19 801 290 653

Fuente: Elaborado con base en *INEGI 2021*.

	1990		
Participaciones	*Aportaciones*	*Suma federal*	ITEP
15 711 060 182	267 121 332	15 978 181 514	10 225 889 328
526 245 736	0	526 245 736	264 527 744
1 220 240 000	0	1 220 240 000	444 110 000
	2000		
154 019 642 213	196 021 319 439	350 040 961 652	44 554 108 260
5 186 795 164	6 394 127 038	11 580 922 202	2 937 410 730
10 588 089 019	15 639 044 161	26 277 133 180	1 861 060 821
	2000		
382 676 996 252	603 533 654 508	986 210 650 760	249 406 031 311
12 397 184 820	19 321 922 612	31 719 107 432	8 760 952 087
25 933 957 133	41 789 175 413	67 723 132 546	30 599 096 842
	2010		
766 069 959 774	1 023 042 099 557	1 789 112 059 331	406 390 375 875
28 141 138 833	32 083 264 222	60 224 403 055	23 453 417 978
49 797 854 820	75 260 624 288	125 058 479 108	29 691 907 986

BIBLIOGRAFÍA

Aboites Aguilar, Luis

Excepciones y privilegios. Modernización tributaria y centralización política en México, 1922-1972, México, El Colegio de México, 2003.

La disputa interna por el petróleo 1917-1935, México, Suprema Corte de Justicia de la Nación, 2012.

"La construcción del centro político en México. Un acercamiento a partir de la extinción de la contribución federal (1948)", *Historia Mexicana*, 67:4 (abril-junio de 2018), pp. 1779-1810.

Estudio sobre geografía tributaria mexicana, 1788-2005, México, El Colegio de México, 2019.

AEGEF 2014

Anuario estadístico y geográfico por entidad federativa 2014, Aguascalientes, INEGI, 2014.

AEGEF 2019

Anuario estadístico y geográfico por entidad federativa 2019, Aguascalientes, INEGI, 2019.

Alanís Patiño, Emilio

Vivir entre dos siglos, México, Edamex, 1990.

Anaya Merchant, Luis

Luis Montes de Oca (1894-1958). El renovador, el hacendista, el banquero y la familia revolucionaria, México, Universidad Autónoma del Estado de Morelos, 2020.

Andrade Martínez, Marcela

Reforma en materia de disciplina financiera de las entidades federativas y los municipios, México, Fondo de Cultura Económica, 2018 (Administración Pública. Serie Reformas Estructurales).

Appendini, Kirsten

"El producto interno nacional", s.p.i.

Arechederra Mustre, Fernando K. y Carlos M. Urzúa
"La Ley de Coordinación Fiscal en México: una crítica aritmética", *Sobre México. Temas de Economía*, 3:2 (enero-junio de 2017), pp. 4-13.

Arroyo García, Francisco
"Dinámica del PIB de las entidades federativas de México, 1980-1999", *Comercio Exterior*, julio de 2001, pp. 583-599. En http://revistas.bancomext.gob.mx/rce/magazines/34/1/RCE.pdf (consultado el 3 de diciembre de 2021).

ASF 2018
Participaciones federales a entidades federativas y municipios. Auditoría especial del gasto federalizado, México, Auditoría Superior de la Federación-Cámara de Diputados, febrero de 2018. En https://www.asf.gob.mx/Trans/Informes/IR2016ii/Documentos/Auditorias/2016_MR-PARTICIPACIONES_a.pdf (consultado el 10 noviembre de 2021).

Astudillo Moya, Marcela
"La coordinación fiscal en México. Logros y desafíos", *Problemas del Desarrollo*, 36:141 (abril-junio de 2005), s/p. En http://www.scielo.org.mx/scielo.php?script=sci_arttext&pid=S0301-70362005000200010 (consultado el 28 de noviembre de 2021).

Astudillo Moya, Marcela, Andrés Blancas y Francisco Javier Fonseca
"La transparencia de la deuda subnacional como mecanismo para limitar su crecimiento", *Problemas del Desarrollo*, 48:188 (enero-marzo de 2017), pp. 29-54.

Avella Alaminos, Isabel
Génesis y configuración disciplinar de la historia económica en México (1927-1989), México, Universidad Nacional Autónoma de México, 2020.

Becerril Hernández, Carlos de Jesús
El juicio de amparo en materia fiscal en México 1879-1936. Centralización judicial y desempeño económico, Valencia, Tirant Lo Blanch, 2018.

Beteta, Ramón
Tres años de política hacendaria, México, Secretaría de Hacienda y Crédito Público, 1951.

Brownlee, W. Elliot
Federal Taxation in America. A Short History, Cambridge, Woodrow Wilson Center Press-Cambridge University Press, 1996.
Cabrero Mendoza, Enrique
Los retos institucionales de la descentralización fiscal en América Latina, México, Centro de Investigación y Docencia Económicas, 2006 (Cuadernos de Trabajo, 181). En http://repositorio-digital.cide.edu/bitstream/handle/11651/803/71157.pdf (consultado el 8 de febrero de 2022).
Cabrero Mendoza, Enrique, Laura Flamand Gómez, Claudia Sanitzo Rodall y Alejandro Vega Godínez
"Claroscuros del nuevo federalismo mexicano: estrategias en la descentralización federal y capacidades en la gestión local", *Gestión y Política Pública*, VI:2 (segundo semestre de 1997), pp. 329-387.
Carmagnani, Marcello
Estado y mercado. La economía pública del liberalismo mexicano, 1850-1911, México, El Colegio de México-Fondo de Cultura Económica, 1994 (Fideicomiso Historia de las Américas).
Carr, Barry
"Acapulco and Cancún: Two Models of Tourism", *XIII Reunión de Historiadores de México, Estados Unidos y Canadá*, Querétaro, 2010 (ponencia). En https://vdocuments.site/reader/full/barry-carr-acapulco-and-cancun-two-models-of-tourism.html (consultado el 20 de abril de 2021).
Castañeda Ortega, Ramón
Nuevas fórmulas de distribución de participaciones, Guadalajara, Instituto para el Desarrollo Técnico de las Haciendas Públicas, 2009. En https://www.indetec.gob.mx/delivery?srv=0&sl=3&path=/biblioteca/Especiales/408_Nuevas_Formulas_Distribucion_Participaciones.pdf (consultado el 28 y 29 de noviembre de 2021).
Castañeda Zavala, Jorge
"El contingente fiscal en la nueva nación mexicana, 1824-1861", en Carlos Marichal y Daniela Marino, comps., *De colonia a nación. Impuestos y política en México, 1750-1860*, México, El Colegio de México, 2001, pp. 135-188.
CEFP 2006
Ramo 33. Aportaciones federales para entidades federativas y municipios, México, Centro de Estudios de las Finanzas Públicas-Cámara de

Diputados, 2006. En https://www.cefp.gob.mx/intr/edocumentos/pdf/cefp/cefp0362006.pdf (consultado el 10 de noviembre de 2021).

CEFP 2021

Obligaciones financieras de las entidades federativas de México. Cuarto trimestre de 2020, México, Cámara de Diputados, 2021. En https://www.cefp.gob.mx/publicaciones/documento/2021/cefp0102021.pdf (consultado el 16 de febrero de 2022).

Celaya Nández, Yovana

"El impuesto a fincas rústicas y urbanas en el siglo XIX veracruzano: reformas, contribuyentes y catastro", en María Eugenia Romero Ibarra y María del Ángel Molina Armenta, coords., *Legislación fiscal y conflicto: actores, entorno y administración hacendaria en México, siglos XIX y XX*, México, Universidad Nacional Autónoma de México, 2020, pp. 107-163.

CEPAL

El pacto fiscal: fortalezas, debilidades, desafíos, Santiago, 1998.

Tributación para un crecimiento inclusivo, Santiago, CEPAL-OXFAM, 2016.

Cerutti, Mario

Economía de guerra y poder regional en el siglo XIX: gastos militares, aduanas y comerciantes en años de Vidaurri, 1855-1864, Monterrey, Archivo General del Estado de Nuevo León, 1983.

Colmenares Páramo, David

"Retos del federalismo fiscal mexicano", *Comercio Exterior* (mayo de 1999), pp. 415-431.

Comín Comín, Francisco

"La hacienda pública durante el franquismo: el retroceso en la modernización del Estado (1936-1975)", en Carlos Barciela López, Joaquín Melgarejo Moreno y Antonio de Vittorio, eds., *La evolución de la hacienda pública en España e Italia (siglos XVIII-XXI)*, Saint Vincent del Raspeig, Universidad de Alicante, 2015, pp. 325-351.

Coyle, Diane

El producto interno bruto. Una historia breve pero entrañable, México, Fondo de Cultura Económica, 2017 (Breviarios).

Davis, Diane E.

El leviatán urbano. La Ciudad de México en el siglo XX, México, Fondo de Cultura Económica, 1999 (Sociología).

Díaz Cayeros, Alejandro
"Political Responses to Regional Inequality. Taxation and Distribution in Mexico", Durham, Duke University Press, 1997 (tesis de doctorado).
"El federalismo y los límites políticos de la redistribución", *Gestión y Política Pública*, XIII:3 (segundo semestre de 2004), pp. 663-687.
Federalism, Fiscal Authority and Centralization in Latin America, Nueva York, Cambridge University Press, 2006.
Dublán, Manuel y José María Lozano, comps.
Legislación mexicana o colección completa de las disposiciones legislativas expedidas desde la Independencia de la República, México, Imprenta del Comercio, 1876-1912, 52 vols.
EHM
Estadísticas históricas de México 2014, Aguascalientes, INEGI, 2015 (en línea).
Elizondo, Carlos
"In Search of Revenue: Tax Reform in México under the Administrations of Echeverría y Salinas", *Journal of Latin American Studies*, 26:1 (1994), pp. 159-190.
Farías Hernández, Urbano
"Aspectos financieros del Estado federal mexicano", *El federalismo en sus aspectos educativos y financieros*, México, Universidad Nacional Autónoma de México, 1976 (Serie G, Estudios Doctrinales, 14), pp. 67-103.
Ffrench-Davis, Ricardo, Óscar Muñoz Gomá y José Gabriel Palma
"Las economías latinoamericanas, 1950-1990", en Tulio Halperin Dolghi, W. Glade, R. Thorpe, A. Bauer, M. Moreno Fraginals, C. M. Lewis, V. Bulmer-Thomas, R. Ffrench-Davis, O. Muñoz y J. G. Palma, *Historia económica de América Latina, desde la Independencia a nuestros días*, Barcelona, Crítica, 2002.
Flores, Víctor Daniel
"El ingreso de México a la OCDE", *Comercio Exterior*, 44:6 (junio de 1994), pp. 517-523.
Gómez Araujo, Mario Alberto
"Las estrategias comerciales de las cerveceras nacionales por el control del mercado de Hermosillo, Sonora, 1950-1985", Hermosillo, El Colegio de Sonora, 2022 (tesis de doctorado).

González Navarro, Moisés
Estadísticas sociales del porfiriato, México, Dirección General de Estadística, 1956.
Hernández Trillo, Fausto
Federalismo fiscal en México. ¿Cómo vamos?, México, Centro de Investigación y Docencia Económicas, 1997 (Documento de Trabajo, 85).
"¿Es disciplinado el mercado crediticio estatal mexicano? Una arista para el nuevo federalismo", *El Trimestre Económico*, LXIV:254 (2) (abril-junio de 1997), pp. 199-219.
"Las finanzas públicas en el México posrevolucionario", en Sandra Kuntz, coord., *Historia económica general de México. De la Colonia a nuestros días*, México, El Colegio de México-Secretaría de Economía, 2010, pp. 573-602.
"Sistema tributario", en Gerardo Esquivel, Francisco Ibarra y Pedro Salazar, comps., *Cien ensayos para el centenario. Constitución política de los Estados Unidos Mexicanos. Tomo 3. Estudios económicos y sociales*, México, Universidad Nacional Autónoma de México-Senado de la República, 2017, pp. 197-216.
"¿Cómo disciplinar a los estados y municipios? Rediseño del federalismo fiscal mexicano", en Alfonso Mendoza Velázquez, coord., *Los incentivos perversos del federalismo fiscal mexicano*, pp. 64-85.
Hernández Trillo, Fausto y Brenda Jarillo Rabling
"Transferencias condicionadas federales en países en desarrollo: el caso del FISM en México", *Estudios Económicos*, 22:2 (julio-diciembre de 2007), pp. 143-184.
Ibarra, Antonio
"Reforma y fiscalidad republicana en Jalisco: ingresos estatales, contribuciones directas y pacto federal, 1824-1835", en José Antonio Serrano y Luis Jáuregui, eds., *Hacienda y política. Las finanzas públicas y los grupos de poder en la primera República Federal Mexicana, 1824-1836*, Zamora, El Colegio de Michoacán-Instituto Mora, 1998, pp. 133-174.
INEGI Cronología
Cronología de la estadística en México (1521-2003), Aguascalientes, INEGI, 2005.

INEGI Historia
Historia del sistema de cuentas nacionales de México (1938-2000), Aguascalientes, INEGI, 2003. En http://internet.contenidos.inegi.org.mx/contenidos/productos/prod_serv/contenidos/espanol/bvinegi/productos/historicos/2104/702825169855/702825169855_1.pdf (consultado el 30 de diciembre de 2021).

INEGI 1984
Finanzas públicas estatales y municipales de México, 1970-1982, México, INEGI, 1984.

INEGI 1988
Finanzas públicas, estatales y municipales de México, 1976-1985, Aguascalientes, INEGI, 1988.

INEGI 1990
Finanzas públicas, estatales y municipales de México, 1976-1986, Aguascalientes, INEGI, 1990.

INEGI 1993
Finanzas públicas, estatales y municipales de México, 1989-1990, Aguascalientes, INEGI, 1993.

INEGI 1996
Sistema de cuentas nacionales de México. Producto interno bruto por entidad federativa 1993, Aguascalientes, INEGI, 1996.

INEGI 2004
Sistema de cuentas nacionales de México. Producto interno bruto por entidad federativa 1997-2002, Aguascalientes, INEGI, s/f.

INEGI 2011
Sistema de cuentas nacionales de México. Cuentas de bienes y servicios 2005-2009. Año base 2003 (segunda versión), Aguascalientes, INEGI, 2011, tomo I. En https://www.inegi.org.mx/contenidos/productos/prod_serv/contenidos/espanol/bvinegi/productos/derivada/cuentas/bienes%20y%20servicios/2009seg_vers/702825169145.pdf (consultado el 3 de diciembre de 2021).

INEGI 2012
Sistema de cuentas nacionales de México. Producto interno bruto por entidad federativa 2007-2011. Año base 2003, Aguascalientes, INEGI, 2012.

INEGI 2015
Principales resultados de la encuesta intercensal 2015, Aguascalientes, INEGI, 2015. En https://www.inegi.org.mx/contenidos/productos/

prod_serv/contenidos/espanol/bvinegi/productos/nueva_estruc/702825078966.pdf (consultado el 3 de diciembre de 2021).

INEGI 2021

Estadística de las finanzas públicas estatales y municipales 1989-2020. En https://www.inegi.org.mx/sistemas/olap/proyectos/bd/continuas/finanzaspublicas/finanzasestdf.asp?s=est&c=11290&proy=efipem_festdf (consultado el 10, 11 y 24 de noviembre de 2021) (sin estados, por ingresos totales anuales) y en https://www.inegi.org.mx/sistemas/olap/consulta/general_ver4/MDXQueryDatos.asp?#Regreso&c=11288 (por estados, por ingresos totales anuales).

Informes presidenciales 1965-1991

Informes presidenciales. Gustavo Díaz Ordaz, Luis Echeverría Álvarez, Carlos Salinas de Gortari, México, Cámara de Diputados, 2006. En https://www.diputados.gob.mx/sedia/sia/re/RE-ISS-09-06-13.pdf, https://www.diputados.gob.mx/sedia/sia/re/RE-ISS-09-06-14.pdf, https://www.diputados.gob.mx/sedia/sia/re/RE-ISS-09-06-17.pdf (consultados el 24 de noviembre de 2021).

Jannetti Díaz, María Emilia

"La coordinación fiscal y los ingresos estatales", *Comercio Exterior*, 39:9 (septiembre de 1989), pp. 769-774.

Jèze, German

Las finanzas públicas de la República Argentina, Buenos Aires, Le Courrier de la Plata, 1926.

Ludlow, Leonor, coord.

Los secretarios de Hacienda y sus proyectos (1821-1933), México, Universidad Nacional Autónoma de México, 2002, 2 vols.

Madrid H., Miguel de la

Cambio de rumbo. Testimonio de una presidencia, 1982-1988, México, Fondo de Cultura Económica, 2004 (Vida y pensamiento de México).

Margáin, Hugo B.

Compilación de leyes del impuesto sobre la renta (1921-1953), México, Secretaría de Hacienda y Crédito Público, 1953.

La ley del impuesto sobre la renta de 1954 y sus reformas de 1956, México, Secretaría de Hacienda y Crédito Público, 1956.

Marichal, Carlos

La bancarrota del virreinato. Nueva España y las finanzas del Imperio español, 1780-1810, México, El Colegio de México-Fondo de Cultura Económica, 1994 (Fideicomiso Historia de las Américas).

Marichal, Carlos y Daniela Marino, comps.
De colonia a nación. Impuestos y política en México, 1750-1860, México, El Colegio de México, 2001.

Martínez de Navarrete, Ifigenia
Política fiscal en México, México, Universidad Nacional Autónoma de México, 1964.

Mathias, Peter y Patrick O'Brien
"Taxation in Britain and France 1715-1810. A Comparison of the Social and Economic Incidence of Taxes Collected for the Central Government", *The Journal of European Economic History*, 5:3 (invierno de 1976), pp. 601-650.

Meléndez Aguilar, Kristóbal Miguel
"Beneficios de la recaudación local y de la coordinación fiscal", México, Centro de Investigación Económica y Presupuestaria, s/f. En https://ciep.mx/beneficios-de-la-recaudacion-local-y-de-la-coordi nacion-fiscal/ (consultado el 19 de febrero de 2022).

Mendoza Velázquez, Alfonso, coord.
Los incentivos perversos del federalismo fiscal mexicano. La necesidad de un nuevo modelo, México, Fondo de Cultura Económica, 2018 (Lecturas de El Trimestre Económico).

Mendoza Velázquez, Alfonso y Miguel A. García Flores
"Los determinantes financieros de la brecha crediticia de los estados en México: el impacto de la gran crisis", en Alfonso Mendoza Velázquez, coord., *Los incentivos perversos del federalismo fiscal mexicano*, pp. 232-276.

Molina Armenta, María del Ángel
"El establecimiento del IVA en México: un problema político-económico, 1968-1980", *América Latina en la Historia Económica*, 1:27 (2020), pp. 1-25.
Coordinación fiscal en México e imposición indirecta: la economía política del Impuesto sobre Ingresos Mercantiles (ISIM), 1947-1980, México, Universidad Nacional Autónoma de México, 2021.

Molina Armenta, María del Ángel e Isabel Avella Alaminos
"Fiscalidad indirecta y contribuyentes en México: el conflicto entre los agentes aduanales y la Secretaría de Hacienda en torno al Impuesto sobre Ingresos Mercantiles (1949-1954)", en María Eugenia Romero Ibarra y María del Ángel Molina Armenta, coords., *Legislación fiscal y conflictos: actores, entornos y administración hacendaria en*

México, siglos XIX y XX, México, Universidad Nacional Autónoma de México, 2020, pp. 267-315.

Molina Cervera, Carlos Andrés
"Dependencia fiscal petrolera en México: un análisis sobre el efecto del ciclo de los ingresos petroleros en el gasto público de 1982 a 2012", México, El Colegio de México, 2015 (tesis de licenciatura).

Musgrave, Richard A. y Peggy Musgrave
Public Finance in Theory and Practice, Nueva York, McGraw-Hill, 1989.

Organización para la Cooperación y el Desarrollo Económicos (OCDE)
Revenue Statistics 2020, París, OCDE Publishing, 2020. En https://read.oecd-ilibrary.org/taxation/revenue-statistics-2020_8625f8e5-en#page1 (consultado el 4 de noviembre de 2021).

Ortiz Mena, Antonio
El desarrollo estabilizador. Reflexiones sobre una época, México, El Colegio de México-Fondo de Cultura Económica, 1998 (Fideicomiso Historia de las Américas).

Pan-Montojo, Juan
"Entre la reforma y las contrarreformas: una historia política de la fiscalidad española en la democracia", en Carlos Barciela López, Joaquín Melgarejo Moreno y Antonio de Vittorio, eds., *La evolución de la hacienda pública en España e Italia (siglos XVIII-XXI)*, Saint Vincent del Raspeig, Universidad de Alicante, 2015, pp. 557-590.

Pani, Alberto J.
La política hacendaria y la revolución, México, Cultura, 1926.

Pani, Erika
"El ministro que no lo fue: José María Lacunza y la Hacienda imperial", en Leonor Ludlow, coord., *Los secretarios de Hacienda y sus proyectos (1821-1933)*, México, Universidad Nacional Autónoma de México, 2002, 2 vols., pp. 29-45.
Historia mínima de Estados Unidos, México, El Colegio de México, 2016.

Peña, Moisés T. de la
Veracruz económico, México, Gobierno del estado, 1946, 2 vols.

Pérez Siller, Javier
"Los ingresos federales en México, 1857-1913", México, Universidad Nacional Autónoma de México, 1982 (tesis de licenciatura), 2 vols.

Petricioli, Gustavo
"Sobre los efectos económicos de las nuevas disposiciones fiscales", *El Economista Mexicano*, IX:2 (febrero-marzo de 1973), suplemento, pp. 55-62.
Pro-Ruiz, Juan
"El poder de la tierra: una lectura social del fraude en la contribución de inmuebles, cultivos y ganadería (1845-1936)", en Francisco Comín Comín y Juan Zafra Oteyza, eds., *El fraude fiscal en la historia de España*, Madrid, Instituto de Estudios Fiscales-Ministerio de Economía y Hacienda, 1994, pp. 189-201.
Reyes-Hernández, Marlen R., Pablo Mejía-Reyes y Paolo Riguzzi
"Ciclo político presupuestal y gobiernos con y sin mayoría en México, 1994 y 2006", *Economía, Sociedad y Territorio*, XIII:41 (2013), pp. 79-119.
Reyes Heroles, Jesús
Discursos políticos, México, Imprenta Madero, 1975.
Obras completas III, México, Asociación de Estudios Históricos y Políticos Jesús Reyes Heroles, Secretaría de Educación Pública, Fondo de Cultura Económica, 1996.
Riguzzi, Paolo
"El difícil camino hacia la modernidad: la hacienda pública del Estado de México, 1870-1923", en Carlos Marichal, Manuel Miño y Paolo Riguzzi, *El primer siglo de la hacienda pública del Estado de México, 1824-1923*, Toluca, El Colegio Mexiquense, Secretaría de Finanzas y Planeación-Gobierno del Estado de México, 1994 (*Historia de la hacienda pública del Estado de México*, 1), pp. 191-260.
Rodríguez Kuri, Ariel
La experiencia olvidada. El ayuntamiento de México, política y gobierno, 1876-1912, México, El Colegio de México, 1996.
Ruelas Ávila, Ignacio y Alain Dimitrius Izquierdo Reyes
"Fatiga, límites de deuda y espacio fiscal de los gobiernos estatales en México", *Gestión y Política Pública*, XXX:2 (segundo semestre de 2021), pp. 29-65.
Sánchez Santiró, Ernest
Las alcabalas mexicanas, 1821-1857. Los dilemas de la construcción de la Hacienda nacional, México, Instituto Mora, 2009.

Sanderson, Steven E.
"Agrarian Populism and Economic Growth in Post-Revolutionary Mexico: The Case of Sonora", Stanford, Stanford University, 1984 (tesis de doctorado).
Scheve, Kenneth y David Stasavage
"The Conscription of Wealth: Mass Warfare and the Demand for Progressive Taxation", *International Organization*, 64(4) (octubre de 2010), pp. 529-561. En https://www.cambridge.org/core/journals/international-organization/article/abs/conscription-of-wealth-mass-warfare-and-the-demand-for-progressive-taxation/14C10D9E21A194E7AC57971043C4EB0C (consultado el 15 de febrero de 2022).
Secretaría de Hacienda y Crédito Público (SH)
Convención nacional catastral, México, Cultura, 1924.
Sempere, Jaime y Horacio Sobarzo, comps.
Federalismo fiscal en México, México, El Colegio de México, 1998.
Serrano, José Antonio y Luis Jáuregui, eds.
Hacienda y política. Las finanzas públicas y los grupos de poder en la primera República Federal Mexicana 1824-1836, Zamora, El Colegio de Michoacán-Instituto Mora, 1998.
Servín, Armando G.
Las finanzas públicas locales durante los últimos cincuenta años, México, Secretaría de Hacienda y Crédito Público, 1956.
Sobarzo, Horacio
"Federalismo fiscal en México", *Economía, Sociedad y Territorio. Dossier Especial* (2004), pp. 103-119. En https://www.uv.mx/personal/clelanda/files/2014/09/Sobarzo-2005-Federalismo-Fiscal-en-Mexico.pdf (consultado el 19 de noviembre de 2021).
Sobrino, Luis Jaime
Migración interna en México durante el siglo XX, México, Consejo Nacional de Población, 2010.
"Fases y variables vinculadas a la desindustrialización: un análisis en dos escalas territoriales", *Estudios Demográficos y Urbanos*, 27:2 (80), 2012, pp. 276-316.
"Urban demographic growth: the case of megacities", en Peter Karl Kresl y Jaime Sobrino, eds., *Handbook of Research Methods and Applications in Urban Economies*, Cheltenham y Northampton, Edward Elgar, 2013, pp. 343-371.

Sobrino, Luis Jaime
Migración interna y desarrollo en México, México, El Colegio de México, 2022.
Solís, Leopoldo
Intento de la reforma económica de México, México, El Colegio Nacional, 1988.
Solís Manjarrez, Leopoldo, Alejando Ángeles Sevilla y Arturo Díaz León
Reflexiones sobre el reciente intento de reforma fiscal en México, México, Instituto de Investigación Económica y Social Lucas Alamán, 2002.
Suárez, Eduardo
Comentarios y recuerdos (1926-1946), México, Porrúa, 1977.
Tello Macías, Carlos
"Convención nacional hacendaria", *Economía Informa*, 323 (febrero de 2004), pp. 5-15. En http://www.economia.unam.mx/publicaciones/reseconinforma/pdfs/323/01Tello.pdf (consultado el 17 de marzo de 2022).
Tenenbaum, Barbara
México en la época de los agiotistas, 1821-1857, México, Fondo de Cultura Económica, 1985.
Tepach Marcial, Reyes
La asignación presupuestaria del gasto federalizado y de las aportaciones federales en México 1998-2005, México, Cámara de Diputados, febrero de 2005. En https://www.diputados.gob.mx/sedia/sia/se/SIA-DEC-ISS-02-05.pdf (consultado el 4 de noviembre de 2021).
Tepaske, John J. y Herbert S. Klein
Ingresos y egresos de la Real Hacienda de Nueva España, México, Instituto Nacional de Antropología e Historia, 1983 y 1989, 2 vols.
Trevisan, Egidio C.
Los impuestos internos en la República Argentina. Contribución al estudio del problema de su unificación, Buenos Aires, Casa Jacobo Peuser, 1934.
Unda, Mónica
"Building of a Poor State. The Political Economy of Income Tax in México, 1924-1964", Londres, University of London, 2010 (tesis de doctorado).

Unda, Mónica
El impuesto sobre la tenencia o uso de vehículos: ¿la extinción de un impuesto?, México, OXFAM, 2018.
"Los límites de la recaudación predial en los municipios urbanos de México: un estudio de casos", *Estudios Demográficos y Urbanos*, 33:3 (septiembre-diciembre de 2018), pp. 601-637.
"Una hacienda local pobre. ¿Qué explica la recaudación predial en México?", *Estudios Demográficos y Urbanos*, 36:1 (enero-abril de 2021), pp. 49-88.
Unda, Mónica y Carlos Moreno Jaimes
"La recaudación del impuesto predial: un análisis de sus determinantes económicos en el periodo 1969-2010", *Revista Mexicana de Ciencias Políticas y Sociales*, LX:265 (septiembre-diciembre de 2015), pp. 53-84.
Unikel, Luis, Crescencio Ruiz Chiapetto y Gustavo Garza
El desarrollo urbano de México. Diagnóstico e implicaciones futuras, México, Centro de Estudios Económicos y Demográficos-El Colegio de México, 1976.
Urquidi, Víctor L.
"El impuesto sobre la renta en el desarrollo económico de México", *El Trimestre Económico*, XXXIII:4 (octubre-diciembre de 1956), pp. 424-427.
Urzúa, Carlos
"Los ingresos públicos de la Ciudad de México", en Adrián G. Aguilar, ed., *La Ciudad de México en el siglo XXI: principales transformaciones y tendencias*, México, Miguel Ángel Porrúa, 2018, pp. 1-15.
Urzúa, Carlos y Alberto Velázquez
"Errores fiscales en el ámbito federal", en Alfonso Mendoza Velázquez, coord., *Los incentivos perversos del federalismo fiscal mexicano*, pp. 43-63.
USHS 1949
Historical Statistics of the United States, from 1789 to 1945. A Supplement to the Statistical Abstract the United States, Washington, Bureau of the Census, 1949. En https://www2.census.gov/library/publications/1949/compendia/hist_stats_1789-1945/hist_stats_1789-1945-front.pdf (consultado el 25 de noviembre de 2021).

Uthoff, Luz María
"La difícil concurrencia fiscal y la contribución federal, 1861-1924. Notas preliminares", *Historia Mexicana*, 54:1 (julio-septiembre de 2004), pp. 129-178.
"Las compañías petroleras ante los nuevos impuestos, 1918-1921", en Yovana Celaya Nández y Graciela Márquez Colín, eds., *De contribuyentes y contribuciones en la fiscalidad mexicana, siglos XVIII-XX*, México, El Colegio de México-Universidad Veracruzana, 2018, pp. 173-216.
"La Secretaría de Hacienda y la modernización de las estadísticas, 1876-1910", *Relaciones*, XL:158 (2019), pp. 27-55.
Velázquez Guadarrama, César
"Competencia política y crecimiento económico en las entidades federativas mexicanas", en Alfonso Mendoza Velázquez, coord., *Los incentivos perversos del federalismo fiscal mexicano*, pp. 89-109.
Yáñez Ruiz, Manuel
El problema fiscal en las distintas etapas de nuestra organización política, México, Secretaría de Hacienda y Crédito Público, 1959, 6 vols.
Zuleta, María Cecilia
De cultivos y contribuciones. Agricultura y hacienda estatal en México en la "época de prosperidad". Morelos y Yucatán, 1870-1910, México, Universidad Autónoma Metropolitana, 2006.

ÍNDICE ANALÍTICO

Acapulco: 90n, 106n, 125
Acueducto Independencia: 107
agua subterránea: 164
Aguascalientes: 57n, 102, 115, 130
Aguilar, Cándido: 90
Alanís Patiño, Emilio: 41
Alemán, Miguel: 42, 151
Alemania: 26, 31, 34, 39, 50, 53, 79n, 113n
Alfaro, Enrique: 110n
América Latina: 40, 50n, 57n, 70, 77n
amparo: 91
anarquía tributaria: 46, 128, 164; concurrencia fiscal, 161
Anuario Estadístico de los Estados Unidos Mexicanos: 41
aportaciones federales: 64, 79, 87, 89, 100, 116, 141, 157, 164; diferencias con las participaciones, 102, 107-108, 123, 140, 153-154; regresivas, 121, 137 (*véase también* participaciones federales)
Appendini, Kirsten: 51n
Archivo General de la Nación: 42
Argentina: 26n, 31, 34, 44, 54, 79n, 113n, 167
ascenso provinciano: 18-20, 28-30, 49, 64, 70, 99, 106, 110, 117, 162; periodización, 65, 67-68, 70-71, 74, 144, 155, 157-158
Ávila Camacho, Manuel: 42n
Auditoría Superior de la Federación: 85, 126
Aureoles, Silvano: 109n
Australia: 37n, 59, 79n
Austria: 79n

Bajío: 112, 145n
Baja California: 48n, 78, 85n, 98, 102, 110, 114, 118n, 119-120, 122, 124-125, 130, 138-142, 152
Baja California Sur: 71, 85n, 114, 118n, 119-121, 130
bancos y banqueros: 15, 76-77, 83, 101, 158, 167
Banco de México: 42, 73
Banco Mundial (BM): 16n, 22, 39, 53, 56n
Barbados: 37n
Barrio, Francisco: 75
Becerril Hernández, Carlos: 45
Beteta, Ramón: 42
Bolivia: 165
Boric, Gabriel: 166
Brasil: 27, 31, 44, 54, 59, 79n, 113n, 137, 167
Bretton Woods: 39

Cabrero Mendoza, Enrique: 52
Calderón, Felipe: 91n, 96
California: 137, 152
Campeche: 41, 85n, 118n, 120-121, 124-125, 129-130
Canadá: 37, 59, 79n, 137
Canales Clariond, Fernando: 75

Cananea: 112
Cancún: 90n
Cárdenas, Cuauhtémoc: 75
Cárdenas, Lázaro,: 42n
carga fiscal (*véase* hacienda mexicana)
Carmagnani, Marcello: 45
Carrillo Flores, Antonio: 58
Castañeda Zavala, Jorge: 19-20, 30, 157, 165
Ceilán: 44n
centralización y descentralización: 28n, 30, 45-47, 51, 53, 63-64, 70, 72-74, 85, 95, 100, 105, 108-109, 127, 141, 144, 161; de los estados sobre los municipios, 156n; presidencialismo, 49, 70, 98-99, 152
Centroamérica: 164
Cerutti, Mario: 90
Checoslovaquia: 165
Chiapas: 41, 48n, 76, 120, 127
Chicago: 38
Chihuahua: 11-12, 41, 48, 73, 82, 85n, 98-99, 102, 121, 130, 132, 150-154, 158n, 160n
Chile: 27, 31, 40, 54, 113n, 166
China: 54, 137
Ciudad Juárez: 89
Coahuila: 48n, 83-84, 102, 112, 118n, 120, 124-125, 130, 144, 150, 158
Colima: 85n, 120, 130, 139
Colmenares Páramo, David: 52
Colombia: 27, 54, 79n
Colosio, Luis Donaldo: 76
Conasupo: 101
concentración del ingreso y desigualdad en México: 16, 59
Conferencia Nacional de Gobernadores: 95, 117
Consenso de Washington: 72n
constituciones: de Cádiz, 28; de México de 1824, 18, 30; de México de 1857, 31, 62; de México de 1917, 18, 20n, 72, 74, 82, 84, 90, 93n, 94-95, 126, 146, 158; del DF/CDMX de 2016, 149
contingente y contribución federal (*véase* impuestos)
contrabando: 26
contribuyentes: 26, 128
convergencia regional: 133
Corea del Sur: 59
corrupción: 16, 96n, 127, 156, 161
Cosío Villegas, Daniel: 41
Costa de Hermosillo: 112
covid-19: 21-22, 64
Culiacán: 112

Delicias, Chihuahua: 38
delincuencia: 107
democracia: 27
derecho constitucional: 94n
DF/CDMX: 20, 22, 28, 62, 65-67, 73, 76-77n, 78, 103, 110n, 113, 115, 142-145, 150, 160-161, 164; desindustrialización, 145, 148
Díaz Cayeros, Alejandro: 52
Díaz Ordaz, Gustavo: 101, 143-145, 161
Dinamarca: 12n, 16, 53
Dirección General de Estadística 40-41
Durango: 110, 112, 114, 127, 130, 138, 141, 152

Echeverría, Luis: 48, 146-147
economía: 23, 29-30, 38, 45, 49-50, 52, 53, 59, 62, 63-64, 70, 72, 75-76, 85, 91, 95, 99-100, 111-115, 121, 127, 131, 141, 143, 145-146, 148, 151, 154; "Década perdida", 50, 73-74, 83, 101; informal, 159; retorno a la prosperidad, 163 (*véase también* producto interno bruto)
educación y salud: 101, 108-109, 110n

egoísmo provinciano: 31
El Colegio de México: 41
elecciones: 73-74, 78, 136n; en los municipios, 157; transición democrática, 83, 105n
electricidad: 113, 127, 167
ejército: 31
empresarios y propietarios: 29-30, 33, 44, 72, 90, 92, 99, 127, 163-164, 167
entidades federativas: 11, 27, 29, 34, 59, 76-77, 83, 139, 143; oposición de 14 de ellos en 1948-1973, 47, 81
España: 15n, 30n, 39, 54, 59, 79n, 113n, 166-167; carga fiscal, 166n
estadísticas: 38-41, 51
Estados Unidos: 12, 27, 29n, 31-34, 39, 48n, 50-51, 53, 58n, 59, 62, 79n, 113n, 142, 151, 164

federalismo: 27-28, 33, 46, 48, 51, 53, 71, 74-77, 85, 94, 95n, 97, 101, 108, 116, 144, 162n; definición, 110n, 117; derogación de leyes anteriores a 1980, 48n; según participaciones y aportaciones, 123, 154
ferrocarriles: 29n, 95
finanzas públicas: definición, tensión y conflictos, 25-26, 31, 33-34; de los estados, 28
Flores Zavala, Ernesto: 43
Fobaproa: 105
Fondo Monetario Internacional (FMI): 22, 39, 53, 72, 105
Fox, Vicente: 75, 91n
Francia: 15, 26, 31, 39, 54, 62, 113n
Franco, Francisco: 166
Fuentes Rodríguez, José de las: 144

García, Samuel: 13, 147n, 162
Geografía: 111, 133-135
Gómez Tagle, Gustavo: 41
Gómez Morin, Manuel: 161
Guadalajara: 65, 113
Guanajuato: 48n, 115, 118n, 120-122, 124-125, 138
guerras: 34, 41, 50, 59; Rusia-Ucrania, 21
Guerrero: 11, 85n, 110, 112, 120, 122, 125, 130, 138-139, 141-142, 152
Gurría, José Ángel: 57-58

hacienda DF/CDMX: caída hacendaria después de 1973, 20, 67, 69-71, 78, 86, 118, 131-132, 141n, 145-146; conflictos por emplacamiento de vehículos, 78, 127, 148, 161; coordinación fiscal, 63, 98, 110n, 117; deuda, 84, 85n, 121n, 123-124, 150; diferencia entre participaciones y aportaciones, 138-139; historia, 65-67, 143, 146-147, 149; IG per cápita, 120-122, 124-125; ingresos propios, 130; oposición a nuevos impuestos, 33n, 159n, 160; singularidades, 86, 149-150; superavitaria, 139, 141, 147-148; supresión de municipios y de sus funciones fiscales, 146 (*véase también* DF/CDMX)
haciendas estatales: 11, 17, 25, 28-30, 34-35, 37, 45-46, 48-49, 52, 56; aumento de ingresos después de 1973, 20, 46, 63-71, 73-75, 78-79, 118, 132; cambios, 79, 142; competencia entre estados, 94n, 128; con relación al gobierno federal, 11, 18-19, 21, 29, 32, 48-49, 57, 61, 64, 105-106, 116; contribuyentes y elecciones, 78, 83; desconfianza federal en ellas, 90; distribución de ingresos de 1824, 29, 61; empequeñecimiento de su espacio tributario, 81, 86n, 100; endeudamiento, 79-86, 94, 121, 123-125, 128-131, 152-153, 161; gasto e inversión, 136n,

155-156; geografía tributaria, 133, 136; indiferencia, 34; ingresos y egresos, 17, 80; ingresos brutos e ingresos propios, 67, 79-82, 123-124, 152-153; ingresos brutos, 116-118, 141; ingresos gubernamentales (IG), 114-115, 125; IG per cápita, 118-119, 124, 133, 136; ingresos propios, 126-130, 162; paraíso fiscal, 161; pereza tributaria, 57; periodización de 1970-2020, 70-73, 118, 146; riesgos de los envíos federales, 75-76; soberanía tributaria, 18, 28, 75, 77, 79, 81-82, 93, 95, 100, 116, 125, 131, 161-162; tipología, 121-122, 124-125, 132, 137n

hacienda federal: 20, 30-31, 33-34, 52-53; acuerdos de 1972-1973, 46-48, 63, 93; convenciones fiscales del siglo XX, 40-41; coordinación fiscal, 46, 48-50, 71, 74, 76-77, 79, 95n, 101-102, 108-109, 117, 142; Congreso de la Unión, 19-20, 28-29, 75, 84-85, 97, 102-103, 116-117; debilitamiento, 20, 73, 96n, 103-106, 163; dependencia petrolera, 96; deuda, 37, 43, 50n, 72, 105; eficiencia tributaria, 74, 93, 95n, 157; equidad e inequidad, 78n, 119, 136, 139-140, 145; Fobaproa, 105; gasto e inversión, 89, 101, 103, 105, 143, 161; oposición al cambio tributario, 32-33; periodización del siglo XX, 65-67; recaudación creciente e impacto en estados y municipios, 56-57, 63-64, 66-67, 95; reuniones del siglo XIX, 62, 92

hacienda mexicana: aumento de ingresos, 19, 55, 63-64, 92-93; la capital de la República como tesoro de la nación, 87, 147, 162; carga fiscal, 12-13, 15, 16n, 19, 35, 38-39, 43, 44n, 53-59, 63, 103, 115, 136, 142, 157, 159, 161, 163, 167; combate a la corrupción, 15-17, 156, 161-162; déficit fiscal, 17, 21, 73; desinterés e indiferencia por la fiscalidad, 13, 35, 45; domicilio fiscal, 147; expansión de su brazo tributario, 31; fracaso de reformas fiscales, 44-45, 72, 91n, 98; gasto y políticas públicas, 13, 17, 72n; método y objeto de estudio, 11, 17-19, 21-23, 25-26, 35, 45, 52-53, 55n, 62-64, 80-81, 117, 148-149, 162, 164-165; modelo hacendario del siglo XIX, 158, 161, 164; pragmatismo, 11, 21, 148, 149n, 158, 164; pobreza y alza tributaria, 159; recaudación y distribución, 18, 21-22, 56, 64, 75, 158, 162

haciendas municipales: 18, 30, 50-51, 54n, 56-57, 65, 67-69, 84, 94, 100, 105, 108, 132, 149, 157, 159n; catastros, 57; desconfianza federal, 90; transferencias desde la hacienda estatal, 136n (*véase también* municipios)

Hernández Trillo, Fausto: 52

Hidalgo: 110, 112, 118n, 120-122, 124, 130, 138, 141

Hungría: 38

ideologías: anarcosindicalismo, 32; estatismo, 14, 20, 43n; liberalismo, 27; neoliberalismo, 14, 18, 20, 73n, 146, 149, 155; populismo, 20, 32; socialismo, 32

impuestos: alcabalas, 29, 31-32, 44, 62, 92; capitación, 29, 63; comercio exterior y aduanas, 29, 49, 92, 139; como criterio para el análisis de las haciendas estatales, 123; contingente, 19, 30, 49, 61, 63, 116; contribución federal, 30, 49, 63; directos e indirectos, 33, 139, 149n; IETU, 91n; la madre de toda

hacienda pública, 129, 131; nóminas, 77, 127; nuevos, 158n; predial, 18, 26n, 29, 34, 54, 56-57, 62, 69, 82, 100, 106n, 149n, 156, 158n, 159n; seguridad social, 54, 128; sobre ingresos mercantiles, 26n, 47-48, 71, 81-82, 93, 98-99; sobre la renta o *income tax*, 14, 32-34, 42, 45, 47, 49, 54, 62-63, 71-72, 95, 98-99, 116, 139-140, 147, 157, 160, 162, 167; tenencia vehicular, 77-78, 95, 162; timbre, 63, 65, 92, 146; tributo indígena, 29, 44; valor agregado o añadido, 31, 46-48, 50, 54, 63, 67, 71, 74, 92, 101, 116, 139, 147, 157, 160, 162
Indonesia: 58
INEGI: 22, 50-51, 100, 160
intendencias: 28
Italia: 26, 54, 59, 137
Iturbide, Agustín de: 29

Jalisco: 44, 46, 48, 78, 110n, 115, 120-122, 124-125, 138-139, 141
Jannetti, María Emilia: 52
Japón: 50, 103n
Jáuregui, Luis: 44
Juárez, Benito: 30, 92
juntas de mejoras materiales: 90

Keynes, John M.: 39

Lagos Cházaro, Francisco: 90
La Laguna: 112
legislación: automóviles nuevos, 77; del timbre de 1906, 92; de coordinación fiscal, 46-49, 71, 74, 76, 84, 102-103, 107, 109, 116, 138, 140, 142, 158; de disciplina financiera de 2016, 84-85; del predial de 1983, 72, 94; de 2007-2008, 95, 97-98; de los estados, 131; eléctrica de 1934, 93n
Lerdo de Tejada, Sebastián: 92, 151
liberalismo: 27-28
Limantour, José: 31-32, 42
lluvias: 111
Londres: 38
López de Santa Anna, Antonio: 30, 151
López Obrador, Andrés Manuel: 15-16

Madrazo, Roberto: 107
Madrid, Miguel de la: 21, 72
Manzanillo: 139
maquiladoras: 115, 152
Marichal, Carlos: 45
Martínez de Navarrete, Ifigenia: 43
Maximiliano de Habsburgo: 62
Mazatlán: 62
Meade, José Antonio: 54n, 106, 158, 162
Medina Plascencia, Carlos: 75
mercado laboral: 114
Mérida: 65
Mexicali: 140
México: 11, 27, 31, 94, 98, 137n, 163; camino "Tierra Adentro", 112; dos países, 140-142, 154, 164-166; migración interna, 145, 165; norte, centro y sur, 13, 142, 145, 164; ruta México-Veracruz, 29, 151; valle de México, 20, 46, 143
México, Estado de: 48n, 78, 84, 86, 110-111, 114-115, 120, 121n, 127, 130, 138-139, 141-142, 145, 152, 159n, 160n, 161; convenios con municipios, 156n
Michoacán: 11, 44, 85n, 109n, 110, 118n, 120-122, 130, 138-139, 142
Molina Armenta, María del Á.: 45
Monreal, David: 11
Monreal, hermanos: 125
Monterrey: 65, 113
Moreira, hermanos: 84, 125
Morelos: 120, 127, 130, 161

mundo: 11, 18-19, 22, 34, 37-39, 49-50, 55, 72, 76, 112-113, 115, 157, 165-167; carga fiscal al alza desde 1960, 14-15; crisis de 1929, 20, 38; de 1970-1971, 50, 70; de 2008-2009, 20-21, 82-84, 95, 108, 125; de 2020, 64; lugar de México, 58-59
municipios: 30, 132, 143, 156 (*véase también* haciendas municipales)

nacionalismos: 34, 49
Navarro, Jorge: 82
Navarro Quintero, Miguel Ángel: 11
Nayarit: 11, 48n, 85n, 138
Norteamérica: 37
Nueva York: 38
Nuevo Laredo: 89, 139
Nuevo León: 11, 13, 48, 62, 78, 85n, 90, 98, 110, 115, 117, 119-122, 127, 138-139, 141-142, 152, 159n, 162, 164
Nuevo México: 152

Oaxaca: 48n, 107, 110, 112, 118n, 120, 129-130, 138-139, 141-142, 152
Obregón, Álvaro: 34
Organización de las Naciones Unidas: 38; CEPAL, 39-40; FAO, 40
Organización de Países Exportadores de Petróleo: 112
Organización para la Cooperación y el Desarrollo Económicos (OCDE): 12n, 14-15, 37-38, 40, 53-55, 58, 149, 159, 163, 166
Ortiz Mena, Antonio: 43

Pacífico Sur: 37
Pani, Alberto J.: 42
papa Francisco: 26n
participaciones federales: 30, 48-49, 64, 70, 76, 79, 87, 89-91, 93-94, 96n, 99-101, 107, 123, 141, 153-154, 157, 160, 164; criterio resarcitorio o redistributivo, 97-98, 116-117, 121, 137, 140; discrecionales, 102; garantía de deuda, 80, 131 (*véase también* aportaciones)
partidos: Acción Nacional, 73-75, 91n, 95, 117, 149n, 160; Morena, 117, 158n, 160-161; Movimiento Ciudadano, 160; de la Revolución Democrática, 75; Revolucionario Institucional, 43n, 46, 70-71, 73-75, 91n, 95, 117, 149n, 160
Pemex: 101, 143n, 147
Peña, Moisés T. de la: 41, 51
Peñafiel, Antonio: 40n
petróleo: 14, 21, 72, 90-93, 112-113, 123, 125, 127, 152
Plan Baker y Plan Brady: 72n
población y poblamiento: 23, 30, 45, 52, 62, 100, 103, 111-115, 117n, 121, 131, 145, 151, 154
Presbich, Raúl: 40
prestamistas y agiotistas: 25
producto interno bruto: 12, 16, 39-41, 44n, 50, 51n, 53, 55, 58n, 59, 64-65, 86, 100, 112, 141; per cápita, 113-114, 133, 145, 147n, 148 (*véase también* economía)
Progreso, Yucatán: 89
Puebla: 44, 65, 118n, 120-122, 124, 130

Querétaro: 85n, 95, 115, 120-121, 130, 138-139, 160n
Quintana Roo: 71, 84, 102, 110-111, 114, 118n, 119-121, 124-125, 130, 139

Reino Unido: 26-27, 31, 39
reforma agraria: 73
Revolución mexicana: 30n, 49, 67, 164
Reyes Heroles, Jesús: 43n, 46-47, 58, 71

Riguzzi, Paolo: 45
Robin Hood: 26n
Romero, Matías: 42
Ruffo, Ernesto: 75
Ruiz Cortines, Adolfo: 90n, 151
Rusia: 54, 59, 113n

Salinas de Gortari, Carlos: 15, 73, 97
San Luis Potosí: 85n, 102, 112, 115, 120-122, 124, 138, 141
Sánchez Santiró, Ernest: 45
Secretaría de Hacienda y Crédito Público (SH): 12, 24, 38, 40, 42, 44, 46-47, 48n, 52, 62, 65, 75, 85, 90-91, 109, 126, 140
Sempere, Jaime: 52
Serrano, José Antonio: 44
Servín, Armando G.: 41-42, 51, 81
Sheinbaum, Claudia: 110n
Sinaloa: 85n, 159n
sismos de 1985: 21
Sobarzo, Horacio: 52
Sonora: 11, 48, 78, 81, 85n, 107, 120, 122, 129-130, 138, 141-142
Suárez, Eduardo: 42n, 43n
Sudán: 165
Suiza: 79n
Suprema Corte de Justicia de la Nación: 91, 98, 109n, 126, 160

Tabasco: 107-108, 111, 120-125, 130, 138-139, 152
Tamaulipas: 48n, 130, 139
Tampico: 89
Tejeda, Adalberto: 90
Tejero, Antonio: 167
Teléfonos de México: 15, 101
Texas: 62, 152, 165
The Beatles: 26n
Tijuana: 140
Tlaxcala: 85n, 121n, 129-130
tratados de libre comercio: 73
Turquía: 15
Tuxpan: 47

Unión Europea: 37, 166-167
Unión Soviética: 165
Unda, Mónica: 45, 78, 149n
urbanización: 113
Urquidi, Víctor L.: 39n, 43, 58
Uruguay: 113n
Urzúa, Carlos: 52
Uthoff, Luz María: 45

Venezuela: 79n, 91, 113n, 137n
Veracruz: 48, 57n, 90-92, 99, 102, 111, 114-115, 121, 127, 130, 132, 139, 150-154, 160n
Veracruz, puerto de: 89, 139
Vidaurri, Santiago: 62n, 90

Weber, Max: 31
Wyoming: 137

Yucatán: 62, 90, 114, 118n, 120, 138, 160n
Yugoslavia: 165

Zacatecas: 11, 41, 44, 84, 85n, 111, 114, 120, 124-125, 129, 138, 141
Zedillo, Ernesto: 58, 73, 164
Zuleta, María Cecilia: 45, 90

Ascenso provinciano. Trayectoria de los ingresos de las haciendas públicas de las entidades federativas mexicanas, 1973-2020
se terminó de imprimir en octubre de 2023
en los talleres de Fides Impresiones,
Seris 33-B, Zona 1, Mz V, col. CTM Culhuacán,
CP 04440, Coyoacán, Ciudad de México, México.
Portada: Enedina Morales.
Tipografía, formación y cuidado de la edición:
Víctor H. Romero Vargas, bajo la coordinación de
la Dirección de Publicaciones de El Colegio de México.
La edición consta de 500 ejemplares.